Fritz Borter

Überzeugen Sie ...

durch Ihre Persönlichkeit

Ein Verhaltensmodell, das Ihnen den Umgang mit sich selbst und anderen leichter macht

AF154857

Für meine Tochter Birgit

Dichterzitate zum Begriff Persönlichkeit:

Volk und Knecht und Überwinder,
sie gestehen zu jeder Zeit:
Höchstes Glück der Erdenkinder sei nur die Persönlichkeit.
(Goethe)

Ach, ich bin klein, ich bin böse.
Mein Herz ist auch nicht ganz rein.
Ach dürfte ich solche seriöse Persönlichkeit einmal sein!
(Ringelnatz)

Wenn mancher Mann wüßte,
wer mancher Mann wär,
gäb mancher Mann manchem Mann manchmal mehr Ehr.
(Autor unbekannt)

Impressum

Fritz Borter
Überzeugen Sie ...
durch Ihre Persönlichkeit

Copyright © 2001 by Fritz Borter
Dieses Werk, das Humansystem und das Verhaltensmodell sind urheberrechtlich geschützt. Jede Verwertung ist ohne Zustimmung des Autors unzulässig. Das gilt insbesondere für Vervielfältigungen, Übersetzungen, Mikroverfilmung und die Einspeicherung und Verarbeitung in elektronischen Systemen.

Umschlagbild: Diskussion, Fritz Borter, 1989
Gestaltung: Dieter Paegelow, Fritz Borter
Gesamtherstellung: BoD™ Books on Demand, Norderstedt
Printed in Germany

ISBN 3-00-002936-2   **EUR 36,--**

Erste Auflage, 1999
Zweite, überarbeitete und ergänzte Auflage, 2001

Vorwort

In dieser Welt muß sich der Mensch positionieren. Darüber wird viel gesprochen und politisiert. Dazu bekommen wir von der Gesellschaft einen Namen und eine **Einbildung** der Grundlagen, mit denen wir als Subjekte die positionierten Objekte und die schon Positionierten als solche vermeintlich erkennen, akzeptieren können. Doch erst wenn wir uns aus uns selbst heraus **ausbilden** werden wir für andere Menschen positionierbar und können dort, wo sich das etabliert hat, noch nicht „**Informierte**" entsprechend in Kenntnis setzen:

So gesehen nennt man mich Peter Meier, bin ich der Begründer von **A**pplied **P**ersonal **S**cience **APS®** und schreibe jetzt das Vorwort für das Buch von Fritz Borter.

Um das eine, sich selbst auszubilden, zu tun und das andere, die Absicht und Bedeutung kommunizieren zu können, brauchen wir **Weiterbildung** an uns selbst!

Daran hat Borter wohl gedacht, als er den Titel dieses Buches mit „**Überzeugen Sie ... durch Ihre Persönlichkeit**" gewählt hat.

Seine Hoffnung dabei ist, daß nach der Weiterbildung anhand seines Buches Ihnen der Umgang mit sich selbst und anderen leichter fällt ... Selbstverständlich fällt Borter der Umgang mit Ihnen als Leser leichter, speziell nachdem Sie sein Buch gekauft oder eines seiner Seminare besucht haben; dann hat er zwar einen „**inhaltsleeren**" Ansatz, sein Honorar, hatte aber die Gelegenheit, sich Ihnen und sei es auch nur mit einem Autogramm, einem Gespräch zu widmen.

Er will aber mehr, nämlich daß dadurch zwischen den Menschen eine **personenneutrale** Orientierung zu entstehen vermag, die in den von ihm beratenen Firmen zu einer Wertschöpfung führt, die auch seinem Wirken einen **bedeutungsgebenden Wert** zu vermitteln vermag. Denn schließlich weiß ich aus der Erfahrung mit seiner nachhaltigen Beharrlichkeit, die letztlich auch zu diesem Buch geführt hat, daß Borter sich damit **auch persönlich eine Erfüllung** schaffen will, die ihm eine über das Schreiben hinausgehende Bedeutung bei der Verbreitung von **persönlichkeitsbildender** Information gibt. Letztlich geht es ihm darum, einen Beitrag zur Gestaltung unseres Lebens zu leisten. Borter fällt es denn auch leicht, **sich selbst mit seinem Persönlichkeitsmodell** statt wie gewohnt mit Geschichten, Positionen und Referenzen **vorzustellen**.

Es ist dieser Aspekt der Verlagerung der Selbstbeschreibung mit äußeren Attributen auf ein im Ganzen sinnvolles Persönlichkeitsmodell, auf den ich speziell bei diesem Buch hinweisen möchte. In dieser Zeit der Wende und der dauernden Veränderung unserer Strukturen befinden wir uns nämlich in einer Phase, in der die Vernetzung von Positionen wichtiger wird als die Position selbst: Diese werden immer mehr mit Sachzwängen, Rücksichtnahmen und „Action Flow Modellen" rationalisiert und leider auch automatisiert. Dadurch wird die Vernetzung von Namen plötzlich wichtiger als der Name selbst, die Verbindung von Worten zu Sätzen wichtiger als Schlagworte und der Geist wichtiger als wessen Kind man sonst noch ist.

Für mich hat es Borter hervorragend geschafft, mit dem **konstruktiven Teil der angewandten Psychologie** einen gangbaren Weg und auch praktisch relevanten Weg aufzuzeigen, der von Vorurteilen und Meinungen hin zu Modellen und Systemen als Orientierung für ein sinnvolles Zusammenwirken führen kann. So hoffe ich, daß durch die Anwendung dieses Buches aus der **verdrängten Verständnisproblematik** ein Ansatz für die Aufgeschlossenheit zur Lösung der **Schlüsselfrage unserer Zeit**, die der wirklichkeitsbezogenen Positionierung von realen Menschen in sinnvollen Unternehmen, wird.

Stellen Sie sich ruhig die Frage, wer Sie sind, das, was andere meinen, das, was andere denken oder gar, die oder der, als den Sie geschaffen worden sind ! Es geht um einen Weg, wie die Frage, zu deren Beantwortung wir alle mit unserem Leben beitragen sollten, beantwortet werden kann, damit wir darüber hinaus zusammen wertschöpfend sein können.

Brauchen Sie mehr als Ihren Namen?[1] Das ist eine der Fragen, die Sie durch die Umsetzung dieses Buches für sich selbst beantworten können!

Zürich, Januar 1999
Dr. Peter Meier

In der vorliegenden Neuauflage wurden Erkenntnisse aus der Praxis und Leserreaktionen umgesetzt.

Interessante Anwendungen finden Sie im Internet unter:

www.verhaltensmodell.de

Weitere Bücher des Autors in   **www.buch-hit.de**

---

[1] Dr. Peter Meier, Ph.D. Departement of Physics, Australien National University, Canbera, Direktor BedeutungsGebende Informatik BGI AG, Zürich.

Was Ihnen dieses Buch bringt:

Sie lernen die 5 Hauptstilrichtungen kennen und verstehen deren Position im Verhaltensmodell:

Promoter
Helfer
Analytiker
Antreiber
Springer

Sie erkennen Ihre eigene Position und somit Ihre eigene Stilrichtung mit den markantesten Stärken und Schwächen, und Sie können sich damit identifizieren.

Sie verstehen,
daß die Kenntnis
Ihrer eigenen Stärken
und Schwächen
Ihr Handeln und Verhalten
im Umgang
mit anderen Menschen
entscheidend bestimmen kann.

Sie sind in der Lage, durch Beobachten und Zuhören verschiedene Verhaltensweisen von Personen wahrzunehmen, zu unterscheiden und den 5 Stilrichtungen zuzuordnen.

**Es ist ein Arbeitsbuch
mit viel Platz für eigene Erkenntnisse,
Gedanken und Notizen:**

....

....

....

....

....

....

....

....

....

....

....

....

....

....

....

....

....

....

Inhaltsverzeichnis

Im Büro (20)
Im Privatleben (23)
Rennen, Klettern, Fliegen, Schwimmen (28)

Verhaltensweisen, die wesentlich zum Aufbau
von Vertrauen beitragen (39)

Mechanismus einer Begegnung (44)
Das Vorstellungsgespräch (45)
Der Referent (49)
Bedürfnispyramide nach Maslow (50)
Bedürfnis (52)

Ihre eigenen Stärken und Schwächen (55)
Stärken und Schwächen des Autors (57)
Eine erste Beurteilung (61)
Dimensionen des Modells (63)
Macht meint hier (63)
Kalb, Ziege, Schaf im Bund mit dem Löwen (63)

Gefühl (65)

1. Vorgeschichte

Was Ihnen dieses Buch bringt, das haben Sie gelesen. Nun sollten Sie einige Zeit zwanglos darin herumblättern, einige Abschnitte überfliegen, andere genau durchlesen. Die Ausführungen über das Rätsel der Persönlichkeit, aber auch dieses Vorwort können Ihnen den idealen Einstieg ermöglichen.

Das Inhaltsverzeichnis ist als eine Guide-Line strukturiert und soll Ihnen den Weg durch das Buch erleichtern.

Dieses Werk ist ein Praxishandbuch auf sozialwissenschaftlichem und psychologischem Hintergrund[2], das nicht in irgendwelchen Bücherregalen verstauben soll.

Als Praktiker habe ich es für Menschen geschrieben, denen die Auseinandersetzung mit der eigenen Persönlichkeit und derjenigen der Mitmenschen ein echtes Anliegen ist.

Es ist eine der möglichen Darstellungen des privaten wie des betrieblichen **Humansystems**[3] und soll Ihnen die Vorteile seiner Anwendung im täglichen Leben aufzeigen.

Dabei möchte ich den Begriff „Humansystem" hier im Sinne von „Human Relations", also menschlichen Beziehungen und Verhaltensweisen zwischen Partnern definieren. Denn die Pflege des zwischenmenschlichen Umgangs liegt sowohl im Interesse der Privatsphäre als auch in wirtschaftlichen Bereichen.

---

[2] Erkenntnisse, Zusammenhänge und Gesetzmäßigkeiten in der Natur des Menschen, der Gesellschaft und im Denken wurden systematisch zusammengetragen und unter Berücksichtigung von gesellschaftlichen Beziehungen und Bedingungen logisch geordnet, einem entwicklungsfähigen Humansystem mit Begriffen, Aussagen und auch Hypothesen untergeordnet.

[3] Abgeleitet aus der humanen Leistungsfähigkeit, der besonderen Fähigkeit des Menschen, durch sein Verhalten und durch seine Flexibilität ändernd in seine Umwelt einzugreifen.
Als System verwende ich hier lediglich den Gedanken der Zusammenstellung gegliederter Teile, die aufeinander abgestimmt sind und die Zusammenfassung von Erkenntnissen, die nach einem wissenschaftlichen Ordnungsprinzip sachbezogen zusammengefaßt sind. (Albert Einstein: „Ein System hat Wahrheitsgehalt, entsprechend der Sicherheit und Vollständigkeit seiner Zuordnungsmöglichkeit zu der Ergebnisgesamtheit".)

Ich gebe zu, daß der Begriff „Humansystem" sehr abstrakt wirkt und eigentlich auf etwas in sich Abgeschlossenes hinweist.

Was ich Ihnen hier aufzeige, ist also kein eigentliches „System", sondern eine Möglichkeit des systematischen Argumentierens mit den Vor- und Nachteilen von menschlichen Stärken und Schwächen in den verschiedensten kommunikativen Lebenssituationen.

Die wesentlichen Grundlagen habe ich vor über 15 Jahren bei Prof. Dr. Bernd Spiegel und Lic. Oek. Otto Belz kennen- und anwenden gelernt.

Nach einem eigenen Drehbuch habe ich in den letzten Jahren mehr als dreißig über- und innerbetriebliche Seminare durchgeführt und über dreitausend Beurteilungen ausgewertet. Die dabei gewonnenen Erkenntnisse sowie die Erfahrungen aus eigener Anwendung haben mich bewogen, dieses Buch zu schreiben.

Zudem meine ich, daß gerade in der aktuellen „Euro-Zeit" oder eher in der „Euro-Hektik" den menschlichen Verhaltensweisen und Qualifikationen eine immense Bedeutung zukommt.

Zur Integration, zur Identifikation mit Europa sage ich klar ja! Die über Jahrhunderte langsam gewachsene Identifikation mit der eigenen Kultur darf aber nicht nur wahrgenommen, sondern muß zwingend von allen Partnern akzeptiert werden. Mediterraner und Norddeutsche haben nun eben unterschiedliche Wertvorstellungen und Bedürfnisse.

Diese unterschiedlichen Betrachtungsweisen und Temperamente beobachte ich immer wieder sehr hautnah, denn ich lebe in Südfrankreich und arbeite viel in Deutschland.

Dieses Verhaltensmodell unterstützt mich immer wieder bei meiner eigenen Integration in beide Kulturkreise und eröffnet mir ein besseres Gespür für die verschiedenen Mentalitäten.

Daher soll dieses Werk dem interessierten Leser ein leicht anwendbares Instrument für die Persönlichkeitsentwicklung und die bessere Menschenkenntnis in die Hände geben, um letztlich selbst etwas Entscheidendes zum besseren Verständnis der unterschiedlichsten Eigenarten und Verhaltensweisen von Menschen beitragen zu können.

Fritz Borter, August 2001

2. Einleitung

Vorerst vier Lebenssituationen:

Die sicher erfolgreiche Managerin, voller Lebensfreude und Tatkraft. Welche Position würde sie wohl in einem Team einnehmen?

Der gestreßte junge Manager, oder ist er im Außendienst tätig?
Was könnte er verkaufen?

Welche Stärken signalisiert er? Welcher Stilrichtung wird er wohl angehören? Wie könnte er in ein Team eingebunden werden?

**Wenn Sie erkennen,
welcher Stilrichtung ein Mensch angehört,
„wessen Geistes Kind er ist",
fällt es Ihnen leichter,
einen Kunden zu überzeugen,
ihn dadurch zu gewinnen
und einen Geschäftsabschluß zu realisieren.**

Betrachten Sie dieses Team, überlegen Sie, was hier vor sich geht. Ist es denn auch wirklich ein Team?

Was signalisieren die Gesichtsausdrücke, die Gestik?

Dieses Buch gibt Ihnen eine Antwort.

Unabdingbar ist jedoch, daß Sie Ihre eigene Position innerhalb meines Modells kennen und bereit sind, Ihre eigenen Stärken und Schwächen zu akzeptieren mit dem Ziele das eine auszubauen und das andere wenn notwendig zu überwinden.

Hier ist angesprochen, was man ein wenig global auch als „psychische Befindlichkeit" bezeichnen könnte, sowohl die eigene als die des anderen. Eben ein Humansystem oder eine Möglichkeit der Zuordnung von verschiedensten Verhaltensweisen.

Dabei sollen die Begriffe „Humansystem" und „Stilrichtung" hier keinesfalls als Klassifikation oder Typologisierung verstanden werden. Es sind letztlich nur Hilfsmittel, um eine einigermaßen verständliche Ordnung in den doch sehr komplexen Ablauf von menschlichen Verhaltensweisen und dem Geschehen anläßlich von Begegnungen zu bringen.

Dieses Humansystem, dessen Inhalt das Erleben und Verhalten verschiedenster Menschen darstellt, wird einen wertvollen Beitrag zur Verständigungsproblematik zwischen Menschen im beruflichen und auch privaten Umgang, dem „Miteinander" leisten. Zentrale Punkte der unterschiedlichsten Individualitäten werden aufgezeigt und hinterfragt. Sie erfahren, was sich bei einer Begegnung eigentlich so abspielt und lernen, Ihr eigenes Verhalten darauf einzustellen. Denn es liegt in dem Spezifikum des Erlebens, daß es sich der direkten Beobachtung weitgehend entzieht und sich nur durch und im Verhalten mitteilt.

Unter Verhalten versteht man alle Aktivitäten, Handlungen, Vorgänge, körperliche Reaktionen, die durch innere oder äußere Reize verursacht und beobachtet oder gemessen werden können.

Lesen Sie dazu meine Ausführungen zur Verhaltenskette, zur Definition von Bedürfnissen und überlegen Sie sich, wo Sie heute in der Bedürfnispyramide nach Maslow[4] stehen.
Denn der Mensch agiert mit und in der Freiheit, zu der er „verurteilt" ist.

Wenn Sie sich Ihre Eigenschaften, seien sie auch geprägt von Vergangenheit, Erziehung und Ausbildung, ins Bewußtsein rufen, wenn Sie Ihre Stärken erkennen, gezielt ausbauen und auch einsetzen, ohne dabei die Schwächen unberücksichtigt zu lassen, dann werden Sie zu einer überzeugenden Persönlichkeit.

---

[4] Abraham Maslow, Psychologie des Seins, München 1973

3. Das Rätsel der Persönlichkeit[5]

Niemand hält sich gerne für einen Durchschnittsmenschen. Auch Sie nicht. Das Klischeehafte, das „Abgestempeltwerden" wie ein Musterstück in einem Museum ist Ihnen zuwider.

Denn Sie sind fest davon überzeugt, daß ein Etikett allein, das man Ihnen umzuhängen versucht, Ihrer differenzierten Persönlichkeit, die Sie letztlich sind, nicht gerecht werden kann.

Dabei zögern Sie aber nicht, Ihre Mitmenschen zu klassifizieren: Ihr Vorgesetzter ist ein Tyrann, Ihr engster Mitarbeiter ist ein Heuchler, nur Ihr Freund, der ist eine ehrliche Haut.

Ist Ihnen bewußt, daß Sie mit einer derartigen Klassifizierung eine rasche Charakteranalyse erstellen, eine Art Charakterkartei über Ihre Mitmenschen? Andere so zu identifizieren, vereinfacht vermeintlich das Problem, mit ihnen auszukommen und ihr Verhalten vorauszusagen.

Genau wie im Supermarkt, wo Sie annehmen, anhand des aufgedruckten Warenzeichens auf die Zuverlässigkeit eines Produktes schließen zu können.

Und wie oft wurden Sie enttäuscht?

Menschen kann man nicht wie Konserven, wie eine Ware behandeln. Das Spannungsfeld zwischen dem Wesen der Persönlichkeit und dem des menschlichen Verhaltens läßt dies nicht zu. Menschen sind oft nicht so, wie Ihnen das auf den ersten, zweiten oder dritten Blick erscheinen mag. Sie müssen viele Aspekte berücksichtigen, wenn Sie die schwer faßbaren, veränderlichen Eigenschaften, die man Persönlichkeit nennt, erkennen wollen.

Eben wie im Supermarkt: Oft müssen Sie ein Produkt einige Male testen, um es dann wirklich zu mögen.

Selbst Fotografen versuchen vergeblich, das Wesen eines Individuums auf Film zu bannen. Auch bei mehrfacher Belichtung, die der bekannte britische Fotograf Cecil Beaton bei seinen Porträtaufnahmen anwendet, läßt sich die Persönlichkeit nicht in gewünschter Weise abbilden oder festhalten.

---

[5] Quelle: Das Individuum, Paul Good und Redaktion der Time-Life-Bücher, Niederlande 1976

Der Grund, warum Persönlichkeit so schwer festzuhalten ist, liegt auf der Hand:

**Das Verhalten eines Menschen in einer
bestimmten Situation
kann mit seinem Verhalten in einer
anderen Situation völlig unvereinbar sein
oder zumindest so erscheinen.**

Ein Beispiel:

Ein Büro, in dem Schreibkräfte an Computern Korrespondenz erledigen und junge Angestellte am Telefon mit ihren Bekannten Unsinn schwatzen.
Ein Mann und eine Frau stehen an einem Getränkeautomaten. Der Mann, Martin, ist Mitte Zwanzig, hochgewachsen, vornübergeneigt und achtlos gekleidet. Rechts von ihm steht Linda, eine etwas mollige Frau in einem leuchtend hellroten Kleid mit den dazu passenden leuchtend roten Wangen und einem stark geschminkten Mund, der gewöhnlich zum Reden oder Lachen weit geöffnet ist.
Sie winkt ihrer Freundin Barbara zu, ebenfalls zum Getränkeautomaten herüberzukommen.
Barbara sitzt an ihrem Schreibtisch vor der geschlossenen Türe des Büros des Abteilungsleiters.
Sie hat eine schmächtige Figur, trägt ein schlichtes Kleid von undefinierbarer Farbe, lächelt schüchtern und schüttelt den Kopf.
Sie blickt auf ihren Bildschirm und weicht dem Blick von Linda aus.
In diesem Augenblick öffnet sich die Türe hinter ihrem Schreibtisch und Herr Langmann, der Abteilungsleiter, erscheint. Er ist groß, stämmig, Anfang Fünfzig, gut gekleidet und sorgfältig rasiert.
Er schreitet zielbewußt auf Barbara, seine Sekretärin, zu und wirft ihr einen Aktenordner auf den Schreibtisch. Frau Breuer, um welche Akte habe ich Sie heute morgen gebeten?
Mit leiser und ehrerbietiger Stimme antwortet Barbara: Die Akte Wanner, Herr Langmann. Und was ist das für ein Ordner?, fragt Langmann, wobei in jedem Wort Sarkasmus[6] mitschwingt.
Barbara betrachtet die Beschriftung. Ist es nicht, ... ach du liebe Güte, es ist Wannerit. Verzeihung! Sie springt auf und läuft eilig zum Aktenschrank.

---

[6] Sarkasmus: beißender Hohn, bitterer Spott, spöttisch, höhnisch (Duden 1971)

Mit stolzgeschwellter Brust, wie ein General, der gerade ein feindliches Heer zurückgeschlagen hat, marschiert Langmann zurück in sein Büro. Bevor er die Tür schließt, bemerkt er Linda und Martin vor dem Getränkeautomaten. Die beiden stecken die Köpfe zusammen und lachen anscheinend über einen Witz.

Martin! ruft Langmann durch das Büro. Wie ich das verstehe, solltest du an deinem Schreibtisch arbeiten und nicht an einem Getränkeautomaten. Martin errötet und sieht sich hilfesuchend um. Ich habe doch nur ... Ohne die Antwort abzuwarten, starrt Langmann kurz auf Linda und schlägt die Tür hinter sich zu.

Ich war doch nur eine Minute hier oder etwa nicht?, fragt Martin seine Kollegin Linda mit einem Blick auf das ganze Büro.

Linda fängt wieder an zu lachen: Laß dich doch von dem nicht einschüchtern. Langmann wird dafür bezahlt, einmal pro Stunde seinen Kopf aus der Tür zu stecken und über irgend etwas zu krächzen, wie eine defekte Kukkucksuhr.

Barbara eilt vorbei mit einem Arm voller Aktenordner, und Linda ruft mitfühlend: Hat er dich auch wieder angemeckert? Doch Barbara ist beschäftigt und hastet wortlos vorbei.

Auf den ersten Blick scheinen die vier Personen dieses Beispieles alle eine bestimmte Stilrichtung zu verkörpern und definierbare Verhaltensweisen zu zeigen.

Langmann ist der klassische Tyrann, aggressiv, selbstbewußt, von eindrucksvoller Statur, ohne Rücksicht auf andere und nur auf Erfolg bedacht.

Linda ist die sprichwörtlich fröhliche Betriebsnudel, aufgeschlossen, liebenswert, mit dem Herzen am richtigen Fleck.

Martin ist der ewige Verlierer: linkisch, seiner selbst unsicher, er sucht immer nach der Zustimmung der anderen.

Und **Barbara** ist ein Mensch, der sich ständig selbst verleugnet und persönliche Kontakte soweit wie möglich meidet.

Die Persönlichkeit der Menschen,
die an der Konfrontation im Büro beteiligt waren,
läßt sich somit scheinbar zutreffend
typologisieren[7].

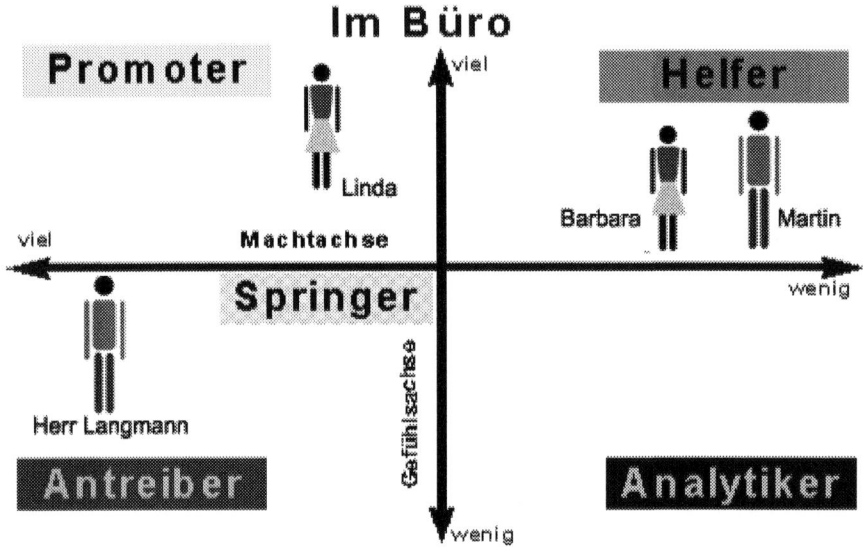

Im Folgenden nun einige zusammenfassende Hinweise zu den Persönlichkeiten, die Sie aus der Geschichte erkennen können, um die Stilrichtung anläßlich der Situation zu bestimmen, zu beschreiben:

Martin

> **ist achtlos gekleidet**
> **errötet**
> **sieht sich hilfesuchend um**
> **... war doch nur eine Minute hier**
> **wirkt etwas hilflos**

---

[7] Typologien: Lehre von den Grundformen der Typen (Gliederung, Einteilung, Vereinheitlichung)

Linda

> trägt ein leuchtend rotes Kleid
> ist auffällig geschminkt
> redet viel
> lacht viel
> braucht und sucht Kontakt
> macht Witze

Barbara

> trägt ein schlichtes Kleid
> lächelt schüchtern
> weicht dem Blick aus
> spricht mit leiser, ehrerbietiger Stimme
> bittet um Verzeihung
> springt eilig auf
> ist stets beschäftigt

Langmann

> ist gut gekleidet
> ist sorgfältig rasiert
> schreitet zielbewußt
> zeigt Sarkasmus
> mit stolzgeschwellter Brust
> wie ein General
> schlägt die Türe hinter sich zu

Doch nun stellen Sie sich dieselben Personen nach Büroschluß vor:

Langmann sitzt geduckt in seinem Auto und wird von seiner Frau vom Vorstadtbahhof nach Hause gefahren. Seine Stimme ist gedämpft, als er von einer Besprechung berichtet, bei der sein Vorgesetzter eine organisatorische Änderung angekündigt hat, über die ihn niemand zu Rate gezogen hat. Seine Frau fällt ihm ins Wort: Ich habe dich ja immer gewarnt, sie sind hinter deiner Stelle her, aber du hast mir nie zugehört, hast mir nie geglaubt. Du vertraust eben anderen Leuten immer zu sehr.

Martin verbringt unterdessen den Abend mit seinen Freunden. Er wirft Pfeile auf eine Zielscheibe, es geht um Bier, und Martin schlägt jeden Konkurrenten. Einige Leute haben sich um ihn versammelt, sie beobachten ihn, ein hübsches Mädchen schaut ihm bewundernd zu und klatscht begeistert in die Hände, als ihm der dritte Volltreffer gelingt. Er fängt ihren Blick auf und sagt: Willst du schnell mal eine Lektion? Sie lacht. Martin spielt weiter und trifft wieder ins Schwarze.

Zur gleichen Zeit sitzt **Linda** allein in ihrer Wohnung. Über das Telefon schreit sie ihre Putzfrau an. Denn als sie nach Hause kam, hatte sie entdeckt, daß der Kühlschrank nicht abgetaut und das Frühstücksgeschirr nicht abgewaschen war.
Ihre Stimme wird hysterisch, als sie sagt: Verdammt noch mal! Ich arbeite doch nicht den ganzen Tag, um Sie fürs Nichtstun zu bezahlen.
Ich habe Sie gut behandelt, und deshalb glauben Sie, Sie könnten mich ausnutzen ...

Barbara ist bei der Probe einer kleinen Theatergruppe. Sie spielt eine Liebesszene. Ihr Gesicht leuchtet. Ihr schmächtiger Körper bewegt sich voll Grazie, und mit wenigen Worten, einer Geste, einer Wendung des Kopfes füllt sie den Raum mit der Kraft ihrer Bühnenpersönlichkeit. Das unscheinbare Büromädchen hat sich auf der Bühne in eine glänzende Darstellerin verwandelt.

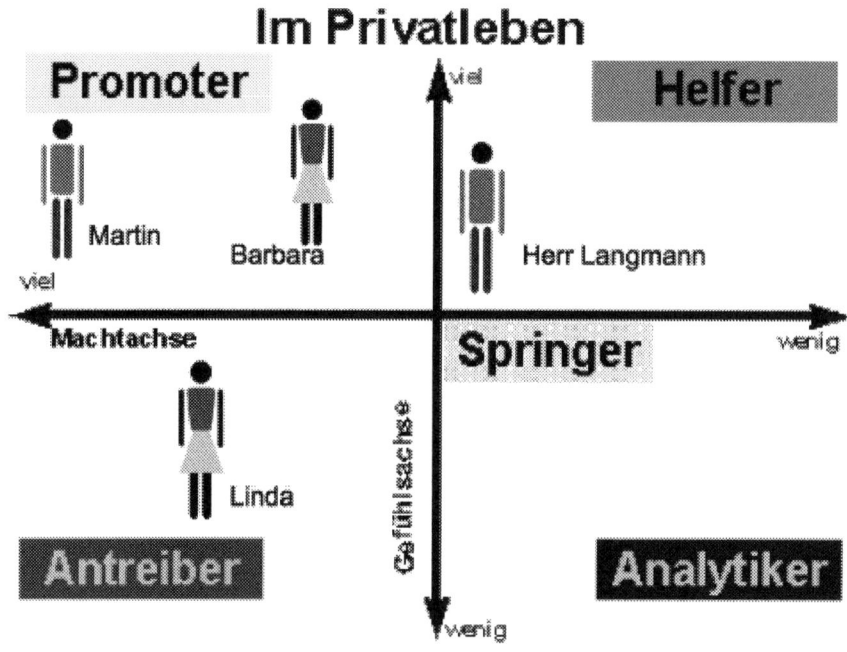

Im Überblick noch einmal die Zusammenfassung, die Ihnen die Zuordnung zu den einzelnen Stilrichtungen erleichtern soll:

Langmann

> **sitzt geduckt**
> **seine Stimme ist gedämpft**
> **läßt sich von seiner Frau unterbrechen**

Martin

> **Leute haben sich um ihn versammelt**
> **er wird bewundert**
> **er läßt sich bewundern**
> **ein Flirt mit einem Mädchen**

Linda

    schreit ihre Putzfrau an
    ihre Stimme wird hysterisch, sie flucht

Barbara

    sie spielt mit Leidenschaft Theater
    ihr Gesicht leuchtet
    sie bewegt sich voller Grazie
    sie wirkt als „Bühnenpersönlichkeit"
    sie ist eine glänzende Darstellerin

➡   Dieses Beispiel ist natürlich erfunden. Es zeigt aber auf, wie unterschiedlich und situationsabhängig das Verhalten einzelner Menschen sein kann.

Sie als vorsichtiger Menschenbeobachter sind im wirklichen Leben auf solche unerwarteten Verhaltensvariationen oder eben "Charakteränderungen" gefaßt.

Wenn nicht, so hilft Ihnen bestimmt das nachfolgend erläuterte Verhaltensmodell.

Sie werden erleben, daß sich Menschen nicht ohne weiteres in Kategorien einordnen lassen. Klischees sind vielleicht immer noch in Hollywood vertretbar, denn der Kinogänger weiß genau, daß z. B. John Wayne auch in seinem nächsten Film stark und männlich auftreten wird.
In Wirklichkeit ist das Verhalten der Menschen anscheinend voller Widersprüche:

Linda kann gleichzeitig warmherzig und boshaft sein.
Langmanns Großspurigkeit kann vor der Autorität seiner Frau in sich zusammenbrechen.

Es ist schon schwierig genug, grundlegende menschliche Eigenschaften wie Intelligenz[8] und Kreativität[9] zu definieren.

---

[8] Der Faktor der Intelligenz ist zwar zur Lebensbewältigung oft unentbehrlich und verkörpert in seiner Definition die komplexe Fähigkeit zu Leistungen, die durch spontanes Erfassen von Zusammenhängen in neuen Situationen erzielt werden. Dieser Aspekt wurde im Aufbau der zu beurteilenden Eigenschaften berücksichtigt. Wichtige Einzelfähigkeiten der Intelligenz nach Fischer Taschenbuch Verlag, Frankfurt / Main, 1981 Lexikographisches Institut, München:

Es ist aber noch problematischer, etwas so Komplexes wie die Persönlichkeit zu bestimmen, zu erkennen.
Daß das psychologische Bild eines Menschen veränderlich ist, beruht zum Teil auf körperlichen Faktoren wie der Sekretion der endokrinen Drüsen[10] oder anderen Faktoren, wie z.b. der Ernährung. Diese können die Persönlichkeit in einer Art und Weise beeinflussen, die der einzelne selbst nicht voraussehen oder kontrollieren kann.
Eine Überfunktion der Schilddrüse kann zu Schlaflosigkeit oder Gereiztheit, eine Unterfunktion zu Trägheit und Teilnahmslosigkeit führen[11].
Außer dem Einfluß körperlicher Faktoren ist zu berücksichtigen, daß der Mensch eine solche Mischung aus animalischen Emotionen und rationalem Denken ist, daß er selbst sein eigenes Verhalten oft nicht versteht.

Der Romanschriftsteller Arthur Koestler hat den Sachverhalt einmal folgendermaßen beschrieben:

**Gefühl und Verstand führen,
wenn sie nicht in einem akuten Konflikt stehen,
eine qualvolle Koexistenz.
Einerseits die blasse Form des rationalen Denkens,
der Logik,
die, an einem dünnen Faden hängend,
nur allzuleicht zerreißt;
andererseits das angeborene Ungestüm
leidenschaftlich vertretener
irrationaler Überzeugungen.**

Der Begriff Persönlichkeit bezieht sich im allgemeinen auf den äußeren Eindruck, den eine Person hinterläßt:

**sanft wie Barbara,
stark und unnachgiebig wie Langmann.**

Abstraktionsfähigkeit, Kombinationsfähigkeit, intellektuelle Beweglichkeit, schlußfolgerndes Denken, Auffassungsgenauigkeit und -geschwindigkeit, Gedächtnis, Sprachbeherrschung, rechnerisches Denken, Fantasie.
[9] Kreativität: schöpferisches Denken, Produktion von originellen Einfällen, die zum Erkennen und zur Lösung von Problemen führt.
[10] Drüsen des Körpers, die Hormone, Wirkstoffe nach innen abgeben. Angefangen bei der Hypophyse, der Hirnanhangdrüse als Steuerzentrale, bis zu den Nebennieren, die Streßhormone wie Adrenalin abgeben.
[11] Der Mediziner würde einen überaktiven Menschen auf Schilddrüsen - Überfunktion, einen Phlegmatiker auf Schilddrüsen-Unterfunktion untersuchen.

Doch dieser äußere Schein ist oft so irreführend, daß in der Psychologie der Begriff Persönlichkeit in der Regel auf innere und äußere Eigenschaften zusammen angewandt wird, als Summe dessen, was eine Person ist, und nicht nur, wie sie der Welt oder sogar sich selbst gegenüber erscheint. Gemeint ist das persönliche Sein, das wahre Individuum unter den Schichten gesellschaftlichen Verhaltens.
So kennen nur wenige Menschen ihre engsten Freunde. Großen Schriftstellern, Malern oder Liebenden mag dies zuweilen gelingen.
Sie und ich müssen uns mit einer Annäherung zufriedengeben, wenn wir versuchen, die Persönlichkeit eines Menschen zu bestimmen, zu charakterisieren.

Im täglichen Leben soll es uns genügen,
Menschen nach Stärken und Schwächen,
nach Stilrichtungen in einem Humansystem,
einzuordnen.
Dies versetzt uns bereits in die Lage,
das Verhalten
unserer Mitmenschen in etwa voraussagen zu können.

Nach befriedigenden Methoden zur Erforschung der Persönlichkeit, um Menschen zu charakterisieren und Verhaltensprognosen stellen zu können, sucht die Wissenschaft schon lange.
Was gefunden wurde, sind Näherungsmethoden mit unterschiedlichen Eigenschaften und Ansprüchen in der praktischen Anwendung.
Denn Menschen lernen sich nie wirklich kennen, und nur Feinde behaupten, sich gegenseitig genau einschätzen zu können.

Und trotzdem erlebt man immer wieder, daß ein Ehepaar, das ein ganzes Leben zusammen verbracht hat, sich innerlich und auch äußerlich immer ähnlicher wird.

Der Ursprung des Wortes, „Persönlichkeit" zeigt bereits die Schwierigkeit auf:
Die Wurzel liegt im Altertum. Schon die altgriechischen Schauspieler des Perikleischen Zeitalters[12] trugen stilisierte Masken, durch die das Publikum die dargestellten Charaktere besser erkennen konnte.
Außerhalb des Theaters verbergen Masken jedoch gewöhnlich mehr, als sie offenbaren.

---

[12] Benannt nach dem athenischen Politiker und Staatsmann Perikles ca. 450 v. Chr.

Manchmal beherrscht die "öffentliche Persönlichkeit" das Individuum.

Je mehr sich der Mensch mit seiner Maske identifiziert, desto größer wird die Gefahr, daß er sich seinem wahren Selbst entfremdet. Der Schauspieler wird dann zur Rolle.[13] Der Mensch versucht schon seit langem, die Maske zu durchschauen. Die einfachsten und auch ältesten Methoden leiten die Persönlichkeit des Menschen von bestimmten körperlichen Merkmalen ab:

In Westeuropa gelten Rothaarige als Hitzköpfe,

in Italien schließt man von einer langen Nase auf einen großzügigen Charakter,

den die Japaner andererseits aus der Leibesfülle eines Menschen glauben ableiten zu können.

Obwohl also jede Persönlichkeit im Grunde rätselhaft ist, sind die Masken, die Menschen tragen, nicht undurchdringbar. Sigmund Freud[14] sagt, daß diese Masken manchmal versehentlich, wie beispielsweise durch einen Versprecher, fallengelassen werden und dabei intimste Einzelheiten über den Charakter verraten werden. Wollen wir nun das Verhalten anderer Menschen analysieren, ja sogar voraussagen, so müssen wir uns zuerst mit unseren eigenen Stärken und Schwächen, mit unserem eigenen Verhalten auselnandersetzen.

Das bedeutet nichts anderes, als daß ich meine Maske vor mir selbst und dann vor anderen fallenlassen muß.

Gelingt uns das, dann haben wir ein Instrumentarium zur Hand, das es uns ermöglicht, Unterschiede zwischen uns und den anderen Menschen festzustellen und so auf seine speziellen Eigenschaften, eben auf seine individuellen Stärken und Schwächen, zu schließen.

---

[13] Carl Gustav Jung (1875 - 1961) schweiz. Mediziner, Psychologe und Privatdozent für Psychiatrie

[14] Sigmund Freud (1856-1939) österr. Neurologe und Psychiater, Begründer der Psychoanalyse mit großem Einfluß auf die moderne Psychotherapie, Sozialpsychologie, Ethnologie, Pädagogik und Anthropologie, Kulturphilosophie. Die Kritik an Freud richtet sich vor allem gegen seine Forderung nach Anpassung an die Gesellschaft: Änderung des Individiums statt der gesellschaftlichen Strukturen.

Das wiederum befähigt uns,
oft ziemlich treffsichere Aussagen
über das
mutmaßliche Verhalten
einer Person zu formulieren.

Es gab einmal eine Zeit, da hatten die Tiere eine Schule. Der Unterricht gliederte sich in:

Rennen, Klettern, Fliegen und Schwimmen,[15]

und die Tiere wurden in allen Fächern unterrichtet.

Die **Ente** war gut im Schwimmen, besser sogar als der Lehrer. Im Fliegen war sie durchschnittlich, aber im Rennen war sie ein besonders hoffnungsloser Fall.
Da sie in diesem Fach so schlechte Noten hatte, mußte sie nachsitzen und den Schwimmunterricht ausfallen lassen, um das Rennen zu üben.
Das tat sie so lange, bis sie auch im Schwimmen nur noch durchschnittlich war. Durchschnittliche Noten aber waren akzeptabel, darum machte sich niemand Gedanken darum, außer der Ente.

Der **Adler** wurde als Problemschüler angesehen und unnachsichtig und streng gemaßregelt, da er, obwohl er in der Kletterklasse alle anderen schlug, darauf bestand, seine eigene Methode anzuwenden.

Das **Kaninchen** war anfänglich im Laufen an der Spitze der Klasse, aber es bekam einen Nervenzusammenbruch und mußte von der Schule abgehen wegen des vielen Nachhilfeunterrichts im Schwimmen.

Das **Eichhörnchen** war Klassenbester im Klettern, aber sein Fluglehrer ließ es seine Flugstunden am Boden beginnen anstatt vom Baumwipfel herunter.
Es bekam Muskelkater durch Überanstrengung bei den Startübungen und immer mehr „Dreien" im Klettern und „Fünfen" im Rennen.

Die mit Sinn fürs Praktische begabten **Präriehunde** gaben ihre Jungen zum Dachs in die Lehre, als die Schulbehörde es ablehnte, Buddeln in das Curriculum aufzunehmen.

---

[15] Eine Fabel, die Quelle ist unbekannt. Aus Impulse Nr. 17/91

Am Ende des Jahres hielt ein anormaler **Aal**, der gut schwimmen und etwas rennen, klettern und fliegen konnte, als Schulbester die Schlußan-
sprache.

Hat hier die Schulbehörde je über Stärken und Schwächen nachge-
dacht?

....

....

....

....

....

....

....

....

....

....

....

....

....

....

....

Ein Business-Buch für Querdenker, das das Thema ideal ergänzt:

Die Erfolgsgeheimnisse der neuen Macher.

„Entrepreneure verbindet ein bestimmter Spirit: Bedingungsloser Gestaltungs- und Leistungswille, eine klasse Selbsteinschätzung, offene Kommunikation, Leidenschaft und Humor", so Gabriele Euchner, die erfolgreiche Marketingmanagerin und Unternehmensberaterin beschreibt die acht Kernkompetenzen und Erfolgsgeheimnisse der neuen Managergeneration. In jedem Menschen sind die Fähigkeiten eines Entrepreneurs angelegt. Es gilt nur, sie zu entdecken und einzusetzen.

ISBN 3-8272-7017-0

4. Thesen

Die persönliche Überzeugungskraft und die Fähigkeit, mit den verschiedensten Menschen zu kommunizieren,

**innerhalb der Familie,
im Beruf mit Kunden,
mit Kollegen und Mitarbeitern
oder aber in der Freizeit**

eine für alle Beteiligten sinngebende und gewinnbringende Zusammenarbeit aufzubauen, lassen sich nicht allein durch das Befolgen von verschiedensten Regeln und Techniken steigern.

Die Förderung dieser Fähigkeiten hat bei der Entwicklung der eigenen Person einzusetzen:

**bei der Kenntnis und Akzeptanz der eigenen
Stärken und Schwächen und bei der
Erkenntnis der eigenen Entwicklungsfähigkeit.**

Erst auf dieser Grundlage können erlernte Regeln und Techniken auf die eigene Person, auf spezielle Situationen und auf immer wieder wechselnde Kommunikationspartner richtig angewendet werden.

Und nur so kann der einzelne er selbst bleiben, sicher, überzeugend und erfolgreich mit anderen Menschen umgehen und dadurch in den Beziehungen zu seinem Umfeld gewinnen.

**Erfolgreiche Kommunikation ist um so leichter,
je genauer die Partner sich selbst
und gegenseitig einschätzen[16].**

Die in diesem Buch dargestellte Methode der Selbsterkenntnis als Hilfsmittel, andere Menschen besser zu verstehen und besser mit ihnen umgehen zu können, beruht einerseits auf wissenschaftlichen Erkenntnissen und andererseits auf Erfahrungen aus der täglichen Praxis als Berater von verschiedensten Unternehmungen in Europa.

---

[16] Hennenhofer/Jaensch, Knigge 2000 (1974)

Das Buch ist konzipiert als Grundlage für Seminare zu den Themen Menschenkenntnis und Persönlichkeitsentwicklung und eignet sich als Leitfaden zum Selbststudium.

Es ist aber auch ein Nachschlagewerk, das mithilft, einmal gemachte Erfahrungen zu vertiefen.

Bitte beachten Sie, daß auch diese Methode wie viele andere[17] nur ein Hilfsmittel ist, sich selbst und andere besser zu verstehen.

Sie ersetzt nicht den ehrlichen Willen, sich vorurteilslos mit dem Partner zu beschäftigen und zu versuchen, die Welt mit seinen Augen zu sehen:

....

....

....

....

....

....

....

....

....

....

....

....

---

[17] Transaktionsanalyse, Persönlichkeits-Profil Analyse, Astrologie, Esoterik, Graphologie, Struktogramme, MBO Regelkreis, Diverse Instrumente zur Personalentwicklung, Erkenntogramme, Verkaufspsychologie, Typologien, „Wer bin Ich-Tests" und viele andere.

5. Versuchen Sie ...

auf andere und auf sich selbst besser einzugehen,

die Wünsche und Motive Ihrer Partner zu verstehen, zu akzeptieren und mit den eigenen in Einklang zu bringen,

die Stärken der Partner zu erkennen, zu schätzen und zu fördern,

die Möglichkeiten Ihrer Kommunikationspartner richtig einzuschätzen, deren Verhaltensweise, die individuellen Eigenarten zu verstehen, zu akzeptieren und das eigene Verhalten darauf abzustimmen,

Ihre eigenen Stärken und Schwächen zu erkennen, zu akzeptieren und durch den bewußten Einsatz der Stärken die eigene Leistungsfähigkeit zu steigern.

Versuchen Sie sich in der Zusammenarbeit mit anderen zu behaupten, ohne daß Sie sich verstellen müssen.

Ihren Willen, sich mit den anderen Menschen
ehrlich und offen zu beschäftigen,
setze ich voraus,
ebenfalls Ihre Lernbereitschaft.

Denn hier geht es nicht um

Fachwissen

als Voraussetzung für jeden Erfolg.

Dieses Wissen haben Sie sich in der Schule und während eines Studiums oder anderer Weiterbildung angeeignet.

Regeln und Techniken,

die Sie in den verschiedensten Seminaren bereits kennen, und möglicherweise sogar anzuwenden gelernt haben.

Es geht hier um die dritte und viel wichtigere Komponente der menschlichen Qualifikationen,

die Sie an sich selbst erkennen lernen müssen, um erst dann in der Lage zu sein, diese weiterzuentwickeln. Dieser Prozeß wird es Ihnen ermöglichen, die menschlichen Qualitäten, die Stärken und Schwächen anderer Menschen zu erkennen und akzeptieren zu lernen.

Dadurch wird sich das Zusammenleben, und auch die Zusammenarbeit mit Ihren Partnern in Zukunft verbessern.

Sie werden durch den Einsatz Ihrer ganzen Persönlichkeit gewinnen und im Team und in sonstigen Gruppen Wertvolles beitragen können.

Denn gerade heute, wo wir alle dabei sind, unsere Zukunft nach der Jahrtausendwende zu überdenken und neu zu gestalten, müssen wir uns bewußt werden, daß sich unsere Werte seit dem Jahr 1900 entscheidend verändert haben.

Die Entwicklung der letzten Jahre beweist dies eindrücklich.

Die Faktoren: **Mensch**
Kooperationsfähigkeit
Kooperationsbereitschaft
Europatauglichkeit
Zukunftstauglichkeit

werden an Bedeutung und Gewichtung eindeutig zunehmen.

Damit sollten Sie sich intensiv auseinandersetzen!

Die uns bevorstehenden Veränderungen der traditionellen Werte zeigt die folgende Grafik sehr eindrücklich.

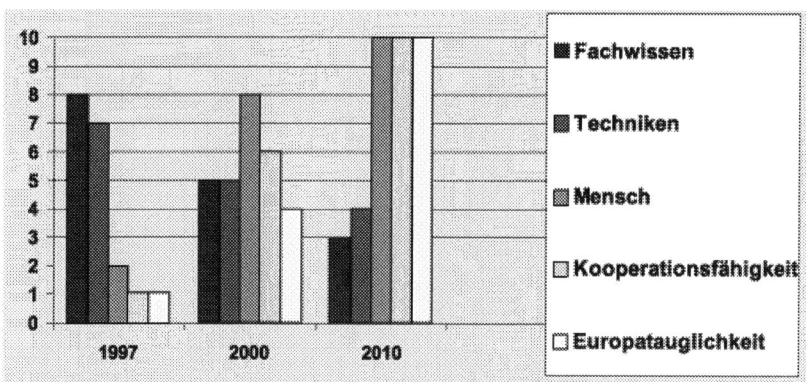

35

| Fachwissen | Techniken | Mensch |

Denken Sie kurz über diese Entwicklung nach ...

....

....

....

....

....

....

....

....

Seminare zum Thema:

Die Grundlagen des Humansystems
(2 Tage)

Zielsetzung:
Die gezielte Feststellung der Stärken und Schwächen eines Menschen ermöglicht die optimale Integration in einen Arbeitsprozeß, ein Team, eine Partnerschaft.
Denn die menschlichen Qualitäten sind als gleichwertig mit Fachwissen und der Kenntnis von Regeln und Techniken zu betrachten.

Alle Teilnehmer erhalten eine Auswertung ihrer Stilrichtung, ihrer Stärken und Schwächen und ihrer Entwicklungsmöglichkeiten.

800,00 EUR zzgl. MwSt. pro Teilnehmer

Marketing-Schwerpunkt: Die Zielgruppe
(1 Tag)

Zielsetzung:
Der Bestimmung und der Analyse der anvisierten Zielgruppe im Markt ist von zentraler Bedeutung. Dieses Seminar ist ein Workshop. Nach einer kurzen Einführung erarbeiten die Teilnehmer mit eigenen Unterlagen die Themen:

Marktleistung
Markt
Zielgruppe

250,00 EUR zzgl. MwSt. pro Teilnehmer

Die Persönlichkeit meines Kunden
(1 Tag)

Zielsetzung:
Wie erkenne ich die Persönlichkeit meines Kunden und wie begegne ich den unterschiedlichen Stilrichtungen. Welche Argumentationstechnik wende ich an?

300,00 EUR zzgl. MwSt. pro Teilnehmer

(Termine und Seminarorte auf Anfrage, eMail: RK Finanz borter@t-online.de)

6. Überzeugen

Sie sprechen mit Menschen, sei es in Ihrem privaten oder in Ihrem geschäftlichen Bereich. Sie diskutieren über das Wetter, die Weltlage oder Sie wollen jemanden für sich gewinnen, ihm sogar etwas verkaufen.

Sie wollen nicht überreden. Das ist Ihnen wichtig. Sie suchen und wollen die Kommunikation, Sie möchten gerne überzeugen.

Grundsätzlich stehen Ihnen wieder die drei bereits erwähnten Möglichkeiten offen:

Sie überzeugen durch Ihr Fachwissen.

Sie überzeugen durch die erlernten Regeln und Techniken; denken Sie dabei nur an die Rhetorik vieler unserer Politiker.

Sie überzeugen durch den Einsatz Ihrer menschlichen Qualifikationen.

Mit welcher dieser drei Möglichkeiten erreichen Sie nun Ihr Ziel am besten?

Allein durch die Demonstration von Fachwissen und angewandte Techniken?

Wohl kaum. Denn sehr schnell kann es heißen: „Fachlich, technisch wirkt er zwar immer außerordentlich fundiert, aber wie er das vorgetragen hat, ist das wirklich noch ein Mensch, hat der eigentlich noch Gefühle? Na, ich weiß nicht so recht ..."

Wählen Sie allein den Bereich von Regeln und Techniken, so stellen Sie sich bitte die folgende Situation vor:

Ein Verkäufer will einem Einkäufer sein Produkt schmackhaft machen.

Da wenig wirkliche Neuheiten auf dem heutigen Markt anzutreffen sind, müssen Sie erreichen, daß das vergleichbare Produkt eines Mitbewerbers aus dem Regal kommt und Ihres übernommen wird.

Sie als Verkäufer haben vor nicht allzu langer Zeit ein Seminar über Verkaufsstrategien besucht und sind nun stolz, dieses unter Beweis stellen zu können.

Sie sind überzeugt, daß Sie damit gewinnen werden. Aber das Gespräch gestaltet sich recht eigenartig.

Der Einkäufer findet auf alle Ihre Argumente genau die richtigen Gegenargumente. Exakt diejenigen, vor denen Sie der Referent des Seminars gewarnt hat.

Des Rätsels Lösung:
Der Einkäufer hat dasselbe Verkaufsseminar einen Monat vor Ihnen besucht.

Er wollte sich doch gründlich auf seinen Job als Einkäufer vorbereiten.

Versuchen Sie es letztlich mit reiner Menschlichkeit, so werden Sie mit großer Wahrscheinlichkeit über den Tisch gezogen.
Denn durch den Einsatz allein Ihrer menschlichen Qualitäten können Sie in der heutigen Marktwirtschaft nicht mehr bestehen.

Ein Amerikaner hat das mir gegenüber einmal so ausgedrückt:
He is a nice fellow, but we can't do any business with him. He does not know that, so let us meanwhile make some money on him.[18]

Keine der drei Möglichkeiten führt isoliert genutzt zu dem von Ihnen angestrebten Ziel.

Nur eine gesunde Mischung von allen drei Komponenten wird Sie zum Erfolg führen.

Sie überzeugen also einzig und allein
durch die Ganzheit Ihrer Persönlichkeit:
einer Persönlichkeit,
die Sie zuerst erkennen
und dann
akzeptieren lernen müssen.

---

[18] Er ist ein netter Kerl, doch ein Geschäft können wir mit ihm nicht machen, also nehmen wir ihm einfach etwas Geld ab.

Überzeugen heißt also:

sachlich argumentieren,

seine Meinung fundiert vertreten,

so, daß der andere Sie versteht und nach dieser (möglichst Ihrer) Meinung handelt.

Und wann tut er das?

Ganz einfach dann, wenn Sie ihn **überzeugt** haben!

Er kommt zur Einsicht.
Er hat nun das gleiche
Ziel wie Sie.
Sie haben gewonnen!

Er kommt nicht zur Einsicht.
Er hat nicht das gleiche Ziel.
Trotzdem akzeptiert er Ihre Meinung.

Jetzt gilt es, Vertrauen aufzubauen, eine tragbare Basis zu schaffen mit dem Ziel, daß der andere eben nach Ihrer Meinung handelt.

Verhaltensweisen, die wesentlich zum Aufbau von Vertrauen beitragen:

Prinzipiell gilt:

Immer die gleiche geistige Ebene anstreben. Nach amerikanischem Muster eine „Eye to Eye Situation" anstreben.

Das bedeutet, daß Sie dem anderen nicht von oben herab begegnen, sich ihm aber auch nicht primär unterwerfen.

Die Augen sind auf der gleichen Ebene.

Sie sollten an den Problemen Ihres Gesprächspartners ein echtes Interesse haben und das auch zeigen. Sie sollten seine Probleme zu Ihren eigenen machen.

Sicher, das nervt oft gewaltig. Speziell dann, wenn Ihr Gesprächspartner die Verhaltenskette nicht kennt und somit nicht in der Lage ist, Ihre momentane Befindlichkeit einzuschätzen.

Ein situatives, ja sogar individuelles, der Situation angepaßtes Vorgehen ist hier besonders gefordert.

Ansonsten gelten die folgenden Grundsätze:

Zuverlässigkeit

Sie sollen tun, was Sie versprechen. Termine halten Sie ein. Wenn es nicht möglich ist, dann melden Sie sich rechtzeitig. In Ihrer Verhaltensweise erkennt der andere eine gewisse Konstanz.

Offenheit

Sie sagen, was Sie denken. Höflich, aber auch bestimmt.
Sie geben vollständige Informationen weiter, auch wenn sie negativ sind.
Ihnen unterlaufene Fehler können Sie frei und unumwunden eingestehen.
Fehlt Ihnen eine Information, fehlt Ihnen spezifisches Fachwissen, so stehen Sie dazu und sagen, daß Sie sich informieren müssen.

Anerkennung

Sie akzeptieren den anderen, wie er ist. Sie lassen ihn ausreden, gehen auf seine Probleme ein und versuchen nicht, ihn zu überreden.

Kongruenz

Kongruenz bedeutet „Deckungsgleichheit". Sie erinnern sich: Zwei Dreiecke sind kongruent, wenn sie übereinstimmen in drei Seiten, oder zwei Seiten oder dem eingeschlossenen Winkel.

Sie predigen nicht Wasser und trinken aber Wein. Sie stehen zu Ihrem eigenen Ich.

Und Probleme schieben Sie nicht ab. Sie gehen sie in der geeigneten und geforderten Form an.

Denn nur auf diese Weise sind Sie in der Lage, eine Partnerschaft aufzubauen, eine der absolut unabdingbaren Grundlagen für eine erfolgreiche
Kommunikation.

**In einer Partnerschaft
gehen zwei einzelne Persönlichkeiten eine
positive Beziehung ein:
Eine Beziehung,
zu der beide etwas Wesentliches und Gleichwertiges beitragen.
Eine Partnerschaft,
in der Ziele und Vorgehen
gemeinsam festgelegt werden.
Eine Partnerschaft,
in der letztlich beide gewinnen.**

Warum sind aber Partnerschaften oft so schwierig?

Der Partner ist **anders**, als Sie ursprünglich gemeint haben.

Er wirkt **irgendwie verstört.**

Sie spüren eine **bisher nicht gekannte** Zurückhaltung.

Der Partner hat sich von Ihnen **entfernt.**

Der Partner entwickelt **andere Eigenschaften**, zeigt plötzlich andere Stärken und Schwächen.

Dies sind einige Ihrer Wahrnehmungen auf Grund von:

Erscheinungsbildern,

von Verhaltensweisen nach einer ganz bestimmten

**Haben Sie Veränderungen in der Partnerschaft
und in ihrem beruflichen Umfeld festgestellt?**

Denken Sie darüber nach und notieren Sie sich Ihre Beobachtungen:

7. Verhaltenskette

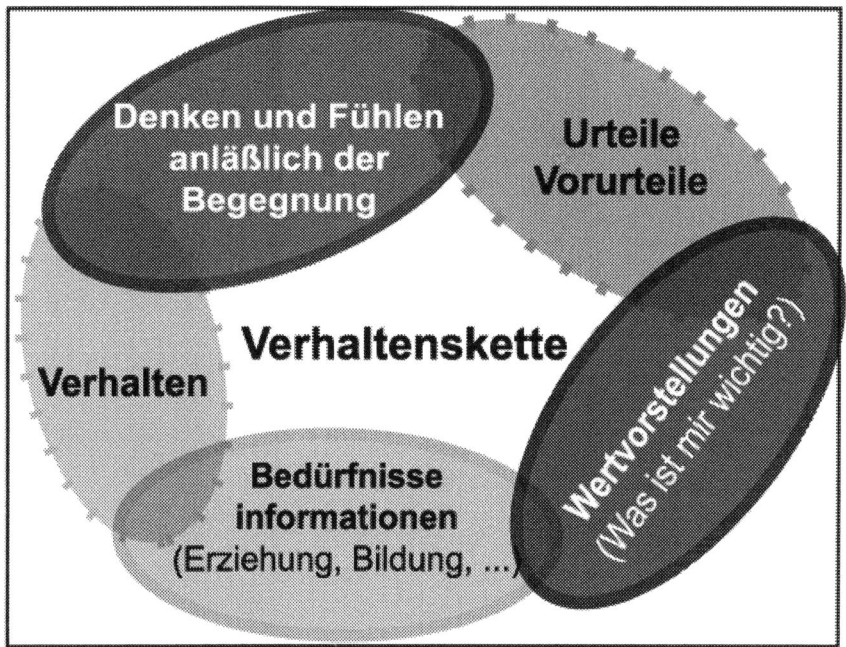

Das einzige, das Sie anläßlich einer Begegnung wahrnehmen, ist das Verhalten der anderen Person.

Und auf Grund Ihrer subjektiven Wahrnehmung des Verhaltens eines anderen schließen Sie allzuoft vorschnell auf seine Eigenschaften, seine menschlichen Qualifikationen, ob vorhanden oder eben nicht.

(Mechanismus hier als Betrachtungsweise eines Geschehens nach kausalen Zusammenhängen geordnet.)

Das soziale Umfeld, die äußeren Einflüsse und Ereignisse,
unsere Erziehung und unsere Bildung
sowie Informationen bestimmen
die jeweiligen wechselseitigen Bedürfnisse.
Sie machen sich ein Bild von einem anderen Menschen und vergessen, daß das Verhalten eben gerade dieses Menschen und gerade am heutigen

Tage von Einflüssen und Ereignissen geprägt ist, von denen Sie keine Ahnung haben, keine Ahnung haben können.

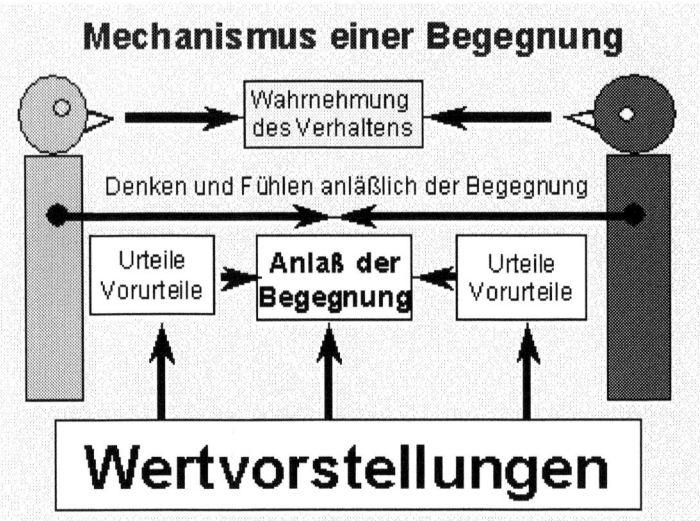

Wenn Sie die Person Ihrer aktuellen Begegnung bereits einige Zeit kennen, so spüren Sie tief in Ihrem Innern eine unbestimmte Betroffenheit. Aber anstatt daß Sie diese äußern und echte Teilnahme zeigen, schlucken Sie diese Regung schnell herunter. Sie wollen dem anderen doch nicht zu nahe treten.

Dabei schützen Sie aber nur sich selbst. Sie fürchten sich, Ihre eigene Unsicherheit im Umgang mit einer solchen Situation zu offenbaren. Und oft fürchten Sie sich auch vor Ihrer Reaktion, wenn Sie um Hilfe, um echte Hilfe gebeten werden.
Sie können aber alle diese Gefühle der Unsicherheit, der Hilflosigkeit, ja der Angst vor irgend einer Ungewißheit vermeiden, wenn Sie sich überlegen, was denn das Ihnen seltsam erscheinende Verhalten Ihres weiblichen oder männlichen Partners beeinflußt haben könnte:

> **das Umfeld der Begegnung,**
> **seine soziale Situation,**
> **der Anlaß der Begegnung,**
> **wie er heute denkt,**
> **wie er sich heute fühlt.**

Ein Beispiel:

Das Vorstellungsgespräch

Stellen Sie sich vor, Sie bewerben sich um eine tolle Stelle, und heute morgen um 10 Uhr ist das abschließende und alles entscheidende Gespräch in der Firma.

Gestern abend kamen spät noch unangemeldet Freunde aus der Nachbarstadt zu Besuch. Zwar hatten sie ein Hotelzimmer, aber sie wollten Sie noch unbedingt auf einen Drink besuchen.
Es wird Mitternacht, ein letzter Schlummertrunk. Endlich gehen die Freunde. Sie fallen ins Bett. Schlafen unruhig, haben zuviel geraucht und getrunken. Mehrmals wachen Sie schweißgebadet auf. 7 Uhr morgens, der Wecker rattert.

Sie springen aus dem Bett. Beim Rasieren schneiden Sie sich fast den Kopf ab. Es blutet wie verrückt. Endlich unter der Dusche kommt kaum Wasser. Wie kriegen Sie nun die Seife vom Kopf? Endlich angezogen. Nun der Kaffee. Er ist wie immer zu heiß. Sie verbrennen sich den Mund, und da die Tasse zu voll ist, fallen Tropfen auf Ihr weißes Hemd. Sie fluchen.

Ein neues Hemd, Jacke, Schuhe und nichts wie raus. Der Aufzug funktioniert nicht. Also acht Stockwerke zu Fuß.

Unten angekommen. Aktentasche vergessen. Also nochmals rauf, acht Stockwerke, Aktentasche unter den Arm.

Spätestens jetzt könnten Sie sich eigentlich gleich aus dem Fenster stürzen, denn aus dem Gespräch wird sowieso nichts Gutes herauskommen. Aber trotzdem, rein in den Wagen und nichts wie los.

Es ist schon 8 Uhr 30. Bei normaler Verkehrslage brauchen Sie etwas über eine Stunde. Das Radio an. Verkehrsmeldungen. Um 10 Uhr 15 treffen Sie bei der Firma ein. Um 10 Uhr 20 stehen Sie im Konferenzzimmer.
Eine freundliche Sekretärin hat Sie hineinbegleitet. Was schaute die so komisch?
Die gepolsterte Türe des Direktionsbüros öffnet sich.

Ach, das wird eh nichts, warum bin ich bloß hergekommen? Das wird peinlich ...

Doch es geht auch anders:

Sie essen gemütlich mit Ihrem Partner. Im Fernsehen wird ein Lustspiel Ihres Lieblingsschauspielers gezeigt. Um 10 Uhr sind Sie im Bett. Sie schlafen herrlich und sind schon um 6 Uhr wach, ohne diesen gräßlichen Wecker. Sie frühstücken gemütlich, ziehen Ihren neuen Anzug an. Es ist fast schon sommerlich warm.

Übermütig steigen Sie in Ihr Cabriolet und fahren viel zu früh los. Was soll's. Um 9 Uhr sind Sie bereits vor der Firma, sehen ein kleines Café an der Ecke. Sie trinken langsam einen Cappuccino und bummeln dann gemütlich durch die Eingangshalle des Konzerns.

Sie wissen, Sie werden den Job erhalten.

**Denn Sie denken positiv,
und Sie fühlen sich
einfach großartig!**

Ihr Verhalten wird also entscheidend durch Ihre kurzfristige Vergangenheit beeinflußt, denn sie allein entscheidet, wie Sie sich bei einer unmittelbar bevorstehenden Begegnung fühlen werden, wie Sie denken werden. Das

Verhalten,

das einzige, das wir wahrnehmen, wird entscheidend geprägt durch unser

Denken und Fühlen,

und das wiederum ist, wie Sie gesehen haben, sehr nachdrücklich von unseren Erlebnissen der jüngsten Vergangenheit abhängig.

Benimmt sich jemand außerhalb der uns geläufigen Normen oder eben einfach komisch und hat er eine rote Nase, entzündete Augen, greift dauernd zum Tempotaschentuch, so verstehen Sie sicher, daß er sich heute nicht außerordentlich gut fühlt.

Sie können also sein etwas seltsames Verhalten durchaus nachvollziehen.

Eine andere Ursache seines Verhaltens kann in seiner Einstellung zum Grund der Begegnung liegen.

Eine vorgefaßte Meinung,

ein Ziel, das unbedingt erreicht werden muß, ein Urteil, ein Vorurteil gegenüber einer Situation, eine bestimmte Wertvorstellung beeinflussen das Verhalten bei einer Begegnung immer wieder wesentlich.
Denn auch auf der Grundlage gleichen Wissens können individuell vollkommen verschiedene Bewertungen oder Wertorientierungen entstehen.

Nun, wie entstehen eigentlich

Wertvorstellungen?

Durch

Urteile und Vorurteile.

Ein Beispiel:

Der Metzgermeister des Dorfes geht in Pension und übergibt das Geschäft seinem Sohn.

Er hat seit über zwanzig Jahren Schweinswürste nach eigenem Rezept hergestellt, und die Kunden kamen oft von weit her, sogar aus der nächsten Kreisstadt.
Seine Würste galten als Spezialität, als Leckerbissen.
Der Sohn übernimmt nun mit seiner jungen Frau das Geschäft, in Anzeigen und Plakaten wird die Kundschaft informiert.

Der alte Metzgermeister kann sich aber doch noch nicht so ganz mit seinem Ruhestand abfinden und macht seinem Sohn den Vorschlag, daß er noch bis auf weiteres jeden Montag die Schweinswürste herstellt. Der Sohn ist natürlich damit einverstanden.

Das Geschäft läuft, die Kunden schenken dem jungen Metzger ihr Vertrauen. Und trotzdem: Bald hört man in den Gaststätten der Umgebung, daß der junge das Geschäft zwar sehr gut weiterführt, aber die Schweinswürste sind eben doch nicht mehr das, was sie noch beim alten waren.

Aus diesem Beispiel erkennen Sie:

**Nicht die objektive Beschaffenheit eines Gutes
ist die Realität in der Marktpsychologie,
sondern einzig die Vorstellung (Wertvorstellung) des
Verbrauchers.**[19]

Wertvorstellungen sind auch eng mit dem Phänomen der Anbieterautorität verbunden:

Der junge Metzger kann ja noch gar nicht die Erfahrung des alten haben. Also können die Schweinswürste eben einfach nicht von derselben Qualität sein.

Oder stellen Sie sich einen Friseurmeister vor, der sein selbst entwickeltes Haarwuchsmittel auf den Markt bringt und selbst eine spiegelblanke Glatze zur Schau stellt.

**Das Verhalten eines Menschen
Ist abhängig von seinem
Von seinem Denken und Fühlen,
welches wiederum fußt auf seinen
Wertvorstellungen,
welche letztlich von seinen
Bedürfnissen beeinflußt werden.**

---

[19] Prof. Dr. Bernd Spiegel

Der Referent[20]

Gespannt warteten die jungen Frauen auf das Erscheinen des Referenten. Julia hatte ihn in den schillerndsten Farben beschrieben. Mit glühenden Wangen schwärmte sie davon, wie sie ihn das erste Mal erlebt hatte. Neidisch, aber sehr neugierig hörten ihre Freundinnen zu. Sie waren extra zu diesem Seminar angereist, um Julias neue Eroberung begutachten zu können.
Jetzt war es gleich soweit. Ihre Augen schauten gebannt zum Eingang in der Hoffnung, jeden Moment den Supermann erblicken zu können. Endlich öffnete sich die Tür. Ein kleiner, untersetzter Mann mit Halbglatze betrat den Raum.
Julias Augen weiteten sich vor Bewunderung, und ihr Blick ließ ihn nicht mehr los.

Auf den Gesichtern der Freundinnen jedoch machte sich der Ausdruck von Enttäuschung breit. Wegen dieses unscheinbaren und unattraktiven Mannes hatten sie ihr Wochenende geopfert?
Gelangweilt schauten die Freundinnen zu, wie der Referent sich vor den Seminarteilnehmern in Position brachte. Bei der ersten Pause hauen wir ab, flüsterten sie.
Doch als der untersetzte Mann sein Seminar begann und mit seiner lebendigen und fesselnden Art seinen Vortrag gestaltete, wich der Unmut aus den Gesichtern.
Aufgeregt verfolgten sie jede Geste, jede Mimik und jeden seiner Schritte. Auch mit seiner Stimme konnte er jeden Teilnehmer begeistern, und sein schauspielerisches Talent nahm sofort alle gefangen.
Plötzlich sahen ihn die Freundinnen mit denselben Augen wie Julia. Er ist einfach großartig, flüsterten sie nun, und bewundernd schauten sie ihm nach, als er nach viel Beifall den Seminarraum verließ.

Erste Eindrücke, spontane Wertvorstellungen, Urteile oder eben Vorurteile werden bei jedem Menschen durch seine unterschiedlichsten Bedürfnisse entscheidend mitgeprägt.

Sie sehen das eindrücklich an der folgenden Darstellung von Bedürfnissen:

---

[20] von Heike Scharf

Bedürfnispyramide nach Maslow[21]

Selbstverwirklichung

Wunsch
nach Betätigung
entsprechend den
vorhandenen Neigungen,
Fähigkeiten, dem Wissen,
der Ästhetik, dem Verstehen

Ichbezogene Bedürfnisse

Wertschätzung, Prestige, Macht
Autorität, Selbstvertrauen,
Luxus

Soziale Bedürfnisse

Zugehörigkeit, Anerkennung,
Gesellschaft, Integration, Kommunikation,
Familie, Vertrauen

Schutz und Sicherheit

Selbsterhaltung, Schutz vor Gefahr,
Altersvorsorge

Basisbedürfnisse

Nahrung, Kleidung, Wohnung, Gesundheit

Maslow hat die Bedürfnisse des Menschen in verschiedene Stufen geglie-
dert, und er geht davon aus, daß immer erst die Bedürfnisse der tieferen
Stufe erfüllt sein müssen, bevor die nächst höher eingestuften Bedürfnisse
erfüllt werden können.

---

[21] Abraham Maslow, Psychologie des Seins, München 1973

Dies läßt sich eindrücklich am Beispiel eines Drogensüchtigen demonstrieren:
Er wird immer zuerst seine Sucht befriedigen, bevor er sich um seine Basisbedürfnisse kümmert.

Basisbedürfnisse

Die Bedürfnisse nach Nahrung, Kleidung, Wohnung und Gesundheit bilden die unterste Stufe, die Basis.

Schutz- und Sicherheitsbedürfnisse

Die Selbsterhaltung, der Schutz vor Gefahren aller Art, das Bedürfnis nach Vorsorge stehen hier im Vordergrund. Erste Gedanken an die Umwelt und an ein eigenes Umfeld beginnen ebenfalls zu reifen.

Soziale Bedürfnisse

Zugehörigkeit, das Bedürfnis nach Gesellschaft, nach Kommunikation, nach einer Familie stehen hier im Vordergrund. Man sucht den Kontakt und möchte, daß einem Vertrauen entgegengebracht wird.

Ichbezogene Bedürfnisse

Das eigene Selbstvertrauen wächst. Bedürfnisse nach Wertschätzung, nach Macht, Autorität und Anerkennung stellen sich ein. Die eigene Umgebung wird nach einem Prestigedenken gestaltet.

Selbstverwirklichung

Das Bedürfnis, der Wunsch nach Betätigung entsprechend den vorhandenen Fähigkeiten und Neigungen. Die Gestaltung der eigenen Umgebung weicht ab vom Prestigedenken. Ästhetik wird angestrebt.
Wenn Sie sich nun mit dem Verhalten anderer Menschen auseinandersetzen, dieses sogar voraussagen wollen, so müssen Sie sich nicht nur mit seinen Stärken und Schwächen auseinander-setzen, Sie müssen auch seine Bedürfnisse und seine Wertvorstellungen ergründen, erkennen und akzeptieren lernen.

Bedürfnisse sind für einen Menschen eindeutige Anforderungen und Wertvorstellungen, es sind Wahrheiten.
Völlig egal, ob es sich hier um wirklich fundierte Urteile oder eben um Vorurteile handelt,
ob sie letztlich stimmen oder nicht.
Bedürfnisse können nicht erzeugt werden,
denn sie sind immer latent vorhanden.

Sie können nur ins Bewußtsein gerufen werden.

Bedürfnis[22]

Ein Bedürfnis ist der Ausdruck eines Mangels, eines Begehrens (Désir) der darauf beruht, daß ein Lebewesen etwas objektiv oder subjektiv Notwendiges aktuell nicht besitzt.
Das Erlebnis dieses Mangels hat ein Streben nach dessen Beseitigung zur Folge. Bedürfnis und Antrieb stehen als Zustand und Prozeß in einem dialektischen Verhältnis zueinander.
Dem Bedürfnis als innerer Verhaltensbedingung entspricht auf der äußeren Seite ein affektiv-emotional getönter Gegenstand, der für den erwachenden Antrieb als Verhaltensziel dient und die Befriedigung des Bedürfnisses gewährleistet.

Für das Entstehen des Antriebs aus dem Bedürfnis wird manchmal der bildhafte Ausdruck Bedürfnisdruck verwendet, der andeutet, daß das Bedürfnis auf Befriedigung drängt.

Alle Lebewesen haben Bedürfnisse. Tierische Bedürfnisse unterscheiden sich jedoch grundsätzlich von ähnlichen Bedürfnissen beim Menschen. Letztere sind eng mit dem gesellschaftlichen Zusammenleben verbunden.

Menschliche Bedürfnisse in diesem Sinne sind „Bedarfszustände", die im Zusammenhang der Aktivitäten zur gesellschaftlichen Lebenssicherung stehen bzw. auf gesellschaftlich produzierte Objekte oder gesellschaftlich geprägte Situationen gerichtet sind und deswegen nur durch die Produktion und deren Resultate befriedigt werden können.

Die vitalbiologischen Bedürfnisse, die phylogenetisch (stammesgeschichtlich) erworben sind und deren Dynamik der Befriedigung auf Defizitzuständen von Geweben des Körpers beruht, sind in den gesellschaftlich bezo-

---

[22] In Anlehnung an die Überlegungen von Prof. Dr. Friedhart Klix, Berlin

genen Bedarfszuständen insofern aufgehoben, als sie beim Menschen – im Unterschied zum Tier – eine „Humanisation" erfahren (Pieron), d.h. in typisch menschlichen Formen auftreten.

Das ist auch ablesbar an der Aufschiebbarkeit der Befriedigung, an der gesellschaftlich-kulturellen Überformung.

Beispiele:
Speisevorlieben und Abscheu, Tischsitten, Sexualnormen usw., die sich im historischen Prozeß verändern und die sowohl in den ethnischen Einheiten differieren als auch an der willentlichen Beherrschung.

Charakteristisch für den Menschen ist der auf der Grundlage von Bildung und Erziehung entstandene, lernbedingte Erwerb von Bedürfnissen, die gesellschaftliche Erfordernisse reflektieren.

Die Entstehung von sozialen Lern- und Arbeitsbedürfnissen in ihrer formationsspezifischen Ausrichtung weist das aus.

Bedürfnisse gehören zu den dispositionellen Eigenschaften, d.h. zu den inneren Aktionsvoraussetzungen jeder Handlung.
Sie lassen sich nach logisch-deduktiven, pragmatischen oder induktiv-empirischen, z.B. faktorenanalytischen Prinzipien klassifizieren.

Mit Hilfe der logisch-historischen Analysemethode des historischen Materialismus hat Holzkamp-Osterkamp eine Klassifikation menschlicher Bedürfnisse erarbeitet, die das phylogenetische und gesellschaftlich-historische Gewordensein einschließt.

Ausgangspunkt ihrer Klassifikation sind zwei Funktionskreise: Lebenssicherung und Fortpflanzung.

Erfordernisse der Lebenssicherung sind sowohl Quellpunkt sinnlich-vitaler (organischer) als auch produktiver Bedürfnisse. Letztere zielen auf die Kontrolle der Lebensbedingungen durch kooperative Integration in soziale Gruppen und durch vielfältige Teilhabe an der gesellschaftlichen Realitätskontrolle. Produktive Bedürfnisse sind Bedingung und Konsequenz individueller Vergesellschaftung. Dem Funktionskreis der Fortpflanzung entstammen die sexuellen Bedürfnisse. Sie sind in dem Sinne konservativ, als sie den Kern der Menschwerdung, die Herausbildung kooperativer vergegenständlichender und aneignender Lebensformen, nicht betreffen.

Psychologisch faßbare und untersuchbare Phänomene der Bedürfnisse sind der aus dem Bedarfszustand resultierende spannungshafte Bedürfnisdruck, der auf Befriedigung drängende Antrieb, die affektiv-emotionale Bewertung des Objektes oder Ereignisses (positive oder negative Valenz), die Befriedigung des Bedürfnisses und die damit verbundene emotionale Neutralisierung der Situation.
Im Lernprozeß fungiert das Bedürfnis als Bekräftigungsfaktor der zu erlernenden Objekt- oder Ereignisrelationen.

Steht keine angemessene Befriedigungsmöglichkeit zur Verfügung, kann es zur Ersatzbefriedigung (Lewin) kommen, z.B. das Daumenlutschen des Säuglings.
Längeres oder permanentes Ausbleiben der Befriedigung personal zentraler Bedürfnisse führt zu Unlustgefühlen, Aggressionen, im Extremfall zu neurotischem Fehlverhalten mit körperlichen Begleiterscheinungen.
Da nun jede herbeigeführte Begegnung einen bestimmten Zweck erfüllen soll, Bedürfnisse befriedigen soll, müssen Sie sich diese Verhaltenskette, diese Verknüpfungen immer innerlich vor Augen halten.

Dies speziell dann, wenn Sie bestrebt sind, das Verhalten ihres Gesprächspartners in einem für Sie positiven Sinn zu verändern.

Vergewaltigen können sie ihn nicht. Sie können aber versuchen, seine Bedürfnisse anzusprechen und Wertvorstellungen zu verändern. Und das gelingt Ihnen nur, wenn Sie in der Lage sind, eine Vertrauensbasis aufzubauen, die die einzige Grundlage darstellt, auf der Sie andere Menschen überzeugen können!

**Überzeugen können Sie letztlich nur durch
Ihre eigene Persönlichkeit.**

Diese müssen Sie aber erst erkennen und dann akzeptieren lernen. Seien Sie nun Asket oder Genußmensch, das ist unwichtig.

Sich selbst können Sie nur dann überzeugend darstellen, wenn Sie Ihre Maske wenigstens vor sich selbst abgenommen haben.

8. Verhaltensmodell

Das im folgenden dargestellte Verhaltensmodell ist eine Analyse menschlicher Verhaltensmöglichkeit und Eigenschaften.
Zur besseren Verständlichkeit beginne ich die Erläuterung des Verhaltensmodells mit einer kurzen Aufgabe. Das Modell wird im nächsten Kapitel eingehend dargestellt.

Ihre eigenen Stärken und Schwächen

Schreiben Sie nun spontan je sechs Ihrer eigenen Stärken und Schwächen auf:

Stärken	Schwächen
....	....
....	....
....	....
....	....
....	....
....	....

z. B. Eigenschaften wie:

Stärken	Schwächen
kontaktfreudig	impulsiv
anpassungsfähig	cholerisch
risikofreudig	dominierend
starker Wille	nicht selbstkritisch
belastbar	verschwenderisch
tolerant	eitel
sehe Zusammenhänge	etwas labil

guter Zuhörer	rechthaberisch
guter Organisator	genußsüchtig
bin fürsorglich	oft ungeduldig
hilfsbereit	fordernd
menschenfreundlich	sachorientiert
einfühlsam	intolerant
belastbar	nicht belastbar
sparsam	verschwenderisch

nicht aber Begriffe wie:

groß	klein
blond	rothaarig
ruhig	giftig
interessant	komisch

Ein weiteres Beispiel und anschließend eine kurze Dokumentation, wie ich seit 1982 mit unterschiedlichen Analysemethoden beurteilt wurde.
Meine Selbstdarstellung[23] und die Art und Weise, wie ich damit umgehe, soll Ihnen den objektiven Umgang mit Ihrer eigenen Person etwas erleichtern.

Mein eigenes Persönlichkeitsprofil zeigt auch auf, daß sich die eigentliche Stilrichtung meiner Persönlichkeit im Laufe der Jahre kaum verändert hat.
Einzig der Grad der Flexibilität war (und ist noch) der Veränderung unterworfen.

---

[23] Die Auflistung meiner eigenen Stärken und Schwächen hat nichts mit Exhibitionismus zu tun, was mir übrigens während der Arbeit an diesem Buch oft unterstellt wurde. Die Selbstdarstellung soll die Objektivität dokumentieren, mit der ich an dieses Werk herangegangen bin. Menschen, die mich privat und beruflich, kennen können dies nur bestätigen: Ich lebe tatsächlich seit vielen Jahren mit diesen Eigenschaften!

Und so wurde und werde ich noch immer von meinen Mitmenschen erlebt:

Fritz Borter

Machtachse

viel ◄─────────────────► wenig

Stärken	Schwächen	
Durchblick	Rücksichtslosigkeit	viel
Zielstrebigkeit	Angespanntheit	
Belastbarkeit	Brutalität	
Konsensfähigkeit	Oberflächlichkeit	Gefühlsachse
Spontaneität	Sensibilität	
Durchsetzungskraft	Wechselhaftigkeit	
Kontaktfreudigkeit	Egoismus	
begeisterungsfähig	Ungeduld	
Charme	Eigensinnigkeit	
Redegewandtheit	nicht diplomatisch	
Großzügigkeit	oft nicht objektiv	
Risikobereitschaft	genußsüchtig	wenig

Antreiber

1981   Beurteilung durch die Integro-Verhaltensmatrix
1982   Beurteilung durch ein Struktogramm[24]
1990   Beurteilung durch das eigene Humansystem
1996   Persönlichkeitsprofil - Analyse nach SLG[25]
Dazu einige weitere interessante und relevante Adjektive:

unabhängig, individualistisch, direkt, logisch, selbstbewußt, skeptisch, sondierend, aktiv, ruhelos, tatkräftig, willensstark, ausdauernd, eigensinnig, faktisch fragend: „wer und wann?"

---

[24] Nach Rolf W. Schirm
[25] Thomas International Ltd.

1998 Beurteilung nach der eigenen Weiterentwicklung des Humansystems

Eigenschaften	1981	1982	1990	1996	1998
aktiv					
ausdauernd					
autoritär					
delegierend					
direkt					
dogmatisch					
durchsetzend					
eigensinnig					
energisch					
erfolgsbetont					
feinfühlig					
flexibel					
forschend					
fragend					
Führungsstreben					
herausfordernd					
individualistisch					
initiativ					
intolerant					
kein Detailmensch					
kein Teammensch					
kompromißlos					
konkurrierend					
kontaktfreudig					
kraftvoll					
kühn					
liebt Veränderung					
logisch					
mitreißend					
offen					
pragmatisch					
Redegewandt					
reisefreudig					

risikofreudig	░	█	░	█	█
ruhelos	░	█	░	█	█
nicht unterordnend			░	█	░
selbständig	░			█	░
selbstbewußt	░			█	█
selbstmotivierend	░			█	░
selbstsicher	░		░	█	█
Objektivitätssinn				░	█
skeptisch		░		█	░
sondierend				█	░
tatkräftig	░			░	█
überblickend		█		░	░
überzeugend			░	░	█
unabhängig	░			█	░
undiplomatisch		█		░	█
unkonventionell	░	█		█	█
unruhig				█	█
wagemutig	░			░	░
Willensstärke	░			█	█
Zielorientierung	░			░	░

Dabei wurden nur die folgenden Bewertungskriterien berücksichtigt:

░ trifft oft zu

█ trifft im extremen Maße zu

Ist Ihnen dabei etwas aufgefallen?

War es leichter, Ihre Stärken oder Ihre Schwächen aufzuschreiben?
Wahrscheinlich konnten Sie Ihre Schwächen spontaner notieren. Denn in 90% der Fälle verhält es sich so.
Die Leistungsbeurteilung während Ihrer Schulzeit, später die Qualifikationsgespräche und letztlich Ihre Mitmenschen haben dafür gesorgt, daß Ihnen Ihre Schwächen wesentlich geläufiger sind als Ihre Stärken.

Sie kennen den Satz:

Du bist ja eigentlich ein lieber Kerl, aber ...
Werde ich so mit meinen Schwächen von Dritten konfrontiert, so pflege ich zu sagen:
Stimmt hundertprozentig, aber das weiß ich nun schon seit über fünfzig Jahren!

Lernen Sie damit umzugehen, daß in einer Beurteilung meist zuerst die Schwächen aufgedeckt werden.

Gerade Vorgesetzte verwenden dies oft als Taktik, einerseits um sich selbst Luft, einen gewissen Spielraum zu verschaffen und andererseits, um Sie einzuschüchtern und Sie an den Ihnen zugedachten Platz zu verweisen.

Halten Sie sich also nicht weiter damit auf, denn nur wenn Sie Ihre Stärken erkennen und gezielt einsetzen, bauen Sie sich eine Grundlage für Ihren Erfolg.

Das Potential für Ihre Weiterentwicklung liegt in Ihren Stärken. Sie sind ein positiver Teil von Ihnen, und Sie dürfen sich ruhig dazu bekennen.

Ihre Schwächen müssen Sie nur angehen, wenn sie zum Problem werden. Bedenken Sie dabei aber, daß auch ein kleines Leck mit der Zeit ein großes Schiff zum Sinken bringen kann.

Übrigens, Ihre Schwächen machen Sie nur menschlicher!

Sie haben sich nun mit Ihren eigenen Stärken und Schwächen etwas auseinandergesetzt. Bestimmt kannten Sie sie. Machen Sie nun auch noch den Schritt, diese zu akzeptieren, und zwar ohne Wenn und Aber.

Sie sollten sich selbst ohne Maske betrachten und akzeptieren lernen. Erst dadurch versetzen Sie sich in die Lage, die Persönlichkeit Ihrer Mitmenschen zu erkennen.
Denn die hier dargestellte Analysemethode dient Ihnen zum besseren Verständnis der Mitmenschen und beruht auf Vergleichen mit Ihrer eigenen Person.

Wenn Sie Ihren Standort innerhalb des Modells erkannt und akzeptiert haben, Ihre eigenen Stärken und Schwächen somit einordnen können, dann sind Sie auch in der Lage, Ihre Mitmenschen entsprechend im Modell zu plazieren und dadurch deren wahrscheinliches Verhalten in Ihre Überlegungen mit einzubeziehen.

Eine erste Beurteilung

Denken Sie an jemanden, den Sie gern mögen, mit dem Sie gut auskommen und stellen Sie sich einen Menschen vor, den Sie nicht ausstehen können. Und nun beschreiben Sie die beiden so direkt wie möglich. Aber nicht so, wie sie nicht sind, sondern so, wie sie sind, wie Sie sie kennen und heute erleben.

Es sollten Personen sein, die Sie bereits seit einiger Zeit kennen und durch ihr Verhalten Ihnen gegenüber sehr schätzen oder eben nicht.

Also sagen Sie nicht: „Er ist unehrlich", sagen Sie gleich: „Er lügt".

Kann ich gut leiden	Kann ich nicht leiden
Name:	Name:
....	....

Eigenschaften	Eigenschaften
....	....
....	....
....	....
....	....
....	....
....	....

Mögliche Eigenschaften:

ist ausgeglichen	ist überheblich
ist ehrlich	braucht oft Notlügen
ist tolerant	ist arrogant
ist offen und direkt	ist ein Patriarch
ist konsensfähig	ist oft schwammig
zeigt Schwächen	biedert sich an
ist großzügig	ist oberflächlich

Sie haben nun beschrieben, wie diese Personen auf Sie wirken, wie ihr Verhalten Ihnen gegenüber auf Sie wirkt.

Das ist aber Ihre eigene subjektive Wahrnehmung und beruht auf Ihren Erfahrungen mit der entsprechenden Person.

Daher ist es durchaus möglich, daß andere Menschen dieselben Personen ganz anders beurteilen werden.

Was auch wiederum bedeuten kann, daß die Person, mit der Sie nun gar nicht auskommen, Sie möglicherweise genauso beschreiben würde.

Wenn Sie also in Zukunft die Persönlichkeit von Menschen einzuordnen versuchen, so bedenken Sie immer, daß es sich hier immer um eine Beurteilung ausschließlich von Ihrem Standpunkt aus, also um eine subjektive Beurteilung handelt.

Und vergessen Sie nicht die Verhaltenskette. Das Verhalten der Person anläßlich der Begegnung mit Ihnen, kann durchaus durch äußere Einflüsse geprägt sein.

Warum mögen Sie eigentlich den einen Menschen mehr als den anderen?

Weil gewisse Ähnlichkeiten mit Ihnen bestehen, weil möglicherweise die Wertvorstellungen weitgehend übereinstimmen, weil sie beide offenbar die "gleiche Wellenlänge" haben, weil sie sich "riechen" können.

Damit scheint mir hinreichend bewiesen, daß Sie das Verhalten, die Persönlichkeit anderer Menschen immer nur dann beurteilen können, wenn Sie sich auch Ihrer eigenen Persönlichkeit bewußt sind und gelernt haben, dies zu akzeptieren.

Die Dimensionen des Modells

Um die Zuordnung innerhalb des Modells zu ermöglichen, werden drei abstrakte Begriffe angewendet:

Macht
Gefühl
Flexibilität

Es geht dabei nicht darum, ob Sie Macht haben oder besonders gefühlvoll sind. Es geht einzig darum, ob Sie bei Begegnungen Macht demonstrieren und ob Sie Gefühle stärker oder weniger stark zeigen.

Macht meint hier

das, was Sie bei einer Begegnung wahrnehmen und erkennen können durch das Spüren von mehr oder weniger

Dominanz
Selbstsicherheit
Überlegenheit
Überheblichkeit

der anderen Person.

Genießen Sie vor diesem Hintergrund die Fabel:

Kalb, Ziege, Schaf im Bund mit dem Löwen[26]

Kalb, Ziege und Schaf im Bund mit einem stolzen Leun,
Als Gründer bildeten in grauer Vorzeit Tagen
genossenschaftlich sie einen Handelsverein,
Gewinn sowie Verlust zu gleichem Teil zu tragen.

Auf dem Gebiet der Geiß fing einst ein Hirsch sich ein.

Zu den Genossen schickt die biedere Zieg' in Eile;
Sie kommen, und der Leu, indem er um sich blickt,

---

[26] Fabel VI von Jean de la Fontaine

Spricht: „Wir sind vier, drum geht die Beut' auch in vier Teile."

Zerlegend drauf den Hirsch nach Jägerart geschickt,
nimmt er das erste Stück für sich, und mit Behagen
spricht er: „Das kommt mir zu, weil ich, euch zum Gewinn,
als Leu der Tiere **König** bin;
Dagegen ist wohl nichts zu sagen!
Von Rechtes wegen fällt mir zu das zweite Stück;
dies Recht, des **Stärker' Recht** heißt's in der Politik.

Als **Tapferstem** wird mir das dritte wohl gebühren!
Wagt einer jetzt von euch, das vierte zu berühren,
So würg' ich ihn im Augenblick.

(Holzstich von J. J. Grandville)

Auch der Anspruch, sich helfen zu lassen, kann ein Ausdruck von Machtentfaltung bedeuten.[27] Oder die fachliche Macht: Wissen ist Macht.[28] Und letztlich: Je mehr ich weiß erkenne ich, daß ich nichts weiß.[29]

---

[27] nach Niccolò Machiavelli: Machtentfaltung durch sich-helfen-lassen (1469-1527, Staatsmann und Philosoph. Begründete in Italien eine neue Staatsform und ordnete dem Ziel den Gebrauch jeglicher Mittel unter.)

Ausgeprägte Selbstsicherheit einerseits und wenig Macht andererseits erkennen Sie daran, daß jemand nur von Chancen, nicht aber von Risiken spricht und auch an den folgenden Eigenschaften seiner Person:

zeigt viel Macht	zeigt wenig Macht
beherrschend	Zurückhaltend
dominierend	Fügsam
bestimmt	Passiv
bestimmend	Kompliziert
diktierend	sich anpassend
unberechenbar	ausführend
redegewandt	unsicher
autoritär	berechenbar
kontrollierend	sich anlehnend
entscheidungsfreudig	ausweichend
risikofreudig	langatmig
planend	unschlüssig
durchführend	abwartend
selbstsicher	geduldig
rücksichtslos	entscheidungsschwach
fordernd	teilnahmslos
ehrgeizig	gleichgültig
stur	kooperativ

Die nächste Komponente, das

Gefühl,

erkennen Sie an der Art und Weise, wie gefühlvoll oder eben kalt, unnahbar Ihnen ein Mensch begegnet. Sie empfinden die Person als stärker oder weniger stark

**menschlich
aufgeschlossen**

---

[28] Zitat Francis Bacon
[29] Diogenes, griechischer Philosoph, lehrte außer Autarkie und Bedürfnislosigkeit (er soll in einem Faß gewohnt haben) Naturverbundenheit und Kosmopolitismus; vertrat die Aufhebung der Ehe.

warmherzig
anteilnehmend
euphorisch

Jeder Mensch fühlt. Nur eine sehr große Gruppe zeigt sie nicht, oder wir können sie in gewissen Situationen nicht wahrnehmen, was natürlich auch daran liegen kann, daß wir selber unsere Gefühle nicht zeigen. Vielleicht wollen wir sie aber gerade in dieser Situation nicht in Betracht ziehen, nicht in unsere Überlegungen (anläßlich der Begegnung) mit einbeziehen. Ob jemand souverän mit seinen Gefühlen umgehen kann, erkennen Sie primär, ob er eher extrovertiert als introvertiert auf Sie wirkt und an den Eigenschaften in der folgenden Tabelle. Die Person wirkt auf Sie:

zeigt viel Gefühl	zeigt wenig Gefühl
aufbrausend	sachlich
überschwenglich	kalt
mitfühlend	abweisend
begeisterungsfähig	verschlossen
spontan	ignorierend
freudvoll	stur
hassend	rücksichtslos
rücksichtsvoll	kaltblütig
einfühlsam	reserviert
unbeherrscht	unnahbar
temperamentvoll	rational
liebenswürdig	berechnend
engagiert	förmlich
gütig	oberflächlich
spontan	hart
mitteilsam	verschlossen
teilhabend	angespannt
charmant	kühl

Der dritte zu berücksichtigende Aspekt ist die **Flexibilität** und thematisiert in diesem Modell die Bereitschaft, die Fähigkeit einer Person zur Verhaltensänderung bei spontaner Konfrontation mit Menschen oder Situationen.[30]

---

[30] Das Thema Flexibilität wird ab Seite 121 eingehend behandelt.

9. Humansystem

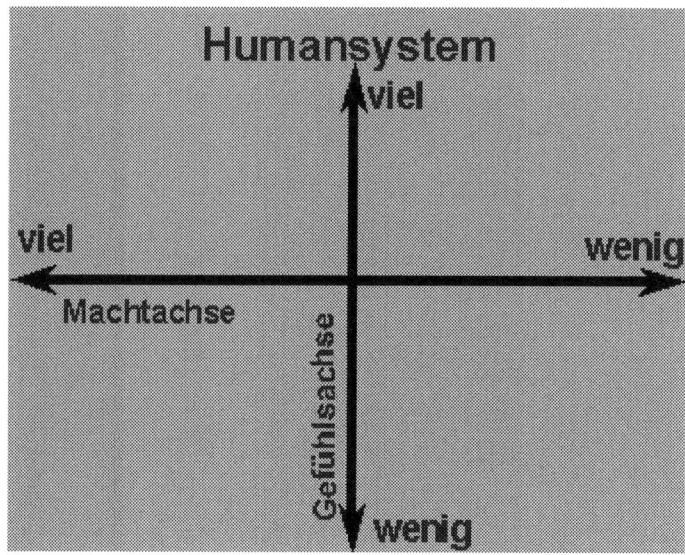

Die Dimensionen der Macht und des Gefühls bilden das eigentliche Modell, ähnlich einem Koordinatensystem[31], wobei die Machtachse horizontal verläuft und die Gefühlsachse die vertikale Komponente bildet. Diese Gliederung ist notwendig, um die einzelnen Beurteilungen (Fragebogen) zweifelsfrei zuordnen zu können.

Ein Mensch, bei dem wir die Machtattribute eher stark empfinden, der bei einer Begegnung also viel Macht zeigt, ist eher links der vertikalen Gefühlsachse anzusiedeln, eine Person, bei der wir diese Eigenschaften weniger stark oder überhaupt nicht wahrnehmen, liegt eher auf der rechten Seite.

Personen, die wir als „Macher" erkennen, werden also in diesem Modell links der Gefühlsachse abgebildet, Entscheidungsvorbereiter, die vorwiegend im Hintergrund tätig sind, eher rechts.

Menschen, die wir spontan als menschlich warm, aufgeschlossen und anteilnehmend empfinden, haben ihren Platz oberhalb der Machtachse. Sie sind sehr personenbezogen, und Sie erkennen sie am wenig strukturierten Verhältnis zur chronometrischen Zeit, zu Terminen. Diejenigen, die wir als kühl, berechnend und etwas unnahbar wahrnehmen, liegen unterhalb.

---

[31] (Koordinaten: lat. „Zugeordnete"), das Koordinatensystem dient hier lediglich der Anordnung und Veranschaulichung von Beziehungspunkten zum Verhaltensmodell.

Diese Menschen sind sehr sachbezogen und achten peinlich genau darauf, wie sie mit ihrer Zeit umgehen.

Das Modell ist in seiner Struktur erst mit 25 Stilrichtungen vollständig. Davon werden hier 13 visualisiert und die folgenden neun näher erläutert:

(1+2)	Promoter	(3)	Promoter / Helfer
(4 +5)	Helfer	(8)	Helfer / Analytiker
(12+13)	Analytiker	(11)	Analytiker / Antreiber
(9 +10)	Antreiber	(6)	Antreiber / Promoter
(7)	Springer		

Der Begriff „**Stilrichtungen**" wurde gewählt, weil Menschen hier nicht katalogisiert werden oder einem starren System untergeordnet werden sollen. Das Modell sagt nicht aus, wie eine Person ist oder nicht ist, sondern wie sie von anderen erlebt wird.

Aus einer Anzahl von Begegnungen und Beurteilungen wird auf unterschiedliche Verhaltensweisen geschlossen, die aufzeigen, ob ein Mensch eher gefühlvoll oder kühl, zurückhaltend oder dominant auf andere Personen wirkt.

Erst daraus wird der richtungsweisende Rückschluß auf die Stärken und Schwächen eines Menschen möglich. Stilrichtungen sind als „Typologien" zu betrachten und zeigen also **Persönlichkeitsrichtungen** auf.

Die Bezeichnungen, die Namengebung erfolgte nach typologischen, charakteristischen Grundsätzen.

Das System ist wertend,

auch wenn die Dimension der Intelligenz bewußt nicht mit einbezogen wurde.

Denn je nach Ihrer eigenen Stilrichtung erleben Sie andere Menschen als sehr angenehm oder eben nervend.

Zudem ist es unmöglich, eine qualifizierte Aussage zu machen, ohne gleichzeitig wertend zu sein. Beurteilung und damit eben Wertung kann im Umkehrschluß durchaus ein Vorhaben mit positivem Aspekt sein.

Trotzdem:

Jeder Mensch ist gleichwertig, egal welchen Platz er innerhalb dieses Modells einnimmt. Entscheidend sind die unterschiedlichen Stärken und Schwächen, das Erscheinungsbild und das daraus resultierende „Erleben" bei einer Begegnung.

Entweder erkennen Sie ihn als Ihrer eigenen Stilrichtung zugeordnet, was bedeutet, daß er möglicherweise die gleichen oder ähnliche Stärken und Schwächen aufweist wie Sie, daß die Wertvorstellungen praktisch identisch sind.

Oder er zeichnet sich eben durch andere Stärken und Schwächen aus, hat von den Ihren abweichende Wertvorstellungen, verkörpert also eine andere Stilrichtung.

Dadurch ist er weder besser noch schlechter als Sie. Bloß eben etwas anders. Und bedenken Sie, gerade aus der Kombination von unterschiedlichen Stärken lassen sich oft hervorragende Leistungen und Ergebnisse erzielen.

Die menschliche Persönlichkeit soll hier also nicht katalogisiert werden, sondern

die Persönlichkeit eines Mitmenschen soll beschrieben werden.

Das Modell vermag nichts anderes auszudrücken als es eine Sprache oder auch die Musik vermögen.

Bestimmt empfinden auch Sie die

**englische Sprache als Business-Sprache,
Französisch als die Sprache der Liebe, der Romantik,
Italienisch als Gesang und
Deutsch als präzise, eher harte Sprache.**

Und Spanisch ? Arabisch? Chinesisch?

Oder vergleichen Sie die Musik von Wagner, Beethoven und Bach mit der musikalischen Lyrik von Mozart, Rossini, von Vivaldi und von Strauß.

Richard Wagner (1813-1883)

eher schwermütig, wuchtig, monumental, schwierig, leidenschaftlich, mysteriös (Die Meistersinger von Nürnberg, Die Walküre, Ring der Nibelungen, Parzival)

Ludwig van Beethoven (1770-1827)

innovativ, stark, oft wild, spannungsgeladen und oft dramatisch, ungestüm, aufbauend und wegweisend, kündet vom Freiheitswillen des Bürgertums, ein Weg zum Sieg der menschlichen Tatkraft über das „Schicksal", aber auch Untergangsstimmung (Missa solemnis, 9. Symphonie, Filmmusik zu „Der längste Tag", Invasion im zweiten Weltkrieg in der Normandie.)

Johann Sebastian Bach (1685-1750)

einfach perfekt, kalkulierte Musik, mathematisch perfekt (die Fuge ist reine Mathematik, eine strenge Form von Kompositionstechnik), perfekte Dramaturgie, oft derb, aber auch humorvoll (Brandenburgische Konzerte, Johannes-, Matthäus-Passion, Weihnachtsoratorien)

Wolfgang Amadeus Mozart (1756-1791)

zwar eine reine Unterhaltungsmusik, zärtlich, galant, sehr melodisch und humorvoll, aber ein hoher Ausdruck humanistischer Ideale (20 Sonaten, 34 Violinsonaten, 41 Sinfonien, 20 Bühnenwerke wie „Figaros Hochzeit" oder „Die Entführung aus dem Serail", „Zauberflöte")

Antonio Vivaldi (1678-1741)

Erlebnismusik, einfühlsame Lyrik, edel, einfach, klar und formal - vollendet („Vier Jahreszeiten", „Seesturm", „Die Jagd")

Johann Strauß (1825-1899)

reine Show: etwas, das allen gefällt, unbekümmert, witzig bis grell, zärtlich und verliebt, positives Lebensgefühl, oft auch etwas zynisch („An der schönen blauen Donau", „Wiener Blut", „Die Fledermaus", „Eine Nacht in Venedig", „Der Zigeunerbaron", „Wiener Blut")

Welche Stilrichtung hatte Johann Strauß?
Welche Stärken und Schwächen?

....

....

....

....

....

....

....

Wie Sie die einzelnen Stilrichtungen erleben:

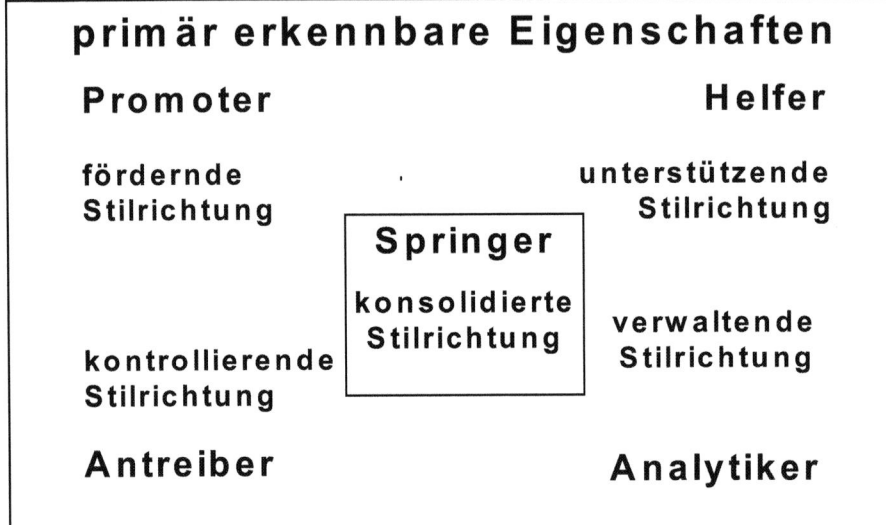

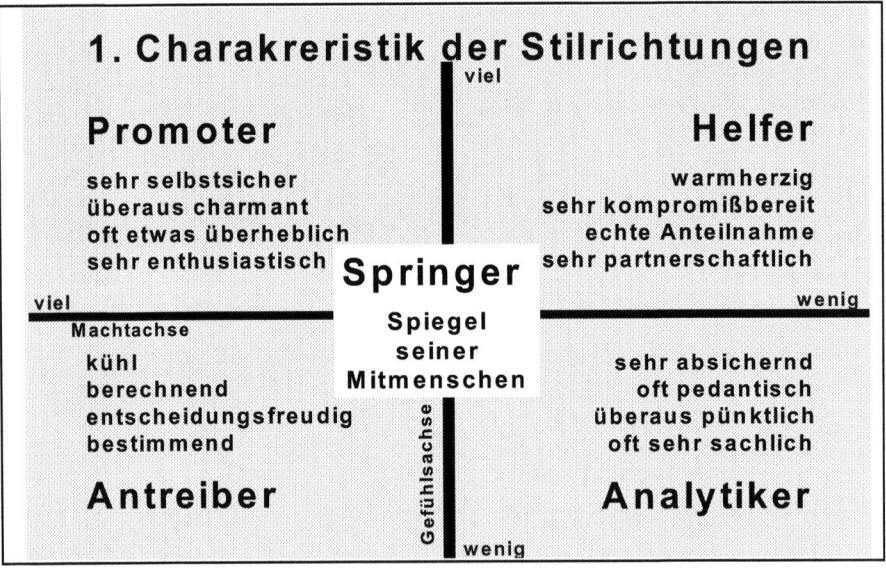

Stellen Sie sich nun jemanden aus Ihrem Bekanntenkreis vor, den Sie als sehr selbstsicher und dominierend einschätzen, als machtvoll und dann

und wann auch zu heftigen Gefühlsäußerungen fähig, sei es überschäu-
mende Freude oder auch plötzlich auftretender Zorn, der sich nicht selten
in Beleidigungen, die auch unterhalb der Gürtellinie liegen können, äußert.
Einen Menschen den Sie eigentlich gut leiden können, der aufmunternd,
aber auch oft etwas unbeständig auf Sie wirkt. Jemanden, von dem Sie
denken: „Mit dem könnte man Pferde stehlen."

Aber aufgepaßt, Sie sollten ihn schon seit einiger Zeit kennen.

Name:

....

Eigenschaften und Bewertung

Eigenschaft trifft nie zu 0
Eigenschaft trifft selten zu 1
Eigenschaft trifft oft zu 2
Eigenschaft trifft meistens zu 3
Eigenschaft trifft im extremen Maße zu 4

Und nun bewerten Sie die nachfolgenden Eigenschaften, Stärken und
Schwächen, wie Sie sie bei diesem Menschen wahrgenommen haben:

1	distanziert		12	strukturiert	
2	diszipliniert		13	unempfindlich	
3	erklärend		14	nicht kooperativ	
4	kaltherzig		15	verbindlich	
5	methodisch		16	verschlossen	
6	objektiv		17	förmlich	
7	pedantisch		18	kalkulierbar	
8	planend		19	kontaktarm	
9	rational		20	passiv	
10	realistisch		21	beherrschbar	
11	sachlich		22	einseitig	

74

23	hilflos	53	kalkulierend	
24	kompromißsuchend	54	kreativ	
25	ruhig	55	kühn	
26	duldend	56	mitreißend	
27	rücksichtsvoll	57	oberflächlich	
28	selbstlos	58	risikobereit	
29	führungsgewohnt	59	rücksichtslos	
30	zielsetzend	60	selbstsicher	
31	fördernd	61	spontan	
32	entmutigend	62	überfordernd	
33	prägend	63	zynisch	
34	führend	64	ideenreich	
35	kompromißlos	65	übertreibend	
36	teilnahmslos	66	überschwenglich	
37	überblickend	67	abstrakt	
38	verletzend	68	abweisend	
39	entspannt	69	ausdauernd	
40	kompromißfreudig	70	ausgeglichen	
41	entscheidungsfreudig	71	belastbar	
42	fordernd	72	konkret	
43	überfahrend	73	konsequent	
44	umwerfend	74	kühl	
45	ungezwungen	75	organisierend	
46	zielstrebig	76	vernünftig	
47	kleinlich	77	abstrahierend	
48	stur	78	phantasielos	
49	durchschaubar	79	gehemmt	
50	herausfordernd	80	ordnungsliebend	
51	improvisierend	81	bescheiden	
52	impulsiv	82	tolerant	

83	beruhigend		113	rechthaberisch	
84	diplomatisch		114	redegewandt	
85	gebend		115	schwatzhaft	
86	geduldig		116	unternehmungslustig	
87	unterstützend		117	vorlaut	
88	entschieden		118	risikofreudig	
89	durchblickend		119	enthusiastisch	
90	handelnd		120	tadelnd	
91	überzeugend		121	unpünktlich	
92	ermutigend		122	kontaktfreudig	
93	sanft		123	gefühlvoll	
94	ehrgeizig		124	aufgabenorientiert	
95	gelangweilt		125	beständig	
96	frustriert		126	fundiert	
97	gleichgültig		127	gründlich	
98	konfliktsuchend		128	pünktlich	
99	streitsüchtig		129	fleißig	
100	energisch		130	langweilig	
101	frustrierend		131	steif	
102	bevormundend		132	scheu	
103	unverbindlich		133	unsicher	
104	arrogant		134	sicherheitsbedürftig	
105	ausnutzend		135	akzeptieren	
106	beherrschend		136	aufbauend	
107	berechnend		137	genügsam	
108	diktierend		138	introvertiert	
109	eitel		139	kooperativ	
110	großzügig		140	schüchtern	
111	locker		141	schweigsam	
112	motivierend		142	unauffällig	

143	unentschlossen	173	unrealistisch	
144	verantwortungsbewußt	174	unruhig	
145	absichernd	175	nicht belastbar	
146	anpassungsfähig	176	verträumt	
147	anteilnehmend	177	menschlich	
148	diskret	178	sentimental	
149	Flexibel	179	aufbrausend	
150	fühlend	180	aufdringlich	
151	gutmütig	181	belehrend	
152	konfliktscheu	182	extrovertiert	
153	verständnisvoll	183	geltungsbedürftig	
154	warmherzig	184	gesprächig	
155	zögernd	185	intolerant	
156	zuverlässig	186	sprunghaft	
157	geizig	187	ungeduldig	
158	eigenbrötlerisch	188	aktiv	
159	ausnutzbar	189	delegierend	
160	umständlich	190	lebendig	
161	ziellos	191	engagiert	
162	hilfsbereit	192	unbeständig	
163	liebevoll	193	führungsbedürftig	
164	langatmig	194	launisch	
165	weitherzig	195	wechselhaft	
166	verständlich	196	charmant	
167	beeinflußbar	197	mir ähnlich	
168	beängstigend	198	mir nicht ähnlich	
169	beunruhigend	199	romantisch	
170	unausgeglichen	200	engherzig	
171	wankelmütig	201	kritisch	
172	lobend	202	partnerschaftlich	

203	zurückhaltend	222	angreifend	
204	denkend	223	bestimmend	
205	einfühlsam	224	eigensinnig	
206	konsensfähig	225	mitmachend	
207	mitleidend	226	nehmend	
208	nachgiebig	227	vielseitig	
209	angespannt	228	begeisterungsfähig	
210	wohltuend	229	empfänglich	
211	teamfähig	230	empfindlich	
212	zweifelnd	231	interessiert	
213	ausweichend	232	sensibel	
214	zugänglich	233	verletzlich	
215	heftig	234	zugewandt	
216	kritisierend	235	fragend	
217	idealistisch	236	egoistisch	
218	freundlich	237	chaotisch	
219	entscheidungsschwach	238	beeinflussend	
220	schwankend	239	durchsetzend	
221	anführend			

Vergleichen Sie nun Ihre Beurteilung mit der Bewertung der Eigenschaften[32] und lesen Sie dann die Beschreibung der daraus resultierenden Stilrichtung[33]. Möglicherweise ist es ein Promoter.

(Wenn Sie im Beurteilungsbogen keine erkennbare Ordnung erkannt haben, so ist das durchaus richtig und auch so gewollt. Die willkürliche Mischung der Begriffe ergibt wesentlich sicherere Resultate als jede andere Anordnung.)

---

[32] Ab Seite 106
[33] Ab Seite 78

Der Promoter[34]

Diese Stilrichtung erleben Sie als ausgesprochen fördernd. Diese Menschen sind in Gesellschaft meist leicht zu erkennen.

Sie sind immer von einem Kreis von Zuhörern umgeben. Sie sprühen vor Kraft und Lebensfreude und verstehen es ausgezeichnet, Geschichten zu erzählen und eine Gesellschaft mit Witzen und Anekdoten zu unterhalten.

Sie selbst lachen gern, viel und oft auch laut. Sie sind kontaktfreudig, schließen durch ihre direkte, unkomplizierte Art leicht Freundschaften und haben meist einen großen Bekanntenkreis.

Der Promoter ist immer außerordentlich schlagfertig und oft ein brillanter Redner. Wo andere nach Formulierungen suchen, kann er seine Ideen und Ansichten in den schillerndsten Farben darlegen und damit seine Umwelt schnell überzeugen, obwohl sich seine Konzepte vielleicht für ihn selbst noch im Experimentierstadium befinden.

Dabei hört er sich gern reden, ist ehrgeizig und empfänglich für jede Form von Lob und Applaus.

Er ist vielseitig interessiert und stets bereit, sich mit Neuem auseinanderzusetzen.

Wenn aber der Reiz des Neuen verblaßt, beginnt er, sich zu langweilen und würde sich gerne wieder neueren und noch interessanteren Dingen zuwenden.

Nichts verabscheut er so wie Routine, Stillstand oder auch gleichbleibende Mittelmäßigkeit. In seinem großzügigen Charakter ist kein Platz für Kleinigkeiten und Details.

Er muß immer wieder zu neuen Horizonten aufbrechen und neigt dazu, von vielem wenig zu wissen und manches zu beginnen, ohne je etwas zum Abschluß zu bringen.

In der Arbeit liegen seine großen Stärken darin, neue Ideen und Lösungen aufzugreifen und Projekte in Gang zu setzen. Seine ansteckende Begeisterung vermag kühlere Mitarbeiter mitzureißen, und durch seine draufgängerische Art kann er in kurzer Zeit Erfolge erringen, für die andere lange kämpfen müssen.

Er ist ein idealer Improvisator und der geborene Trouble-shooter, sprühend vor Ideen, energisch und bedenkenlos mutig, wenn es gilt, fast unüberwindbare Hindernisse anzupacken.

---

[34] Anmerkung des Verfassers: Die nun folgenden Erläuterungen der einzelnen Stilrichtungen sind durchgehend in der männlichen Form beschrieben. Dies dient allein der Übersichtlichkeit. Die Stilbeschreibungen sind für beide Geschlechter gleich zutreffend.

Schwierigkeiten, vor denen andere zurückschrecken, sind für ihn Herausforderungen, die ihn dann erst recht zu Höchstleistungen anspornen können.

Dieser Mensch kann sich sehr schnell entscheiden, und durch sein sicheres Gefühl sind seine Urteile manchmal sogar treffend und richtig. Oft aber sind sie zu wenig durchdacht, entbehren einer soliden Grundlage und sind in sich selbst voller Widersprüche.

Menschen mit einer weniger starken Persönlichkeit haben es oft schwer, sich gegen den Promoter durchzusetzen. Für sachliche Argumente ist er nur schwer zugänglich und speziell in bezug auf seine Person sehr empfindlich. Seine Stärke droht den anderen zu überrollen. Sein Spott kann verletzend sein.

Der Mensch mit der Stilrichtung des Promoters sollte erkennen lernen, daß das sorgfältige Durchdenken einer Aufgabe für ihre Erfüllung ebenso wichtig ist wie das Ingangsetzen und der Start.

Die Liebe zum Detail, die Geduld, ein Projekt reifen zu lassen und die zähe Hartnäckigkeit, es Schritt für Schritt voranzutreiben und durchzustehen, sind für einen Erfolg ebenso wichtig wie der Schwung und die Initiative in der Anfangsphase.

Des weiteren sollte sich dieser Mensch vermehrt bewußt werden, daß seine Handlungen auch für seine Mitmenschen Konsequenzen mit sich bringen, daß diese seine Worte und Versprechungen für bare Münze nehmen und sich (mindestens am Anfang) darauf verlassen und auch darauf bauen.
Gerade um Beziehungen und Freundschaften über längere Zeit erhalten zu können, sind Glaubwürdigkeit und Zuverlässigkeit unumgänglich.

Eine etwas andere Darstellung des Promoters

Stellen Sie sich nun eine Party vor. Die Gäste werden um 20.30 Uhr erwartet.
Wann trifft der Promoter ein? Sicher nicht vor 22 Uhr. Denn solange ist die Party langweilig, aber vor allem gibt es noch kaum Publikum. Und das braucht er für seinen Auftritt. Und wie tritt er auf? Klingelt er, wartet er, bis ihm die Türe aufgemacht wird? Keinesfalls. Er steht urplötzlich mittendrin und hat schon die Aufmerksamkeit auf sich gezogen.

Denn er ist auffällig, sicher nach dem neuesten Trend gekleidet und trägt diese teuren Textilien auch mit einer Nonchalance wie selten jemand. Und schon muß umgeräumt werden, damit sein Geschenk gebührend bewundert werden kann. Ist es eine gigantische Tischbombe, so ist sie inzwischen schon detoniert, denn absolut sicher über seinen erfolgreichen Auftritt hat er sie schon im Hausflur gezündet. Es kann aber auch ein Stofftier sein. Wenn, dann aber mindestens so groß wie er und aufwendig verpackt. Sie sehen, das Geschenk an sich ist nicht wichtig, nur die Wirkung, die er damit erzielen kann, die Art und Weise, wie er sich damit in Szene setzen kann.

Und nun widmet er sich den anderen Gästen. Eine Unterhaltung ist das zwar nicht. Denn die anderen hören ihm zu, und er achtet peinlich darauf, daß auch alle Pointen seiner Geschichten wirklich aufgenommen werden. Wenn niemand lacht, so tut er das selbst. Oft etwas überlaut oder an einer Stelle, an der es nun wirklich nichts zu lachen gibt.

Plötzlich unterbricht er sich und sagt: Den ganzen Abend haben wir nur von mir gesprochen. Komm, sag du auch einmal etwas! Wie findest du mich? Echt stark, oder etwa nicht? Nein? Ach, ich wußte es doch schon immer, Du bist und bleibst eben ein langweiliger Kerl. Sprichts und wendet sich einer anderen Gruppe zu.

Sollten Sie es etwa wagen, eine seiner Aussagen in Zweifel zu ziehen: Was erlaubst du dir eigentlich, willst du damit sagen, daß ich lüge?

Stärken	Schwächen
begeisterungsfähig	oberflächlich
kontaktfreudig	aufdringlich
spontan	launisch
charmant	chaotisch
redegewandt	unbeständig
reich an Ideen	ungeduldig
Improvisator	bevormundend
motivierend	übersensibel
großzügig	streitsüchtig
mitreißend	schwatzhaft
prägend	kompromißlos
risikobereit	egoistisch
warmherzig	sprunghaft
delegierend	eitel
Trouble-shooter	übertreibend

Der Promotor liebt:	Der Promotor haßt:
Abwechslung	Routine
Überraschung	Details
Publikum	Kleinlichkeit
Applaus	Nichtachtung
Aufmerksamkeit	Kritik an seiner Person
Persönlichkeit	

Der Helfer

Die Einladung zur Geburtstagsparty ist ihm eher etwas peinlich. Sie kommt kurzfristig und eigentlich unerwartet. Und trotzdem freut er sich. Schließlich kennt er die Gastgeber nun schon seit einigen Jahren. Aber, was schenke ich denen? Nur noch eine Woche Zeit, um mir etwas einfallen zu lassen.

Täglich nach Arbeitsschluß streift er eher ziellos durch die Einkaufspassagen der Innenstadt. Unbewußt und eben doch nicht. Er sucht ein passendes Geschenk.
Am vierten Tag findet er in einer kleinen Boutique einen wunderschönen farbigen Würfel. Aus Holz und konzipiert als Spielzeug. Das ist es. Claudia liebt dekorative Dinge. Und wer weiß, bald kann der Kleine damit spielen.

Er trifft pünktlich ein. Ist einer der ersten und legt sein Geschenk eher etwas gehemmt auf den Kaminsims.

Die Gastgeberin ist noch zu beschäftigt, als daß sie sich mit ihm befassen kann.
Himmel, es ist noch keine Flasche Weißwein geöffnet, wie soll ich das bloß noch schaffen?
Ich komme, ruft er. Kriegt eine Schürze umgebunden und beginnt, mit in der Küche zu arbeiten.

Viel später. Du, ohne dich hätten wir das nie geschafft. Vielen, vielen Dank.
Sag mal, konntest u dich überhaupt entspannen und amüsieren?
Ja, sagt er, es hat Spaß gemacht. Aber nun, Gute Nacht.

Sprichts und geht glücklich nach Hause.

Das wichtigste für den Menschen mit dieser helfenden und unterstützenden Stilrichtung ist seine Beziehung zum Mitmenschen. Er ist davon überzeugt, daß Freundlichkeit mit Freundlichkeit vergolten wird und glaubt an das Gute im Menschen.

Er möchte dem anderen helfen, ihn glücklich sehen und ihm immer ein guter Freund sein. Er wirkt sehr liebenswürdig und sympathisch auf seine Umwelt, ist meist ein geduldiger Zuhörer, der sich ernsthaft für sein Gegenüber interessiert, sich mit ihm freuen kann oder auch seine Schwierigkeiten erfaßt und dann mit ihm leidet.

Dieser Mensch ist ein gutmütiger und entspannter Verbündeter, in dessen Gegenwart man sich wohl fühlt. Er drängt sich nicht auf, ist ruhig und diskret und kümmert sich mehr um das Wohl seiner Mitmenschen als um sein eigenes.

Er fürchtet sich davor, einen anderen zu enttäuschen und läßt sich deshalb manchmal zu Handlungen bewegen, die seinen eigenen Überzeugungen und Bedürfnissen widersprechen.

Er läuft leicht Gefahr, von andern ausgenutzt zu werden.

Während der Arbeit ist der Helfer stets sehr kooperativ. Er liebt es nicht, selbst Entscheidungen treffen zu müssen; bei klaren Zielsetzungen und Richtlinien aber wird er sich einsetzen und gut vorankommen. Er ist nicht besonders ehrgeizig, keinesfalls aggressiv und neigt dazu, Probleme vor sich herzuschieben oder ihnen auszuweichen, anstatt sie auf geradem Wege anzupacken.

Wird er jedoch von einem Vorgesetzten geführt, von dem er sich verstanden fühlt und der ihm sympathisch ist, kann er große Leistungen vollbringen. Sehr oft wird er von stärker dominierenden Persönlichkeiten als Teil ihrer selbst empfunden und zum engen Vertrauten und Mithelfer.

Fortschritte wird der Mensch mit dieser Stilrichtung dabei weniger an konkreten Resultaten messen, sondern vielmehr daran, ob er die Erwartungen seines Vorgesetzten erfüllt hat und ob dieser mit ihm zufrieden ist.

Dieser Mensch wird als Berater geschätzt. Er verabscheut jede Form von Streit und Verdruß und neigt dazu, unerfreuliche und unangenehme Informationen zurückzuhalten, um den anderen nicht zu ärgern oder zu verletzen.

Er ist oft ein glänzender Diplomat und versteht es ausgezeichnet, Streitigkeiten zu schlichten und Konflikte auszugleichen. Ohne Partei zu ergreifen, kann er die positiven Seiten verschiedener Standpunkte herausschälen und zu einer Lösung verbinden, die für alle Beteiligten zufriedenstellend ist.

Eigene Ideen wird er dabei ohne Ehrgeiz und Ambitionen zum allgemeinen Nutzen einbringen.

Der Mensch mit unterstützender Stilrichtung wird Erfolg haben, wenn er sich bewußt auf seine überragenden Fähigkeiten im zwischenmenschlichen Bereich konzentriert.

Er hätte dabei allen Grund, etwas mehr Selbstvertrauen zu haben und auch sicherer aufzutreten, denn gerade seine Fähigkeiten gewinnen in unserer Zeit immer mehr an Bedeutung.

Gleichzeitig aber sollte er erkennen, daß es oft unvermeidlich ist, einen anderen zu enttäuschen. Er sollte vermehrt lernen, sein Leben nach eigenen Vorstellungen zu gestalten, anstatt sich von den anderen leiten zu lassen. Um seine Wunschträume und Vorstellungen verwirklichen zu können, müßte er vermehrt üben, sich Ziele zu setzen und diese in einzelne kleine Schritte zu unterteilen, die ihn langsam, aber sicher dorthin bringen, wo er hinkommen möchte.

Stärken	Schwächen
einfühlsam	beeinflußbar
lieb	verletzlich
kooperativ	unentschlossen
kompromißfreudig	nicht belastbar
hilfsbereit	empfindlich
zurückhaltend	gehemmt
diplomatisch	wirkt oft unsicher
zugewandt	verschlossen
geduldig	etwas hilflos
verständnisvoll	konfliktscheu
verträumt	farblos
selbstlos	passiv
teamfähig	entscheidungsschwach
Partnerschaftlich	wirkt hilfesuchend
Mitleidend	oft nicht realistisch

Der Helfer liebt:	Der Helfer haßt:
Harmonie	Druck
Seinen Freundeskreis	jede Art von Streß
Hilfe	Kampf
Verständnis	Brutalität

Der Analytiker

Analytiker haben ein großes Bedürfnis nach Sicherheit. Sie streben nicht nach Abenteuern, sondern nach Schutz vor den Gefahren des Lebens.

Auch er geht zur Party. Die Einladung kam per Post, und er hat positiv darauf geantwortet. Ja und nun? „Was soll ich eigentlich hier?" Ein Geschenk? Das Blumengeschäft hatte schon geschlossen. Still stellt er sich in eine Ecke und beobachtet.

Er sucht eher Stabilität als Veränderung, eher Ruhe als Bewegung. Analytiker sind von Natur aus vorsichtig und möchten, daß alles in wohlgeordneten und voraussehbaren Bahnen verläuft.
Bei der Bearbeitung eines Problems geht er sehr geruhsam, vorsichtig und methodisch vor. Einzelne Aspekte werden gründlich beleuchtet, sämtliche Aspekte für und wider ein Vorhaben sind sorgfältig abzuwägen, um erst dann eine wohldurchdachte Entscheidung zu treffen.

Er arbeitet systematisch und exakt, mit viel Ausdauer, bis die in Angriff genommenen Aufgaben erfüllt sind. Oft werden dann diese Aufgaben wichtiger als die eigenen Wünsche und Bedürfnisse, und er mag es nicht, durch irgendwelche Unterbrechungen gestört zu werden.

Ein Mensch mit analytischem Stil braucht viel Zeit und Informationen, um sich entscheiden zu können.
Leicht verliert er sich in Details und Nebensächlichkeiten, dabei fehlt ihm dann die nötige Übersicht, um seine Kräfte auf das Wesentliche konzentrieren zu können.

Trifft er jedoch eine Entscheidung, ist sie durchdacht und fundiert, beruht sie auf konkreten Tatsachen und nicht auf gefühlsmäßigen Ahnungen.

Während der Arbeit gilt dieser Mensch als pflichtbewußt und gründlich. Seine Mitarbeiter ärgern sich vielleicht über seine komplizierte, pedanti-

sche Art, schätzen aber andererseits seine Zuverlässigkeit und fundierten Fachkenntnisse.
Er gibt Informationen nur ungern weiter, wirkt oft schüchtern, ist ruhig und schweigsam.
Spricht er jedoch, so sind seine Worte gut gewählt und seine Ansichten untermauert von umfassenden Kenntnissen, so daß man ihm zuhört, auch wenn er leise spricht. Seine Rede ist oft trocken und langweilig, was er jedoch sagt, hat Hand und Fuß.

Durch seine übergroße Vorsicht neigt er dazu, sich selbst, seine Aufgaben und seine Umwelt in eine feste Ordnung zu pressen und die Zukunft minutiös zu planen.

Ordnung und komplizierte Planungssysteme vermögen ihm den nötigen Halt zu geben, auch wenn dabei die Gefahr besteht, daß das System für ihn wichtiger wird als das, wofür es geschaffen wurde.

Gegenüber anderen wirkt dieser Mensch kühl und verschlossen. Es ist nicht leicht, ihn kennenzulernen, er bleibt distanziert und geht nur schwer aus sich heraus.
Dies will jedoch nicht heißen, daß er weniger Wert auf zwischenmenschliche Beziehungen legt, nur ist er auch in diesem Bereich etwas vorsichtiger als andere Menschen.

Um sein meist profundes Fachwissen ausnützen und seine Stärken voll entfalten zu können, sollten Menschen mit analytischer Stilrichtung lernen, Schwerpunkte zu setzen.

Er sollte erkennen, daß mit jeder Entscheidung ein gewisses Maß an Unsicherheit verbunden ist und dabei eben oft einige Risiken in Kauf genommen werden müssen.

Er sollte sich dazu bringen, auch bei mangelhafter Information entscheiden zu können und gleichzeitig einsehen, daß sich vieles auf dieser Welt nur gefühlsmäßig erfassen und nicht abschließend erklären läßt.

Stärken	Schwächen
gewissenhaft	wirkt distanziert
gründlich	pedantisch
fleißig	teilnahmslos
pünktlich	kleinlich
zuverlässig	kontaktarm
absichernd	scheu
organisiert	sehr sicherheitsbedürftig
ist ein Denker	eigenbrötlerisch
ausgeglichen	langatmig
sachlich	kompliziert
rational	langweilig
hohes Abstraktionsvermögen	geizig
Fachmann	führungsbedürftig
diskret	überkritisch
geduldig	oft schüchtern

Der Analytiker liebt:

    Konzepte
    Organisation
    Details
    Zeit zum Planen
    Zeit zum Abwägen
    Sicherheit
    Ordnung

Der Analytiker haßt:

    Oberflächlichkeit
    fehlende Akten
    Unzuverlässigkeit
    Unpünktlichkeit
    Gefühlsduselei
    Überraschungen
    oft sich selbst

Der Antreiber

Immer diese Termine. Und nun noch diese Einladung. Hingehen muß ich, es könnten einige interessante Leute da sein.
Etwas gehetzt trifft er gegen 22 Uhr ein. Die Geschenkpackung Pralinen von der Tankstelle muß genügen.
Er wird begrüßt. Darauf legt er besonderen Wert. Man ist schließlich nicht irgend jemand. Die Pralinen sind der Hausherrin überreicht. Je ein Kuß auf beide Wangen und sein Rundgang beginnt.
Schlecht scheint es denen nicht zu gehen, so wie die eingerichtet sind.

Der Drink ist o.k., aber sonst ist niemand da, mit dem sich eine Unterhaltung lohnt.
Denkt, es war reine Zeitverschwendung und verläßt die Gesellschaft, ohne sich zu verabschieden.

Auf seine Umwelt wirkt dieser Mensch mit seiner oft „kontrollierenden" Stilrichtung energisch und kraftvoll.
Man spürt, daß er sich Ziele gesetzt hat und versucht, diese unter allen Umständen durchzusetzen.
Fortschritte und Leistungen lassen sich dabei für ihn nur in konkreten Resultaten ausdrücken. Eventuelle Erklärungen haben sehr schnell den Charakter von Entschuldigungen und langweilen ihn. Es fällt ihm leicht, sich zu entschließen.

Durch seine Fähigkeit, Wichtiges von Unwichtigem zu trennen, und seine meist großen Fachkenntnisse sind seine Entscheidungen immer sachlich fundiert.
Ob er dabei auch noch die Zustimmung seiner Umwelt findet, ist ihm ziemlich gleichgültig. Solange seine Ansichten nicht durch bessere Argumente widerlegt werden können, hält er daran fest und wird sich auch gegen Widerstände durchsetzen.

Wie selten jemand, ist er sich der großen Bedeutung der Zeit in unserem Leben bewußt.
Er kann sich seine Zeit einteilen und ärgert sich sehr schnell darüber, wenn seiner Meinung nach irgendwo Zeit nutzlos vertrödelt wird.

Die Zielstrebigkeit dieses Menschen, verbunden mit einer natürlichen Freude am Wettbewerb, macht ihn im Beruf erfolgreich.
Er liebt Aufgaben, die für ihn eine echte Herausforderung darstellen und wird noch kämpfen, wenn andere schon längst aufgegeben haben.
Dabei braucht er die Freiheit, seine eigenen Wege gehen zu können.
Nichts ist ihm so verhaßt wie das Gefühl, eingeengt zu sein, durch engherzige Vorschriften gezwungen, wider besseres Wissen handeln zu müssen.
Läßt man ihm aber freie Hand, übernimmt er gerne auch die dazu gehörige Verantwortung und wird in der Lage sein, geplante Projekte termingerecht zum Abschluß zu bringen.

Der Antreiber liebt es, Menschen und Dinge unter seine Kontrolle zu bringen und Geschehnisse so zu steuern, wie er es für richtig hält.

Es fällt ihm schwer, eine Aufgabe aus der Hand zu geben. Am liebsten würde er alles selbst erledigen und läuft daher Gefahr, sich selbst zuviel aufzubürden. Während der Arbeit verlangt dieser Mensch sehr viel von sich und von seinen Mitarbeitern. Er neigt zudem dazu, diese einzig nach ihrem Beitrag zur Erfüllung einer gemeinsamen Aufgabe einzuschätzen.

Er ist sachlich und beherrscht und kann seine Mitarbeiter zur Verzweiflung bringen, indem er zielsicher sämtliche Schwachstellen einer getanen Arbeit aufdeckt. (Er erblickt beim bloßen Durchblättern eines 100seitigen Manuskripts auf Anhieb die zwei Seiten, in denen die falsche Zeichnung und der Rechtschreibfehler sind.)

Oft erlebt man ihn als unnahbar, kalt und rücksichtslos.

Als Fachmann wird er möglicherweise um Rat und Informationen gebeten; selten jedoch wendet man sich an ihn, um Ermunterung, Unterstützung und Verständnis zu finden.

Um Erfolg zu haben, sollte der Mensch mit dieser Stilrichtung sich vermehrt bewußt werden, daß auch er Großes nicht ohne die Mithilfe seiner Mitmenschen vollbringen kann.
Erst wenn es ihm gelingt, seine Mitarbeiter als Menschen und nicht als Werkzeuge wahrzunehmen und zu akzeptieren, sie ihre Arbeit auf eigene Weise erledigen zu lassen, werden sich diese auch mit allen Kräften für ein gemeinsames Projekt einsetzen können.
Er sollte versuchen einzusehen, daß eine Arbeit von anderen ebenfalls gut getan werden kann und daß gesteckte Ziele nicht immer um jeden Preis erreicht werden müssen.

Nicht immer lohnt es sich, dafür seine Gesundheit, seine Freundschaften oder gar Familie zu opfern. Er sollte lernen, daß auch in seinem Leben auf Perioden der Anspannung gewisse Zeiten der Ruhe folgen müssen und daß auch mit etwas Geduld Spitzenleistungen erreicht werden können.

Stärken	Schwächen
konsensfähig	ungeduldig
zielstrebig	kühl
belastbar	distanziert
strukturiertes Denken	pedantisch
durchblickend	rücksichtslos
guter Organisator	verletzend
planend	überfahrend

kalkulierend	rechthaberisch
diskret	stur
ordnungsliebend	aufbrausend
ausdauernd	schlechter Verlierer
ehrgeizig	überfordernd
konsequent	zynisch
zielsetzend	verschlossen
sachlich	oft taktlos

Der Antreibern liebt:

    Resultate
    Herausforderung
    Kampf
    Unabhängigkeit

Der Antreiber haßt:

    Zeitverlust
    Umwege
    Geplauder
    Flüchtigkeit

Verschiedene Stilrichtungen in einer Person

Die nächsten Darstellungen erläutern die Stile, die zwischen zwei Haupt-stilrichtungen liegen und zudem Eigenschaften des Springers aufweisen.

Promoter und Helfer

Die offene, empfängliche und oft sehr gefällige Eigenart dieses Menschen erlaubt es ihm, rasch zwischenmenschliche Beziehungen aufzubauen. Er besitzt ein großes Einfühlungsvermögen. Er lernt aus seinen eigenen Erfahrungen und braucht andere als Spiegel für seinen Fortschritt.

Er ist den Menschen gegenüber grundsätzlich freundlich gesinnt und hat aus seinem Bedürfnis nach Zuneigung einen starken Drang, ihnen auch selbst zu gefallen.

Dank seines aufbauenden, verständigen und hilfreichen Wesens wirkt er auf andere spontan, kontaktfreudig und oft auch informativ.

Er hilft anderen und fördert sich dadurch selbst.

Der Promoter in ihm drückt sich oft auch in seiner Redegewandtheit aus. Seine helfende Richtung zeigt sich in seinem Bedürfnis nach guten zwischenmenschlichen Beziehungen. In seinen Ansichten ist er überwiegend subjektiv. Oft sucht er Gründe, die eher seinen eigenen Wünschen dienen als der Logik entsprechen.

Im Beruf unterhält er gute persönliche Beziehungen zu seinen Mitarbeitern, zu Gleichgestellten sowie zu Untergebenen. Seinen Vorgesetzten gegen-über bemüht er sich, gefällig zu sein.

Seine gesellschaftlichen Fähigkeiten und sein sozialer Sinn sind stark aus-geprägt. Deshalb verschafft es ihm mehr Befriedigung, menschliche statt sachliche Probleme zu lösen.
Dies fällt ihm auch leichter. Er braucht das Gefühl, daß er im Recht ist und daß seine Aussagen keine unnötigen persönlichen Spannungen verursa-chen.

Manchmal möchte er einem Problem viel lieber ausweichen, als Gefahr zu laufen, jemanden zu verletzen. Gelegentlich wird er sogar schlechte Neu-igkeiten eher verniedlichen, als die Situation so zu beschreiben, wie er sie wirklich kennt.

Er betont ständig die menschlichen Aspekte im Geschäftsleben und rühmt sich oft, als guter Kollege bekannt zu sein, auch wenn ihm das manchmal angekreidet wird. Es kann geschehen, daß er wegen seiner Sensibilität von objektiveren, geschäftstüchtigeren Mitmenschen ausgenutzt wird.

Er sollte erkennen, daß seine Veranlagung ihm äußerst zustatten kommt, solange es um menschliche Probleme geht.
Wo Menschen jedoch in Sachprobleme verwickelt sind, muß er objektiver werden. Wenn er seine Fähigkeiten noch etwas ausfeilt, wird er feststellen, daß er die ihm gestellten Aufgaben erfüllen und trotzdem die guten Beziehungen zu seinen Mitmenschen, die er begehrt und braucht, aufrechterhalten kann.
Eine feste Arbeitsorganisation wird ihm helfen, seine Aufgaben richtig einzuschätzen und dient ihm gleichzeitig als Maßstab für seine Leistungen.
Anerkennung von außen erhält seine Schwungkraft, denn er sieht sich gerne bestätigt.

Er sollte ein gewisses Maß an Streß als Stimulanz ansehen, die ihm hilft, auch unliebsame Aufgaben zügig zu erledigen.
Er sollte seine Anstrengungen nicht nur auf die Zielsetzung richten, sondern auch zu greifbaren Resultaten kommen, besonders in Sachgebieten.
Er muß auch die Details beachten, denn es kann geschehen, daß er fehlerhafte Informationen verarbeitet, die sich negativ auswirken.
Er muß von Zeit zu Zeit eine neue Standortbestimmung vornehmen, um sich zu vergewissern, daß seine menschlichen Bedürfnisse mit denen seiner Position und seiner Umgebung übereinstimmen.

Wenn es ihm nicht gelingt, gute zwischenmenschliche Beziehungen zu unterhalten, fehlt ihm eine wesentliche Voraussetzung für sein Wohlbefinden.

Promoter, Helfer und Springer

Der erste Eindruck, den ein Mensch mit Eigenschaften dieser drei Hauptstilrichtungen erweckt ist meist sehr positiv.

Wo anders Veranlagte offen aggressiv werden, bleibt er weiterhin empfänglich und verständig. Wo andere formell werden, bleibt er ungezwungen.
Zudem ist er liebenswürdig und freundlich. Seine Redegewandtheit verschafft ihm und seinen Zuhörern Genugtuung, manchmal sogar Inspiration.

Da er in seiner Grundveranlagung sowohl den leicht fördernden als auch den unterstützenden Stil vereinigt, wirkt er auf andere ungezwungen, spontan und menschenfreundlich; einer, der sich selbst und den anderen in gleicher Weise hilft.

Als Mensch mit leicht förderndem Stil versteht er es gut, sich auszudrükken. Da sein Stil nur leicht fördernd ist, ist er etwas zurückhaltender. Das Gefühlsmäßige spielt bei ihm ebenfalls eine Rolle. Wenn es ihm nötig und nützlich erscheint, besitzt er genügend Aggressivität, das zu verfechten, woran er glaubt. Er reagiert feinfühlig auch auf Nuancen zwischenmenschlicher Beziehungen und vermeidet Konflikte. Diese beiden Eigenschaften weisen auf seinen unterstützenden Stil hin.

Im Beruf wird er oft um Unterstützung in persönlichen Angelegenheiten gebeten. In dieser Rolle übt er einen Einfluß aus, der weit über das vorgesehene Maß hinausgeht. Er empfindet seine Leistungen zur Lösung menschlicher Probleme viel dankbarer als geschäftliche Erfolge.

Für das, was er sagt und tut, braucht er eine Vertrauensbasis; er muß das Gefühl haben, auf dem Laufenden zu sein, wenn er sich mit anderen Menschen und ihren Problemen beschäftigt. Mit dieser Eigenschaft verschafft er sich Respekt, was sich positiv auf seine Arbeit auswirkt. Da er aber versucht, sich mit anderen zu identifizieren und möchte, daß sie auch seine Gefühle widerspiegeln, weicht er manchmal bei einer Aufgabe etwas vom Kurs ab, indem er das Persönliche höher bewertet als das Nützliche. Das bringt ihm zwar persönliche Vorteile, aber oft Ärger im Beruf.

Er sollte bemüht sein, seine Verflechtungen im menschlichen Bereich durch Leistungen im Beruf auszugleichen. Um das Erreichte zu erhalten und seinen beruflichen Erfolg zu steigern, sollte er seine Menschenkenntnis vertiefen.

Er sollte sich der Gefahr bewußt werden, - besonders wenn er in leitender Stellung tätig ist - daß andere versuchen könnten, ihn für ihre eigenen Interessen einzuspannen, ihn zu mißbrauchen, sehr zu seinem beruflichen Nachteil. Er besitzt jedoch die grundlegenden Fähigkeiten, um zwischen Gefühl und Logik die Waage zu halten.

Er kann sich ohne große Mühe auf neue Herausforderungen einstellen, besonders wenn sie intuitive Einsicht und menschliches Feingefühl erfordern.

Er braucht eine bindende Arbeitsstruktur, an der er das Erreichte messen kann. Für seine Leistungen ist er auf die Bestätigung durch andere angewiesen.
Er sollte sich aber bewußt werden, daß andere, aggressivere, ihn unter Streß setzen können. Dies kann sich auf Sachgebiete positiv auswirken, sollte aber in persönlichen Beziehungen vermieden werden. Wenn er neue Verantwortungsbereiche übernimmt, muß er sich davor hüten, sich von den menschlichen Gefühlen und Bedürfnissen anderer, zum Nachteil seiner eigenen beruflichen Verpflichtungen, fehlleiten zu lassen. Er muß seine Aufgaben ernstnehmen und auch der detaillierten Zielsetzung Gewicht beimessen, nicht nur in der Aufgabenstellung, sondern auch in der Durchführung: Er muß selbst etwas leisten, wenn er Arbeit delegieren will.

Helfer und Analytiker

Der Mensch mit helfender und analytischer Stilrichtung ergreift selten die Initiative in zwischenmenschlichen Beziehungen. Er zieht es vor, wenn andere zuerst ihren Gefühlen und Vorstellungen Ausdruck geben und über die Art der Beziehung bestimmen.
Er wird einer fähigen Führung Folge leisten, möchte aber doch auf eigenen Füßen stehen. So wird er sich in einer Situation, die ihm nicht behagt, viel eher diskret zurückziehen, als eine Konfrontation zu riskieren, indem er die anderen zu ändern versucht.

Da er sowohl den Helfer als auch den Analytiker in seinen Charaktereigenschaften vereinigt, gelingt es ihm, sich auf menschlichen wie in sachlichen Gebieten gewandt zu bewegen.
Dieser Mensch ist in Bereichen, in denen er sich auskennt, oft spontan und unkompliziert. Dank seiner Aufgeschlossenheit gegenüber Menschen im allgemeinen und gegenüber Freunden und nahen Bekannten im besonderen wird er oft als Berater geschätzt, der mit Einfühlungsvermögen und Verständnis zuhören kann.
Als analytischer Mensch besitzt er eine Vorliebe für die sachlichen und technischen Belange. In der Rolle des Analytikers bewegt er sich ruhig und gelassen. Er antwortet nicht, bevor er sich seiner Analyse sicher ist.

Wenn er entspannt ist, wirkt er freundlich, offen und hilfreich, unter Streß kann er sich kalt, sachlich und diszipliniert zeigen.

Am Arbeitsplatz versteht er, sich im allgemeinen Sympathie zu verschaffen. Er wird oft in ziemlich schwierigen Angelegenheiten um Rat gefragt. Mit seiner analytischen Begabung findet er am Lösen komplexer Probleme Gefallen, vorausgesetzt, er hat die Zeit, genügend Tatbestände und Daten zusammenzutragen, auf die er in seiner sachbezogenen Art angewiesen ist. Es geschieht auch, daß er sich von anderen beeinflussen läßt, wenn er sie bewundert. Dann wird er von seinen guten Gefühlen geleitet und unterstützt in liebenswürdiger Art die Auffassung des anderen, hält selbst aber an seiner eigenen Meinung fest. Wenn er in leitender Position steht, kann dies für ihn gefährlich werden, denn seine Neigung zu helfen kollidiert oft mit seinen analytischen Eigenschaften. Dies kann zu Handlungslähmung oder sogar Handlungsunfähigkeit führen.

Als analytisch denkender Mensch ist er fähig, stundenlang mit beeindruckender Geduld an Aufgaben zu arbeiten. Man sieht ihn oft sehr geschäftig.

Seine Beziehungen zu Freunden sind eng, gut und für beide Teile erfüllend. Er gilt als diplomatisch und bedacht. Wer ihn kennt, wird sich hüten, ihm in Gesellschaft technische Fragen zu stellen, denn er wird sich oft derart damit beschäftigen, daß er seine Umwelt vergißt. In persönlichen Dingen kann man seinem Rat wie dem eines Fachmannes vertrauen. Er hört lieber zu, als daß er selber handelt. In Wirklichkeit ist er nicht sehr ehrgeizig. Er wird viel eher anderen helfen und sie unterstützen, als sich mit ihnen zu messen.

Helfer, Analytiker und Springer

Dieser Mensch denkt die Dinge zuerst sorgfältig durch, bevor er handelt.

Er kann liebenswürdig und überzeugend sein, besonders wenn er fühlt, daß er im Grunde mit seiner Ansicht richtig liegt. Was er vertritt, wird von den anderen gut aufgenommen und macht sie ihm wohlgewogen. Er ist oft technisch begabt und trotzdem dem Menschlichen zugewandt. Er versteht es gut, sich in der Welt der Menschen und in der Welt der Technik zu bewegen.

Sein Anteil an den Eigenschaften des Helfers verleiht ihm eine gewisse Ungezwungenheit, besonders unter ähnlich veranlagten Personen.
Im allgemeinen wird er von seinen Mitmenschen geschätzt, und er seinerseits empfindet Zuneigung zu ihnen, so daß er oft seine eigenen Interessen unterordnet, um die guten menschlichen Beziehungen nicht zu gefährden.
Er ist bekannt für sein Verständnis, und die Leute suchen Rat bei ihm.
Mit dem Analytiker hat er das Bedürfnis gemeinsam, sich für Studium und Analyse Zeit zu nehmen, besonders wenn es sich um neue anforderungsreiche Aufgaben handelt.
Er macht dabei meist einen umsichtigen, bedachten Eindruck, weil er es im allgemeinen vorzieht, nur dann zu sprechen und zu handeln, wenn seine Entscheidungen auch genügend begründet sind.

Bei der Arbeit unterhält er gewöhnlich gute Beziehungen zu seinen Mitmenschen. Dank seiner unterstützenden Eigenschaften sucht man bei ihm Hilfe und Rat. Und in den meisten Fällen wird er zwischen subjektivem Denken und Logik, zwischen Menschlichem und Sachlichem abwägen können.

Wenn er gefordert wird, ist sein Denken objektiver. Er bemüht sich sehr um Zahlen und Tatsachen. Wenn er sich einmal entschlossen hat, tritt er gut vorbereitet und geplant an eine Aufgabe heran. Er kann gewissenhaft und fleißig arbeiten und sich für längere Zeit in seine Arbeit vertiefen. Um eine ausgeglichene Leistung zu erbringen, muß er sich Aufgaben und Ziele setzen.

In seinen Beziehungen zu Menschen, die er kennt und denen er vertraut, ist er offen und zu jenen, die er nicht kennt, eher etwas reservierter.
Er wird kaum selbst Beziehungen anknüpfen, wird aber wahrscheinlich einen Kreis von Leuten um sich haben, weil er es versteht zuzuhören und weil er weder bedrohlich noch kämpferisch wirkt.
Die Leute werden erkennen, welche Fähigkeiten er im Lösen von Problemen besitzt. Sie mögen vielleicht anfänglich verdutzt sein über seine mangelnde Spontaneität.
Hat er sich aber einmal entschlossen, kann er zäh sein, besonders wenn er unter gewisser Spannung steht.

Ein Mensch mit diesen Charaktereigenschaften muß in den menschlichen Beziehungen selbständiger werden, sich schneller um Fakten und Zahlen bemühen. Er muß wählerischer werden im Umgang mit Menschen, er darf nicht vertrauensvoll jedermann für eine Arbeit fähig halten.

Er muß lernen, sich zu behaupten, wenn dies nötig wird. Er muß unabhängig von den anderen zur Lösung seiner eigenen Probleme schreiten. Dabei muß er seine analytischen Fähigkeiten rationell einsetzen. Er wird am besten handeln, wenn er eine gewisse Freiheit hat, wenn er mit vertrauten Leuten und Aufgaben beschäftigt ist und die echte Unterstützung seines Vorgesetzten genießt.

Analytiker und Antreiber

Ein Mensch mit teils analytischer, teils antreibender Stilrichtung ist ein ausgesprochener Individualist.
Er kann zwar mit anderen zusammen sehr geschäftstüchtig und effizient sein, ist aber doch oft der Auffassung, daß er sich in seinen persönlichen Überlegungen und seinen eigenen Bemühungen weit wirksamer entfalten kann als in einer Gruppe.
Er hat zwar Gruppengeist und ist für jedes Team eine Bereicherung, aber am liebsten agiert er als Einzelgänger.

In seiner Veranlagung besitzt er einerseits die Begabung des Controllers und andererseits die des Analytikers, vereint mit einem hohen Grad an Objektivität.
Dank seines kontrollierenden Stils verfügt er über Tatkraft und Aggressivität. Er ist mehr auf geschäftliche und technische Dinge als auf menschliche Beziehungen ausgerichtet.

Diese Veranlagung teilt er mit dem Analytiker. Da er beide Veranlagungen in sich vereint, ist er beweglicher und vielseitiger als andere mit extremeren Charaktereigenschaften.

In seiner Arbeit kennt er sich im allgemeinen sehr gut aus und ist auf seinem Fachgebiet und in seinem Erfahrungsbereich ziemlich wirkungsvoll. Es liegt ihm, neue Projekte zu organisieren und neue Verfahrensweisen einzuführen und sie mit seiner bedachten, systematischen Art erfolgreich zu Ende zu bringen.
Wenn er sich mit allen wichtigen Informationen vertraut gemacht hat, wird er die volle Verantwortung für eine Sache übernehmen.
Meist zieht er es vor, eher allein zu arbeiten, als andere mit einzubeziehen, besonders wenn diese nicht so systematisch veranlagt sind wie er.
Muß er sich jedoch mit anderen auseinandersetzen, so erscheint er zurückhaltend, aber freundlich.

Die anderen schätzen meist seine Ideen und Ratschläge.

In den zwischenmenschlichen Beziehungen macht er die Erfahrung, daß die anderen ihn eher suchen als er sie.
Oft beschäftigt er sich mehr mit dem Analysieren und Beurteilen der Charaktere seiner Mitmenschen, als daß er sich darum bemüht, sie einfach zu akzeptieren und entsprechend auch von ihnen akzeptiert zu werden.

Manche Leute können sein Bedürfnis, allein zu sein, nicht verstehen oder seine Launen, wenn andere ihn beim Durchdenken eines Problems stören, selbst wenn dies unbeabsichtigt geschah. Er kann sich auch zu einem Zeitpunkt in Probleme vertiefen, den andere als ungeeignet empfinden.
Man sollte ihn ermuntern, sich mehr zu entspannen und die Mitmenschen zu akzeptieren, auch wenn dies für ihn nicht notwendig erscheint.

Er sollte die Prioritäten nur für sich selbst setzen und nicht für die anderen, seine Anforderungen mögen manchen viel zu anspruchsvoll oder zu weit gefaßt erscheinen.
Er sollte sich des Vertrauens, das andere ihm entgegenbringen, besser bewußt werden und diesen Menschen mit mehr Herzlichkeit begegnen.

Seine Begabung im Lösen von Problemen und sein Unternehmungsgeist werden ihn weit bringen, solange er auch das Vertrauen und die Achtung derer gewinnt, die mit ihm zusammenarbeiten.

Analytiker, Antreiber und Springer

Er zeichnet sich dadurch aus, daß er sich mit Hingabe seinen Aufgaben widmet. Er arbeitet gut, zügig und intensiv.
Oft ist er versucht, seine Arbeitsmethode auf andere zu übertragen. Er vertieft sich manchmal derart in ein Projekt, daß er es gleich selbst in die Hand nimmt. Er erledigt es auch trotz Schwierigkeiten meist sehr gründlich und mit Erfolg.

Auftauchende Probleme spornen ihn zu noch härterem, intensiverem Arbeiten an.
Im Beruf werden seine Fähigkeiten, Probleme anzupacken und zufriedenstellend zu lösen, allgemein anerkannt. Da er in seiner Arbeit völlig aufgeht, erscheint er seinen Mitmenschen eher kühl und reserviert. Er selbst fühlt jedoch keine Abneigung ihnen gegenüber.
Typisch für ihn ist, daß er sich zur Prüfung eines Projektes beachtlich viel Zeit nimmt, besonders wenn neuartige Probleme auftauchen. Bei seinen

Untersuchungen arbeitet er hart, intensiv, oft sogar aggressiv, um ja alle Aspekte eines Problems zu erforschen.
Sind andere in sein Arbeitsgebiet einbezogen, so stellt er meist geschickt präzise Fragen, um zu den gewünschten Informationen zu kommen.

Wegen seiner besonderen Fähigkeiten wird er als Berater sehr geschätzt. Wer ihn kennt, beurteilt ihn als vorsichtigen Menschen.
Er kann aber auch motivierend und überzeugend sein, wenn er sich einmal für ein bestimmtes Vorgehen entschieden hat.

Befindet er sich in Gesellschaft von Leuten, die er nicht kennt oder denen er mißtraut, ist er eher zurückhaltend und tastet sich nur behutsam vor.
Mit Menschen, die er kennt, kann er aber ausgesprochen liebenswürdig sein und auch Vorurteile abbauen.

Wenn er in technische Detailprobleme verwickelt wird, besonders auf einem ihm fremden Gebiet, dann sollte er darauf achten, seine Arbeit nicht zu vernachlässigen und seine Zeit zu vergeuden.

Er sollte sich in erster Linie seine eigenen Ziele setzen und sich nicht durch Fakten und technische Probleme, die den Analytiker in ihm ansprechen, ablenken lassen.
Er sollte sich auch bewußt werden, daß er auf andere, besonders auf seine Mitarbeiter, eher kühl und distanziert wirkt, obwohl das nicht immer zutreffend ist.

Antreiber und Promoter

Er ist sehr selbstsicher und liebt den Wettbewerb in jeder sich bietenden Form.
Oft erscheint er den anderen überwältigend. Er hat einen ausgesprochen starken, eigenen Willen und bleibt meistens bei einem einmal gefaßten Entschluß.
Er ist oft so von seinen Entscheidungen überzeugt, daß er auch andere von deren Richtigkeit überzeugen möchte.

Gelingt ihm dies, so empfindet er große Befriedigung.

Seine antreibende Stilrichtung verleiht ihm ein hohes Maß an Selbstsicherheit und einen Sinn für Objektivität.
Er kann sehr geschäftstüchtig sein, sich Ziele setzen und hart arbeiten, um zu einem Ergebnis zu kommen. Die Eigenschaften des Promoters befähigen ihn, gut und überzeugend zu argumentieren.

Er möchte von Menschen, die er schätzt, geachtet werden.
Er besitzt ein natürliches Gefühl für die Bedürfnisse der anderen und wird auch versuchen, den anderen gefällig zu sein.

Bei der Arbeit will er gefordert werden. Dies gibt ihm Gelegenheit, seine Selbstsicherheit unter Beweis zu stellen.
Er möchte gewinnen, und gewinnen heißt manchmal, mehr sachlich als persönlich orientiert sein. Er hat das Gefühl, daß er seine Ziele erreichen kann.
Er ist ziemlich flexibel, wenn es sich darum handelt, seinen Willen durchzusetzen. Er kann seine Sicherheit wortgewandt unterstreichen und, wenn er seine Zuhörer richtig einschätzt, auch außerordentlich überzeugend sein.

Wenn er sich aber von seinen eigenen Ideen mitreißen läßt und nur noch auf Erfolg aus ist, kann er durch sein kompromißloses Engagement die Leute eher von seinen Zielen abbringen, statt sie zu überzeugen.
Das stört ihn, da er großen Wert auf die Sympathie seiner Mitmenschen legt.

Seine zwischenmenschlichen Beziehungen haben manchmal etwas Widersprüchliches.
Sein ungestümes Führungsstreben und sein Unternehmungsgeist werden solche Leute anziehen, die gleiche Ziele verfolgen.
Einige werden ihm Gefolgschaft leisten, andere aber werden sich gelangweilt zurückziehen und sich durch seinen Drang, in allen möglichen Situationen zu gewinnen, abgestoßen fühlen.
Andere wiederum macht er sich zu Gegnern, weil sie durch seine Angriffe und sein Bestreben zu gewinnen möglicherweise Opfer seines Veränderungsdranges werden.

Es ist für ihn unverständlich, warum andere an der Richtigkeit seiner Auffassung zweifeln, wenn er selber doch dermaßen sicher ist.
Er möchte von allen respektiert werden, selbst von Gegnern, die er achtet.

Er sollte jedoch lernen, daß seine Selbstsicherheit manchmal seinen klaren Verstand überspielen kann.
Er sollte, bevor er eine Verpflichtung eingeht, seine Entscheidungen vorsichtig überprüfen und seinen Gleichmut bewahren, selbst wenn er nicht gewinnen kann.

Er müßte sich von Zeit zu Zeit überlegen, ob seine kleinen und größeren Siege ihren Preis auch wert sind. Wenn er es sich richtig überlegt, kann der Preis vielleicht doch zu hoch sein.

Seine Redegewandtheit ist zwar ein Vorzug, aber er sollte sie mit Vorsicht gebrauchen. Manchmal wirkt Schweigen überzeugender als eine lange Rede.
Er müßte Geduld lernen, besonders gegenüber Menschen, die nicht so schnell denken und handeln wie er.

Antreiber, Promoter und Springer

Dieser Mensch verbindet Persönlichkeit mit persönlichem Durchsetzungsvermögen.
Er ist selbstbewußt und besitzt genügend menschliche Klugheit, um als energiegeladen und enthusiastisch zu erscheinen.
Seine Ausdrucksweise ist überzeugend, und er erfaßt schnell, welchen Eindruck seine Argumente auf die anderen machen.

Er gilt oft als liebenswürdig und motivierend, kann aber dermaßen von seinen eigenen Vorstellungen gefangen sein, daß andere sich bedroht oder manipuliert fühlen.

Er will bei den Menschen Eindruck machen. Der Promoter in ihm fördert seine Überredungskunst und die Fähigkeit, sich auf die Gefühle anderer einzustellen. Sein kontrollierender Stil schärft ihm den Sinn für Objektivität. Er will stets am Ball bleiben.
Dank dieser Mischung macht er den Eindruck einer fähigen, herausfordernden und stets die Situation beherrschenden Persönlichkeit, die den sachlichen und den menschlichen Belangen gleichermaßen Aufmerksamkeit schenkt.

Bei seiner Arbeit hat er gemerkt, daß er mehr Überzeugungskraft besitzt als die meisten anderen und daß es für ihn vorteilhaft ist, diese Begabung auch einzusetzen. Dies trifft vor allem bei Projekten zu, von denen er selbst überzeugt ist und bei denen er das Gefühl hat, daß sie sich auch für andere lohnen würden.
Es ist wichtig für ihn, beliebt zu sein. Manchmal geht er dabei aber etwas zu weit.
Eine Schwäche liegt seiner Meinung nach darin, daß er mit seiner schnellen, scharfen Auffassungsgabe oft zu rasch in eine Aufgabe einsteigt und später feststellen muß, daß seine Beweggründe falsch waren.

Wenn er sich auf diese Weise in einer Art verpflichtet fühlt, die er als unge-
recht empfindet, wird er versuchen, dies eher durch persönliche Überzeugung statt durch gedankliche logische Argumente zu ändern.

Er schätzt es nicht, zu lange an einem Projekt zu arbeiten oder zu lange
auf gleicher Stufe tätig zu sein. Er liebt kurzlebige Aktivitäten, Gebiete, bei
denen er schnell ein- und auch wieder aussteigen kann. Inflexible oder
hochorganisierte Arbeitsstrukturen liegen ihm nicht. Sein schneller, beweglicher Geist verlangt nach Widerhall und Aktion. Aber oft bewegen sich
seine Gedanken und Aussagen dermaßen schnell, daß die anderen kaum
eine Chance haben, ihm zu folgen.

Mit seiner Intensität und Redegewandtheit setzt er die anderen nicht selten
unter Druck. Das ist zwar nicht das, was er gern möchte. Doch wenn er ein
Projekt verfolgt, von dem er glaubt, daß es richtig und für alle Beteiligten
gut ist, dann läßt sich dies nicht vermeiden. Er muß dann die Situation unter Kontrolle bekommen, um die Aufgabe zu einem in seinen Augen befriedigenden Ende zu führen.
Dabei kann seine sonst sehr umgängliche Persönlichkeit geradezu auf-
dringlich werden.

Er sollte daran denken, daß es manchmal notwendig ist, ein Projekt von
Anfang bis Ende durchzudenken, bevor es in Angriff genommen wird.

Es kann sein, daß er mehr Führung und Beratung in Anspruch nehmen
muß, als ihm eigentlich lieb ist.
Aber wenn er den Ratgeber respektiert und ihm der Rat nützt, wird er ihm
auch willig befolgen. Er fühlt sich zu Menschen, die er respektiert und zu
denen er aufschaut, besonders hingezogen.

In leitender Stellung sollte er sich vor allem darauf konzentrieren und sich
auch versichern, daß er von den anderen richtig verstanden wird. Dabei
wird er mehr Erfolg haben, wenn er sich nicht nur mündlich, sondern auch
schriftlich auszudrücken versteht.
Sein Reden ist oft nur der Versuch, durch das Aussprechen von Ideen und
Gedanken zu deren Lösung zu gelangen. Daraus können sich Mißver-
ständnisse ergeben.

Verstehen verlangt oft Geduld, er muß lernen, ein geduldiger Zuhörer zu
werden.

Der Springer

Der Charakter eines Menschen im Zentrum des Modells blickt dauernd in einen Spiegel. Wenn er anderen gegenübertritt, kann er diese widerspiegeln und doch sein eigenes Bild scharf und klar behalten.

Diese Stilrichtung geht immer mit viel Enthusiasmus zu einer Einladung. Jede Begründung ist gerade gut genug dazu, aber er muß die Gewißheit haben, daß er sich wohl fühlen wird. Denn man kann immer etwas Neues beobachten, etwas Interessantes, oder aber auch Delikates erfahren. Er freut sich auf die Unterhaltung mit vielen unterschiedlichen Menschen. Das Geschenk. Ach ja. Aber vorgestern habe ich doch Blumen für dich gekauft. Die brauchst du mir jetzt nicht mehr zu bezahlen. Diese Situation ist ihm aber eher peinlich, denn normalerweise kauft er Geschenke auf Vorrat. Trotzdem war es ganz schön praktisch.

Der Springer beobachtet, steht, getreu seiner Stilrichtung, zwar im Mittelpunkt, genießt seine etwas abwesende Art, lacht viel, macht ab und zu eine zwar treffende, doch oft etwas spitze Bemerkung, amüsiert sich aber stets köstlich. Denn sonst wäre er gar nicht erst hingefahren.

Später, zu Hause angekommen: ... was die wieder alles erzählt haben ich hätte mich wegschmeißen können!

Und das morgens nach 2 Uhr 30.

Mit dem Promoter und dem Helfer teilt er seine positive, gefühlsbetonte Einstellung zu den Mitmenschen.

Seinen geschärften Geschäftssinn, die Fähigkeit, seine Aufgaben gut und logisch durchzuführen, hat er mit dem Antreiber und dem Analytiker gemeinsam.
Bei der Arbeit ist er beweglich genug, um beides zu sein: ein auf menschliche Beziehungen ausgerichteter Manager und ein auf reine Ergebnisse ausgerichteter Spezialist.
Mit Training und Unterstützung kann er sich gewandt von Aufgabengebiet zu Aufgabengebiet bewegen, bis er den Stand erreicht hat, der ihn auch wirklich zufriedenstellt.

Seine Mitmenschen holen in beruflichen und persönlichen Angelegenheiten Rat bei ihm. Er hilft ihnen gerne, denn er hat erfaßt, daß er sich selbst nützt, indem er anderen hilft.

Er wächst im gleichen Maß, wie sein Verständnis für den anderen wächst.

Seine zwischenmenschlichen Beziehungen zeichnen sich durch Herzlichkeit und verständige Geselligkeit aus. Die Menschen haben das Gefühl, von ihm verstanden zu werden. Oft suchen sie sein Urteil, damit sie sich selber besser begreifen können.

Er fühlt sich freundlichen Menschen gegenüber meist zugetan. Diese spüren seine Zuneigung und fühlen sich bald zu ihm hingezogen, auch wenn sie sich bisher völlig unbekannt waren.
Er sollte jedoch beachten, daß seine menschliche Begabung auch zu einer Schwäche werden kann.
Er kann manchmal derart auf das Persönliche ausgerichtet sein, daß er seine eigentlichen Aufgaben aus den Augen verliert.
Es ist wichtig für ihn, sich eine Aufgabe zu stellen und sich an der Erfüllung dieser Aufgabe zu messen. Dies wird ihm bei seiner Arbeit helfen.
Er muß sich auch bewußt werden, daß sein natürliches Verständnis für die Menschen von Unternehmertypen oder äußerst egoistischen Charakteren mißbraucht werden kann, entweder zu deren Eigennutz oder aus dem perversen Vergnügen heraus, ihre Manipulier- und Aggressionslust an seiner Menschlichkeit zu messen. Während er versucht zu gefallen, versuchen sie zu untergraben.
Es wird ihm viel helfen, sich mehr Menschenkenntnis anzueignen, damit er die Gefahr rechtzeitig erkennt. Es hilft ihm auch, wenn er sich eine etwas härtere Schale zulegt.
Er kann darauf vertrauen, daß sein natürlicher Einblick in die Eigenart anderer Menschen ihn mit einem Minimum an unvermeidbaren Konflikten weiterbringen wird.

Seine Stärken: **Seine Schwächen:**

interessiert	beeinflußbar
harmonisierend	launisch
herausfordernd	eigensinnig
hilfsbereit	leicht verletzbar
anpassungsfähig	sehr anspruchsvoll
vielseitig	oft egoistisch
charmant	

Der Springer liebt:	Der Springer haßt:
Abwechslung	Unehrlichkeit
Harmonie	Unzuverlässigkeit
Herausforderung	Brutalität
Geborgenheit	Ungerechtigkeit
Sicherheit	Faulheit
Ordnung	Egoismus

Bewertungsgrundlagen

Die Auflistung der Eigenschaften von Menschen ist nicht unproblematisch, denn es gibt beschreibende und wertende Eigenschaften und Adjektive. Begriffe wie aufrichtig, beliebt, böse, ehrlich, brutal, gefährlich, geizig etc. habe ich daher weggelassen.

Die Bezeichnungen habe ich anläßlich von Seminaren und Beratungen systematisch gesammelt und auf ihre Aussagekraft hin ausgewertet und zusammengestellt. Sicher, es gibt Methoden zur Persönlichkeitsbeurteilung, die mit wesentlich weniger Begriffen auskommen. Ich meine aber, je umfassender die Erhebung ist, um so eher wird sie der beurteilten Persönlichkeit gerecht.

Diese 239 Eigenschaften wurden nach juristischen Gesichtspunkten, nach Aspekten des Persönlichkeitsschutzes und nicht zuletzt mit dem Blick auf betriebsrätliche Überlegungen überprüft und danach weitgehend abgesegnet.

Den einen oder anderen Begriff werden Sie trotzdem als extrem wertend, als unverständlich oder gar unpassend empfinden, speziell dann, wenn Sie sich bewußt werden, daß er auch auf Sie angewendet werden kann. Lassen Sie die Bewertung solcher Eigenschaften einfach aus.

Bedenken Sie dabei aber immer, daß Sie **entsprechend Ihrer eigenen Stilrichtung** andere Menschen eben als angenehmer oder weniger angenehm empfinden können.

105

Mit dieser oft als Sympathie[35] oder als Antipathie[36] bezeichneten Haltung (Beurteilung) ist es so eine Sache:

Mögliche Konfliktsituationen

Generell gilt, daß zwei Menschen, die beide entweder oberhalb oder unterhalb der Machtachse oder aber rechts oder links der Gefühlsachse liegen, besser miteinander auskommen können als Menschen mit Stilrichtungen, die sich über Kreuz begegnen.

Der **Antreiber** weiß zwar ganz genau, daß er im Grunde genommen auf den Helfer angewiesen ist. Wie soll er denn all die anstehenden Aufgaben erledigen, wenn er niemanden hat, der ihm den „Kleinkram", die Detailarbeit abnimmt und erledigt? Und trotzdem kann ihn dieser zeitweise ganz schön nerven, denn ein Helfer hat ein eher unstrukturiertes Verhältnis zu Pünktlichkeit und Zeiteinteilung.

Dem **Helfer** geht es nicht viel anders. Er fühlt sich vom Antreiber oft unterdrückt, in die Enge getrieben, denn die Eigenart des Antreibers, Befehle auszusprechen und ohne Rücksicht auf menschliche Regungen und Bedürfnisse kurzfristig durchsetzen zu wollen, verunsichert ihn, kann ihn sogar in seinen Aktivitäten lähmen.

Der **Analytiker** kann den Promoter schlicht als unseriös empfinden. Denn so arbeitet man nicht. Alles, was der bringt, ist doch nichts als warme Luft. Nichts ist fundiert, überprüft, analysiert und durchdacht. So kann man doch keine Geschäfte machen!

Der **Promoter** kann seinerseits mit dem verknöcherten Zahlenmenschen, dem Analytiker nicht recht warm werden. Eh der sich überlegt hat was das Ding kosten soll, habe ich es schon zehnmal verkauft.

---

[35] Sympathie, abgeleitet aus dem griechischen Begriff Sympathikus, einem Anteil des vegetativen Nervensystems, der vorwiegend leistungssteigernde Impulse an die Organe vermittelt; benannt nach der durch die vegetativen Nerven vermittelten unwillkürlichen Beteiligung (Sympathie) der Organe an seelischen Vorgängen.
[36] Antipathie, griechisch, im Gegensatz zur Sympathie, bedeutet Abneigung gegen eine Sache, Tätigkeit oder Person. Ist im sozialen Bereich ein oft nicht begründetes Vorurteil.

Bewertungssystem[37]

	Eigenschaft	Pro-moter	Helfer	Analy-tiker	Antrei-ber	Sprin-ger
1	distanziert	0	0	3	3	0
2	diszipliniert	0	0	4	4	0
3	erklärend	0	0	3	1	0
4	kaltherzig	0	0	3	3	0
5	methodisch	0	0	4	3	0
6	objektiv	0	0	4	3	0
7	pedantisch	0	0	3	1	0
8	planend	0	0	4	3	0
9	rational	0	0	3	4	0
10	realistisch	0	0	3	3	0
11	sachlich	0	0	4	3	0
12	strukturiert	0	0	3	4	0
13	unempfindlich	0	0	2	4	0
14	nicht kooperativ	0	0	3	2	0
15	verbindlich	0	0	0	3	0
16	verschlossen	0	0	4	4	0
17	förmlich	0	1	3	3	0
18	kalkulierbar	0	2	3	0	0
19	kontaktarm	0	2	3	2	0
20	passiv	0	2	3	0	0
21	beherrschbar	0	3	0	0	0

[37] Hier sind nur fünf von total 25 Stilbewertungen aufgezeigt. Die Charakterisierung ist also noch wesentlich differenzierter.

107

	Eigenschaft	Pro-motor	Helfer	Analy-tiker	Antrei-ber	Sprin-ger
22	einseitig	0	3	3	3	0
23	hilflos	0	3	1	0	0
24	Kompromißsuchend	0	3	0	2	0
25	ruhig	0	3	2	2	0
26	duldend	0	4	0	0	0
27	rücksichtsvoll	0	4	0	0	0
28	selbstlos	0	4	0	0	0
29	führungsgewohnt	1	0	0	4	0
30	zielsetzend	1	0	0	4	0
31	fördernd	1	1	1	3	0
32	entmutigend	1	2	3	0	0
33	prägend	1	2	1	4	0
34	führend	2	0	0	4	0
35	kompromißlos	2	0	4	2	0
36	teilnahmslos	2	0	3	3	0
37	überblickend	2	0	2	4	0
38	verletzend	2	0	2	2	0
39	entspannt	2	2	0	0	0
40	kompromißfreudig	2	4	0	2	0
41	entscheidungsfreudig	3	0	0	4	0
42	fordernd	3	0	2	4	0
43	überfahrend	3	0	0	3	0
44	umwerfend	3	0	0	2	0

	Eigenschaft	Pro-motor	Helfer	Analy-tiker	Antrei-ber	Sprin-ger
45	ungezwungen	3	0	0	1	0
46	zielstrebig	3	0	0	3	0
47	kleinlich	3	1	3	3	0
48	stur	3	1	4	3	0
49	durchschaubar	3	2	0	0	0
50	herausfordernd	4	0	1	3	0
51	improvisierend	4	0	0	1	0
52	impulsiv	4	0	1	1	0
53	kalkulierend	4	0	3	3	0
54	kreativ	4	0	0	2	0
55	kühn	4	0	0	3	0
56	mitreißend	4	0	0	4	0
57	oberflächlich	4	0	0	1	0
58	risikobereit	4	0	0	2	0
59	rücksichtslos	4	0	2	3	0
60	selbstsicher	4	0	1	4	0
61	spontan	4	0	0	2	0
62	überfordernd	4	0	0	3	0
63	zynisch	4	0	3	4	0
64	ideenreich	4	1	0	2	0
65	übertreibend	4	1	2	2	0
66	überschwenglich	4	3	0	0	0
67	abstrakt	0	0	4	4	1
68	abweisend	0	0	3	3	1

	Eigenschaft	Pro-motor	Helfer	Analy-tiker	Antrei-ber	Sprin-ger
69	ausdauernd	0	0	3	4	1
70	ausgeglichen	0	0	1	2	1
71	belastbar	0	0	1	4	1
72	konkret	0	0	0	4	1
73	konsequent	0	0	3	4	1
74	kühl	0	0	3	3	1
75	organisierend	0	0	0	4	1
76	vernünftig	0	0	3	3	1
77	abstrahierend	0	1	4	4	1
78	phantasielos	0	2	2	0	1
79	gehemmt	0	2	3	0	1
80	ordnungsliebend	0	2	4	2	1
81	bescheiden	0	3	1	0	1
82	tolerant	0	3	0	0	1
83	beruhigend	0	4	1	1	1
84	diplomatisch	0	4	0	0	1
85	gebend	0	4	0	0	1
86	geduldig	0	4	0	0	1
87	unterstützend	0	4	3	3	1
88	entschieden	1	1	2	3	1
89	durchblickend	1	1	0	4	1
90	handelnd	1	1	0	4	1
91	überzeugend	1	1	2	3	1

	Eigenschaft	Pro-motor	Helfer	Analy-tiker	Antrei-ber	Sprin-ger
92	ermutigend	1	3	0	3	1
93	sanft	1	3	0	0	1
94	ehrgeizig	2	0	3	4	1
95	gelangweilt	2	0	3	3	1
96	frustriert	2	2	3	4	1
97	gleichgültig	3	0	2	0	1
98	konfliktsuchend	3	0	0	0	1
99	streitsüchtig	3	0	0	2	1
100	energisch	3	1	1	4	1
101	frustrierend	3	1	3	2	1
102	bevormundend	3	2	2	4	1
103	unverbindlich	3	4	1	0	1
104	arrogant	4	0	2	4	1
105	ausnutzend	4	0	2	3	1
106	beherrschend	4	0	0	4	1
107	berechnend	4	0	4	4	1
108	diktierend	4	0	0	4	1
109	eitel	4	0	0	2	1
110	großzügig	4	0	0	0	1
111	locker	4	0	0	0	1
112	motivierend	4	0	0	4	1
113	rechthaberisch	4	0	3	3	1
114	redegewandt	4	0	0	4	1
115	schwatzhaft	4	0	0	0	1

	Eigenschaft	Pro-motor	Helfer	Analy-tiker	Antrei-ber	Sprin-ger
116	unternehmungslustig	4	0	0	1	1
117	vorlaut	4	0	0	0	1
118	risikofreudig	4	1	0	3	1
119	enthusiastisch	4	1	1	2	1
120	tadelnd	4	1	2	3	1
121	unpünktlich	4	2	0	0	1
122	kontaktfreudig	4	3	0	2	1
123	gefühlvoll	4	4	0	0	1
124	aufgabenorientiert	0	0	4	4	2
125	beständig	0	0	3	3	2
126	fundiert	0	0	4	4	2
127	gründlich	0	0	4	4	2
128	pünktlich	0	0	4	4	2
129	fleißig	0	1	3	4	2
130	langweilig	0	1	3	1	2
131	steif	0	1	3	2	2
132	scheu	0	2	3	0	2
133	unsicher	0	3	0	0	2
134	sicherheitsbedürftig	0	3	4	1	2
135	akzeptierend	0	3	0	0	2
136	aufbauend	0	3	2	4	2
137	genügsam	0	3	0	0	2
138	introvertiert	0	3	4	0	2

112

	Eigenschaft	Pro-motor	Helfer	Analy-tiker	Antrei-ber	Sprin-ger
139	kooperativ	0	3	0	3	2
140	schüchtern	0	3	1	0	2
141	schweigsam	0	3	4	4	2
142	unauffällig	0	3	3	0	2
143	unentschlossen	0	3	4	0	2
144	verantwortungsbewußt	0	3	3	3	2
145	absichernd	0	4	4	4	2
146	anpassungsfähig	0	4	0	2	2
147	anteilnehmend	0	4	0	1	2
148	diskret	0	4	4	4	2
149	flexibel	0	4	0	2	2
150	fühlend	0	4	0	0	2
151	gutmütig	0	4	0	0	2
152	konfliktscheu	0	4	3	0	2
153	verständnisvoll	0	4	1	1	2
154	warmherzig	0	4	0	0	2
155	zögernd	0	4	2	0	2
156	zuverlässig	1	1	4	4	2
157	geizig	1	2	3	3	2
158	eigenbrötlerisch	1	2	3	2	2
159	ausnutzbar	1	3	0	0	2
160	umständlich	1	3	4	0	2
161	ziellos	1	3	0	0	2
162	hilfsbereit	1	4	1	3	2

	Eigenschaft	Pro-motor	Helfer	Analy-tiker	Antrei-ber	Sprin-ger
163	liebevoll	1	4	0	1	2
164	langatmig	2	2	3	0	2
165	weitherzig	2	3	0	0	2
166	verständlich	2	3	2	1	2
167	beeinflußbar	2	4	0	0	2
168	beängstigend	3	0	1	3	2
169	beunruhigend	3	0	2	2	2
170	unausgeglichen	3	1	2	1	2
171	wankelmütig	3	2	2	0	2
172	lobend	3	2	0	0	2
173	unrealistisch	3	2	0	0	2
174	unruhig	3	2	2	2	2
175	nicht belastbar	3	3	2	0	2
176	verträumt	3	3	0	0	2
177	menschlich	3	4	0	0	2
178	sentimental	3	4	0	0	2
179	aufbrausend	4	0	0	4	2
180	aufdringlich	4	0	1	1	2
181	belehrend	4	0	4	1	2
182	extrovertiert	4	0	0	2	2
183	geltungsbedürftig	4	0	1	4	2
184	gesprächig	4	0	0	1	2
185	intolerant	4	0	4	3	2

	Eigenschaft	Pro-motor	Helfer	Analy-tiker	Antrei-ber	Sprin-ger
186	sprunghaft	4	0	0	2	2
187	ungeduldig	4	0	1	3	2
188	aktiv	4	1	3	4	2
189	delegierend	4	1	0	4	2
190	lebendig	4	2	1	3	2
191	engagiert	4	2	2	4	2
192	unbeständig	4	2	0	0	2
193	führungsbedürftig	4	3	3	0	2
194	launisch	4	3	0	0	2
195	wechselhaft	4	3	3	0	2
196	charmant	4	4	0	1	2
197	mir ähnlich	4	4	4	4	2
198	mir nicht ähnlich	4	4	4	4	2
199	romantisch	4	4	0	1	2
200	engherzig	0	0	3	3	3
201	kritisch	0	1	4	4	3
202	partnerschaftlich	0	3	0	0	3
203	zurückhaltend	0	3	2	1	3
204	denkend	0	4	4	4	3
205	einfühlsam	0	4	0	0	3
206	konsensfähig	0	4	0	3	3
207	mitleidend	0	4	0	0	3
208	nachgiebig	0	4	0	0	3
209	angespannt	1	2	3	4	3

	Eigenschaft	Pro-motor	Helfer	Analy-tiker	Antrei-ber	Sprin-ger
210	wohltuend	1	3	1	0	3
211	teamfähig	1	3	0	0	3
212	zweifelnd	1	4	4	3	3
213	ausweichend	2	2	2	0	3
214	zugänglich	2	4	1	1	3
215	heftig	3	0	0	4	3
216	kritisierend	3	0	2	3	3
217	idealistisch	3	1	2	4	3
218	freundlich	3	2	1	2	3
219	entscheidungsschwach	3	3	3	0	3
220	schwankend	3	3	0	0	3
221	anführend	4	0	0	4	3
222	angreifend	4	0	1	4	3
223	bestimmend	4	0	2	4	3
224	eigensinnig	4	0	3	0	3
225	mitmachend	4	0	0	2	3
226	nehmend	4	0	2	3	3
227	vielseitig	4	0	0	3	3
228	begeisterungsfähig	4	2	0	1	3
229	empfänglich	4	4	0	2	3
230	empfindlich	4	4	3	0	3
231	interessiert	4	4	2	2	3
232	sensibel	4	4	3	0	3

	Eigenschaft	Pro-motor	Helfer	Analy-tiker	Antrei-ber	Sprin-ger
233	verletzlich	4	4	2	0	3
234	zugewandt	4	4	0	1	3
235	fragend	0	3	4	3	4
236	egoistisch	4	0	1	3	4
237	chaotisch	4	4	0	0	4
238	beeinflussend	4	1	2	4	2
239	durchsetzend	2	1	2	4	1
	Total Treffer	**456**	**383**	**372**	**482**	**329**

Das Total der Treffer läßt keinesfalls den Schluß zu, daß eine Stilrichtung mit einem höheren Wert als eine andere entweder besser oder schlechter ist. Wir erkennen hier vielmehr, daß die Stilrichtungen links der Gefühlsachse, der Promoter und der Antreiber, ausgeprägter, eindeutiger empfunden werden als der Helfer und Analytiker, die rechts der Machtachse stehen. Der Springer kann, bedingt durch seine Position in der Mitte des Verhaltensmodells, oft weniger deutlich beurteilt werden.

10. Die Anwendung

Bestimmt haben Sie inzwischen Ihre eigene Stilrichtung aufgrund der eben gelesenen Beschreibungen erkannt, oder Sie haben sich zumindest eine „Wunschstilrichtung" ausgesucht.

Um nun

die eigene Stilrichtung erkennen

zu können, kopieren Sie sich die Beurteilungsbögen am Schluß dieses Buches und füllen zuerst Ihre Selbstbewertung aus.
Tun Sie es spontan und bedenken Sie, daß es nicht darum geht, wie Sie gerne sein möchten, sondern wie Sie sich beurteilen, wenn Sie vor einem Spiegel stehen, also so realistisch wie möglich.
Vergleichen Sie danach die Bewertung der Eigenschaften mit der Liste ab Seite 106 und lesen Sie die Beschreibung der Stilrichtungen ab Seite 78.

Lassen Sie auch Ihren Lebenspartner eine Beurteilung vornehmen und diskutieren Sie das Ergebnis. Die Treffsicherheit wird Sie überraschen.

Lassen Sie sich auch durch Verwandte, Freunde und Bekannte beurteilen. Die Auswertung kann dann durch mein Computerprogramm erfolgen.[38]

Und nun ein Anwendungsbeispiel, das Ihnen aufzeigt, was Sie durch die Anwendung des Verhaltensmodells bewirken können.

---

[38] Fordern Sie die Beurteilungsbogen an: eMail: BKFinanz.borter@t-online.de
Kosten der Auswertung: (5 Fremdbeurteilungen, 1 Selbsteinschätzung(50,-- EUR, zzgl. MwSt.
Lieferung per Nachnahme.

Theo L.

Theo ist der Vertraute eines alten Unternehmers, der ein großes Vermögen hart erarbeitet hat.
Dieses Geld soll nun in neue, aufstrebende Firmen investiert werden. Die Zielsetzung lautet:

Halten und Mehren

Theo sucht solche Möglichkeiten und prüft unzählige Angebote. Stapelweise studiert er Unterlagen und findet unter anderen Bewerbern eine junge Firma im hochtechnisierten Innenausbau, eine Firma, die Laboratorien konzipiert und realisiert.

Weit über 1,5 Millionen DM werden investiert. Eine neue Firma wird gegründet, und Theo behält als Aufsichtsratsvorsitzender und Vertreter des Investors die Kontrolle.

Die Firma gedeiht. Nicht zuletzt dank des Idealismus des Geschäftsführers, der selbst mit einer Minderheit beteiligt ist.
Theo schart einen fachlich sehr potenten Aufsichtsrat mit sechs weiteren Mitgliedern um sich. Und jeden Monat findet eine Versammlung statt.

Diese Sitzungen gestalten sich immer schwieriger. Der Manager ist dynamisch, er erkennt die marktbedingten Notwendigkeiten. Und trotzdem, kaum einer seiner Vorschläge wird auf Anhieb genehmigt. Theo findet immer noch eine Begründung, zu warten oder noch jemanden zu fragen.
Die Sitzungen des Aufsichtsrates enden immer mit Frust, Frust für alle Beteiligten, speziell für den Manager.

Er beginnt, sich mit der Persönlichkeit des Vorsitzenden auseinanderzusetzen und erkennt, daß er sein eigenes Verhalten ändern muß.

Künftig vermeidet er jegliche Konfrontation, indem er

➡ die Tagesordnung in ihren wichtigsten Punkten einige Tage vorher mit dem Vorsitzenden durchspricht und

➡ abklärt, welche zusätzlichen Informationen der Vorsitzende noch als wünschenswert erachtet.

➡ Er bereitet sich wesentlich besser auf die Sitzungen vor und kann seine Ideen fundierter vortragen.

Die Verhandlungen verliefen danach sehr viel harmonischer, ohne Streß und Mißbehagen.

Der Vorsitzende verkörperte die Stilrichtung des Analytikers. Als Vertreter des Hauptaktionärs war es seine Pflicht, alle Entscheidungen gründlich zu hinterfragen; der Manager diejenige des Antreibers, der sich gefallen lassen mußte, daß er ab und zu gebremst wurde.

Der Manager hatte seine Verhaltensweise auf die Stilrichtung des Vorsitzenden eingestimmt.

Erkennung der Stilrichtung eines anderen

Stellen Sie Eigenschaften fest, so fragen Sie sich zuerst, ob diese einer Stilrichtung oberhalb oder unterhalb der Machtachse zuzuordnen sind. Menschen, die viel Gefühl zeigen, sind oberhalb, Menschen, die wenig oder kein Gefühl zeigen, sind unterhalb der Machtachse einzuordnen.

Danach, bei weiteren Feststellungen, prüfen Sie, ob diese auf Stilrichtungen rechts oder links der Gefühlsachse zutreffen könnten. Empfinden Sie jemanden als „powerfull", als energiegeladen so liegt er links der Gefühlsachse. Ist er eher schüchtern, dann ist er dem rechten Bereich zuzuordnen.

Überdenken Sie, ob Sie wenig oder viel Selbstvertrauen feststellen und ob der Partner Ihnen eher gefühlvoll oder aber kühl begegnet.

11. Flexibilität

Die dritte Dimension, die Flexibilität, sagt aus, wie sich ein Mensch gegenüber unerwarteten Veränderungen, in neuen und unmittelbar auf ihn zu-
kommenden Situationen verhält.

Beachten Sie, daß die Flexibilität nur durch das Zeitmoment beeinflußt
werden kann. Das bedeutet, daß die Flexibilität gegenüber einer Situation
wesentlich höher liegt, wenn der betroffene sich frühzeitig darauf einstellen
kann.

Sie ist ausgesprochen dynamisch und auch sehr wertend. Sicher empfinden Sie flexible Menschen als angenehmer als inflexible. Dies vor allem,
weil Sie oft bewußt oder unbewußt die Flexibilität des Partners daran messen, wie er auf Ihr direkt vorgetragenes Anliegen eingeht und Sie so darauf
fixiert sind, daß Sie sich gar nicht überlegen, was Sie dem anderen hier
eigentlich zumuten.
Es ist vorteilhaft, sich in solchen Situationen zu überlegen, ob Sie an seiner
Stelle auf Ihr Anliegen eingehen würden, eingehen könnten.

Stellen Sie sich die folgende Situation vor:

Ihr Mann war in den letzten Wochen beruflich sehr angespannt. Er war
kaum zu Hause, und wenn, dann nur kurz, zum Essen und zum Schlafen.
Er war chronisch müde, abgespannt und unausstehlich.
Nun, heute morgen, zwischen Bad und Kaffee, macht er Ihnen den Vorschlag, spätestens um 17 Uhr zu Hause zu sein, um mit Ihnen einen ge-
mütlichen Abend zu zweit zu verbringen. Spontan beschließen Sie, ihm
sein Leibgericht zu kochen und beginnen schon, diese Überraschung so
richtig auszukosten.

Sie gehen einkaufen, zum Friseur und leisten sich in der Boutique das hin-
reißende rote Kleid, mit dem Sie ihn eigentlich schon lange überraschen
wollten.

Um 15 Uhr beginnen Sie in der Küche mit den Vorbereitungen. Sie backen
noch schnell etwas Salzgebäck, stellen eine Flasche trockenen Weißwein
in den Kühlschrank und öffnen eine Flasche seines Lieblingsweines, einen
Brunello del Montalcino.

16 Uhr. Sie nehmen ein Bad, ziehen Ihr neues Kleid an und schminken sich dezent. 16 Uhr 45, ein letzter Blick in die Runde, alles ist bestens vorbereitet, der Tisch ist festlich gedeckt, zwei Kerzen stehen bereit, alles stimmt.

Voller Freude stellen Sie fest, daß es gleich 17 Uhr ist.

17 Uhr zwanzig. Na ja, außerordentlich pünktlich war er ja noch nie. Zehn Minuten vor 18 Uhr. Er wurde im Büro eben noch aufgehalten, und dann dieser Verkehr.

18 Uhr. Sie rufen in der Firma an. Natürlich das Tonband ...

Eine halbe Ewigkeit später. Das Telefon klingelt:

Schatz, ich bin noch im Büro komme aber in einer halben Stunde mit zwei Geschäftsleuten nach Hause. Wir haben etwas zu feiern.
Sie schweigen. Bist du noch da?, So sag doch, freust du dich nicht?

Sie haben sich den ganzen Tag auf den heutigen Abend zu Zweit gefreut, Sie haben sich freudig und voller Erwartungen darauf eingestellt.

Und nun:
Wieder ein Abend voller langweiliger und unverständlicher Gespräche?

Wie könnten nun Ihre Reaktion, Ihr Verhalten aussehen?

Positive Reaktion

Sie freuen sich. Offenbar ist der Abschluß endlich perfekt, und sicher hat er seine Gründe, nicht in ein Restaurant zu gehen.
Eigentlich wollten wir ja allein.
Ihre Neugierde siegt. Sie wollten ja schon immer etwas mehr über seine Geschäfte wissen.
Angezogen bin ich und wenn ich noch eine kleine Vorspeise mache, Wein haben wir ja genug.

Negative Reaktion

Sie schweigen weiter, denn Sie fühlen sich plötzlich nicht mehr wohl. Eine innere Unruhe macht sich bemerkbar: Das Essen reicht doch nie.
Und dann den ganzen Abend die langweiligen Diskussionen. Und mein Kleid ist für einen solchen Anlaß doch etwas unpassend.

Positives Verhalten

Sofortige Zustimmung. Das wird schon klappen. Gegessen wird aber was ich habe. Trotzdem hättest Du etwas früher anrufen können. Aber laß mich nur machen.

Negatives Verhalten

Sofortige Ablehnung. Nein, das geht nun wirklich nicht. Zudem habe ich keine Vorräte. Und du hattest mir doch fest versprochen ... Verschiebe es doch auf morgen oder übermorgen. Ich mag einfach nicht immer ...

Wie reagieren die einzelnen Stilrichtungen?

Der Promoter

Die positive Reaktion:
Sieht die Chance in der unerwarteten Veränderung. Freut sich auf die Gesellschaft.
Das wird bestimmt lustig und ich in meinem neuen Kleid, soll er ruhig etwas eifersüchtig werden ...

Die negative Reaktion:
Angriff. Sag mal, spinnst du eigentlich? Du immer mit deinen Versprechungen, die du eh nie halten willst. Deine Geschäfte kannst du dir sonstwo hinstecken."

Der Helfer

Die positive Reaktion:
Bestimmt hat er das nicht so gewollt. Ich muß halt sehen, wie ich ihm da helfen kann. Wichtig scheint es ja zu sein. Wenn nicht, so würde er mir das nicht antun.

Die negative Reaktion:
Schweigen. Zieht sich zurück. Sagt zwar ja, meint aber nein. Wenn du meinst ... Muß das denn ausgerechnet heute sein? Also, dann komm mal, es wird ja sowieso nichts mehr zu ändern sein.

Der Analytiker

Die positive Reaktion:
Scheint ein Notfall zu sein. Daß er aber auch immer so kurzfristig kommen muß. So etwas kann man doch viel besser planen ... Die Zeit reicht doch nie.

Die negative Reaktion:
Argumentieren. Aber nun erkläre du mir mal, warum das Ganze ausgerechnet heute sein muß. Wie soll ich das denn in so kurzer Zeit schaffen? Du weist ganz genau, daß ich zwar Verständnis für solche Situationen habe, aber ich muß mich darauf vorbereiten können. Das alles hätte dir auch früher einfallen können. Ich sehe keine Möglichkeit.

Der Antreiber

Die positive Reaktion:
Es geht. Nicht gerne ... Aber wenn Du mir aus dem Laden eine Vorspeise mitbringst, sollte es zu schaffen sein. Und in Zukunft benachrichtige mich bitte etwas früher. Wie soll ich denn sonst meine Zeit einteilen.

Die negative Reaktion:
Kategorisches Nein. Kommt überhaupt nicht in Frage, kannst du vergessen. Gehe mit deinen Kumpanen in eine Kneipe. Deine Geschäfte interessieren mich nicht. Du weißt genau, was du mir versprochen hast. Halte dich gefälligst daran!

Der Springer

Die positive Reaktion:
Wenn du mir hilfst, dann können wir das schaffen. Schön ist das zwar nicht, aber es scheint dir doch wichtig zu sein ... Soll ich euch wirklich in meinem neuen Kleid empfangen?

Die negative Reaktion:
Das paßt mir nun gar nicht. Wie soll ich das denn in der kurzen Zeit noch schaffen? Ich verstehe ja, daß es wichtig ist. Aber was ist mit mir? Bin ich Dir denn nicht auch wichtig?

Bei Zustimmung, wenn auch widerwillig, hat der Mann erreicht, was er wollte.

Wie aber geht er bei einer Ablehnung vor? Denn schließlich ist es nun einmal sehr wichtig, sich mit diesen Geschäftsfreunden endlich in einer privaten Umgebung zu unterhalten. Da kann einiges dabei diskutiert werden, das sich für die reine Geschäftsatmosphäre einfach nicht eignet.

Welche Aussagen können zu einer Verhaltensänderung führen?

Promoter

Ach, so hör doch schon auf. Reg dich wieder ab. So, wie ich dich kenne, ist das doch überhaupt kein Problem für dich. Das wäre das erste Mal, daß du mit so etwas nicht spielend zurecht kommst ...

Helfer

Du, also wirklich, ich brauche jetzt einfach deine Unterstützung. Ohne dich schaffe ich es nun einfach nicht. Das Geschäft ist so wichtig für uns. Danach werde ich wieder etwas Ruhe und mehr Zeit haben für dich ...

Analytiker

Selbstverständlich hast du recht. Ich bin wie immer zu spät. Aber es ist nun einmal so. Ich konnte das einfach nicht voraussehen ... Und überlege dir, was wir dadurch erreichen könnten.

Antreiber

Schau mal. Die sind nun einmal da. Das Geschäft ist gelaufen. Der Abend ist einfach wichtig. Mach bitte das Mögliche, Du kennst ja die Problematik. Das kriegst du doch bestimmt in die Reihe.

Springer

Sieh das mal so: Es ist nicht nur wichtig, es ist entscheidend für die Zukunft. Ich helfe dir. Es wird bestimmt ein lustiger und interessanter Abend. Es gibt doch nichts, was du nicht schaffst!

Anmerkungen zur Flexibilität

Ob ein Ereignis eine Veränderung oder etwas Unerwartetes darstellt, ist in diesem Zusammenhang allein vom subjektiven Urteil des Betroffenen abhängig. Im zwischenmenschlichen Bereich bedeutet flexibles Verhalten fremde, also neue Gedanken und Gefühle zu erkennen, aufzunehmen und die damit verbundenen Chancen zu erfassen und zu nutzen.

Anpassungsfähigkeit
Teamfähigkeit
Lernfähigkeit
Integrationsfähigkeit
Kreativität
und **Humor**

sind Begriffe, die mit der Flexibilität zusammenhängen. In bestimmten Situationen werden sie sogar als Synonyme verwendet.

Persönliche Sicherheit und Flexibilität sind eng miteinander verknüpft:

Verhältnis zum Partner
Erfahrungen in ähnlichen Situationen
Gesundheitszustand
Unmittelbare Vergangenheit
Tragfähigkeit
Vorbereitungszeit auf eine neue Situation
Vorbereitungsmöglichkeiten
Vorbereitungswille
Auseinandersetzung mit der Veränderung
Neuheitsgrad der Veränderung

Dabei sind Flexibilität und persönliche Sicherheit veränderlich und situationsabhängig. Eher inflexible Personen können in einem eng umgrenzten Bereich, beispielsweise in ihrem Fachbereich,

sehr flexibel sein.

Hochflexible Menschen können in bestimmten Situationen, vor allem wenn sie mit negativen Erfahrungen verknüpft sind,

sehr inflexibel reagieren.

Gedanken und Fragen zur Flexibilität

Für welche Art Arbeit sind inflexible Menschen besonders geeignet?

....

....

....

....

....

Und die Person mit hoher Flexibilität?

....

....

....

....

Kann sich die Flexibilität im Laufe der Zeit verändern?

....

....

....

....

....

....

Was tun Sie, wenn Sie spüren, daß Ihr Gesprächspartner inflexibel wird?

....

....

....

....

....

Was tun Sie, um selbst flexibler zu werden?

....

....

....

....

....

....

....

....

....

....

....

Der Flexibilitätsgrad einer Person sagt etwas aus über deren Einstellung und Verhaltensweise gegenüber Neuerungen.

Hohe Flexibilität

Neuerungen bieten Chancen in sich, die **ausgeschöpft** werden müssen.

Synonyme: **anpassungsfähig**
teamfähig
lernfähig
integrationsfähig
hohe Kreativität
humorvoll

Geringe Flexibilität

Neuerungen bergen Gefahren in sich, die **bekämpft** werden müssen.

Synonyme: **nörglerisch**
nachtragend
pedantisch
neidisch
rechthaberisch
unzufrieden

In einer sich stets ändernden Umwelt wird die Fähigkeit, gegenüber Neuem positiv zu reagieren, immer wichtiger.

Es ist dies die einzige Möglichkeit, Neuerungen zu bewältigen und nicht von ihnen überrannt zu werden.

Denn eine positive Einstellung zu etwas Neuem kann unser Leben nicht nur verändern, sondern auch erheblich bereichern.

Eine negative Haltung aber macht die Wahrnehmung von sich bietenden Chancen unmöglich und läßt letztlich unsere Stärken verkümmern.

Die positive Einstellung

| Chance Neugierde Freude | versuchen fragen probieren | hohe Flexibilität |

Veränderungen oder Neuheiten sind allein vom subjektiven Urteil des Betroffenen abhängig.

| Gefahr Angst Bedenken | Angriff verteidigen ausweichen | geringe Flexibilität |

Die negative Einstellung

Vom Grad der Flexibilität ist es abhängig, wie weit eine Person mit Mitmenschen verschiedener Stilrichtungen vertrauensvolle Beziehungen aufbauen kann. In unserer Zeit, wo Erfolge immer weniger durch Einzelleistungen, sondern durch Teamarbeit erreicht werden, ist dies von besonderer Bedeutung.

Ein hoher Grad an Flexibilität fördert Ihre Stärken und vermindert die Wirkung Ihrer Schwächen.

Hohe Flexibilität

Ein Mensch mit hoher Flexibilität ist sehr stark **wirklichkeitsorientiert**.

Er ist ein Realist und sieht seine Umwelt nicht, wie sie seiner Meinung nach sein sollte, sondern er beurteilt eine Situation so, wie sie wirklich ist. Er erkennt, daß er in einer komplizierten und schwer durchschaubaren Welt lebt und versucht, diese zu ergründen.

Dabei weiß er, daß er nie ganz hinter ihre Geheimnisse kommen kann, ständig Neues dazulernen muß und aufgrund seiner neuen Erkenntnisse auch seine Ansichten immer wieder ändern wird.

Dieser Mensch hat ein gesundes Selbstvertrauen.

**Er kennt die Stärken seiner Person
und weiß um ihren Wert.**

**Gleichzeitig hat er gelernt, seine
Unvollkommenheiten und Schwächen
zu akzeptieren und damit zu leben.**

**Er kann Risiken eingehen
und fühlt sich wohl in unstrukturierten Situationen,
deren Gegenwart und Zukunft
nur dürftig und ungewiß
umschrieben sind.**

**Er versteht es meisterhaft,
sich auf Unvorhergesehenes einzustellen
und mit Änderungen fertig zu werden.**

Dafür sind ihm feste Regelungen und Prinzipien oder absolute Aussagen wie „schwarz oder weiß, richtig oder falsch, gut oder böse" im Grunde seines Herzens fremd.
Von den anderen wird ein Mensch mit hoher Flexibilität als **angenehm** empfunden.

Er hat wenig Vorurteile, ist ein guter Zuhörer und versteht es, die Gefühle und Gedanken seiner Mitmenschen zu erfassen.

Er ist am anderen interessiert, kann sich in seine Lage versetzen und wird in einer Partnerschaft stets nach Lösungen suchen, die neben seinen eigenen auch die Bedürfnisse und Vorstellungen des anderen mit einschließen.
Dabei hat er einen sicheren Sinn für die Unterschiede zwischen den Menschen, bekämpft diese jedoch nicht, sondern erkennt sie als fruchtbar und notwendig an.

Durch seine große Flexibilität können diesem Menschen Probleme erwachsen. Er legt sich nicht gerne fest, und es fehlt ihm oft die Beharrlichkeit, gesetzte Ziele zu erreichen.

Immer wieder wird er überprüfen, ob formulierte Absichten richtig geblieben sind oder ob sie aufgrund veränderter Randbedingungen zu korrigieren wären. Ändern sich seine Erkenntnisse, so kann er frühere Ansichten mit Leichtigkeit aufgeben und deshalb von seiner Umwelt als flatterhaft, schwankend und ohne klare Linie eingestuft werden. Da er an einem größtmöglichen Kontakt mit seiner Umwelt interessiert ist und neuen Standpunkten aufgeschlossen gegenübersteht, ist er beeinflußbar. Für Personen mit geringer Flexibilität wirkt dieser Mensch beängstigend. Er kann leicht seine Pläne ändern, und da seine Reaktionen sich an veränderte Umweltbedingungen anpassen, ist sein Verhalten oft schwer im voraus bestimmbar.

Die Abneigung des Flexiblen gegen starre Grundsätze und feste Regelungen läuft dem Bedürfnis des weniger Flexiblen entgegen, und seine Fähigkeit, unterschiedliche Auffassungen nebeneinander bestehen zu lassen, ist für den anderen schwer zu verstehen.

Geringe Flexibilität

Ein Mensch mit geringer Flexibilität hat ein starkes Bedürfnis nach Sicherheit. Er fürchtet alles Ungewisse, Vage und nicht klar Festgelegte.

Er möchte seine Umwelt organisieren und fühlt sich am wohlsten, wenn die Dinge für ihn und möglichst auch für andere klar geordnet sind.

Sein Weltbild ist in sich geschlossen und er besitzt ein festes System von Überzeugungen, Prinzipien und Ansichten, die zusammen die Brille bilden, durch die er die Welt betrachtet.

Dabei erscheint ihm alles „schwarz" oder „weiß", nie aber sieht er Grautöne. Seine Wertvorstellungen können alle möglichen Formen annehmen, sind aber immer deutlich und festgefügt.

Er wirkt „konservativ" oder „radikal", aber niemals „Mitte links" oder „Mitte rechts".

Es ist schwierig, einen Menschen mit geringer Flexibilität von seinen Meinungen abzubringen oder ihn gar von etwas Neuem zu überzeugen.

Er ist voll von Vorurteilen, ist ein schlechter Zuhörer und wird nur schwer etwas aufnehmen, das seinen bisherigen Ansichten widerspricht.
Wird er mit Beweisen konfrontiert, die seine Überzeugungen widerlegen, so verdrängt oder leugnet er diese, weicht ihnen aus oder vergißt sie.

In der Zusammenarbeit mit anderen ist dieser Mensch schwierig. Er wird sich zwar einsetzen und tatkräftig mithelfen, wenn er ein festes Ziel vor Augen hat und die übrigen Gruppenmitglieder mit ihm auch bezüglich des Weges zur Zielerreichung übereinstimmen.
Gelingt es ihm jedoch aus irgendwelchen Gründen nicht, nach seinen eigenen Methoden und Vorstellungen zu arbeiten, fühlt er sich schnell entmutigt oder gar frustriert.

Es fällt ihm schwer, fremde Gedanken und Vorschläge zu akzeptieren, genauso wie es ihm schwerfällt, die Stärken seiner Mitarbeiter einzusetzen und ihre Erfolge anzuerkennen.
Für Macht- und Rangunterschiede hat der wenig Flexible ein feines Gespür.

Denn er ist ausgesprochen statusorientiert, reagiert schnell und feinfühlig auf die geringsten Änderungen bezüglich Hierarchie, Macht und Prestige.
Es ist wichtig für ihn, daß Unterstellungsverhältnisse und Beziehungen zu den Mitarbeitern klar festgelegt sind.

Durch seine starke Machtorientierung ist er dabei eher ein guter Vorgesetzter und guter Untergebener, aber ein schlechter Kollege gegenüber den Mitarbeitern gleicher Hierarchiehöhe.
Dem Menschen mit geringer Flexibilität fällt es schwer, die eigene Person mit ihren Möglichkeiten und Grenzen zu akzeptieren.
Oft hat er die Fähigkeit verloren, er selbst zu sein. Dauernd spielt er irgendwelche Rollen und verbraucht seine Energie damit, seine Masche zu wahren oder eine falsche Fassade aufzubauen.
Es fällt ihm schwer, Zuneigung zu geben und Zuneigung zu empfangen. Er knüpft keine engen, aufrichtigen, direkten Beziehungen zu anderen an.
Statt dessen versucht er, sie so zu manipulieren, daß sie seinen eigenen

Erwartungen entsprechen, und setzt seine Energien dafür ein, selbst ihren Erwartungen zu entsprechen.
Wenn es darum geht, mit Neuerungen fertig zu werden oder irgendwelche Änderungen positiv zu nutzen, fehlt dem Inflexiblen jeglicher Mut zum Risiko.
Mit aller Macht versucht er, am Status Quo festzuhalten, die Dinge zu bewahren, wie sie sind und sich gegen Veränderungen zu verteidigen.
Oft setzt er seine Intelligenz für Streitereien ein, die so sehr ins Allgemeine abgleiten, daß kaum noch von den eigentlichen Problemen gesprochen wird.

Die eigene Flexibilität

Denken Sie zurück an die letzten zwei oder drei Wochen:

In welchen Situationen haben Sie flexibel oder aber inflexibel reagiert?

....

....

....

....

....

....

....

....

....

....

....

Einige Beispiele:

Problem- oder Konfliktsituation

hohe Flexibilität:
Sieht mehrere Lösungen. Steht über der Sache. Der Mensch steht eindeutig im Vordergrund.

geringe Flexibilität:
Sieht nur die eine Lösung. Ist oft selbst ein Teil des Problems. Ist oft status- oder rollenorientiert.

Lösungsvorschläge

hohe Flexibilität:
Sieht die positiven **und** die negativen Aspekte und wägt sorgfältig ab, bevor er eine Entscheidung trifft.

geringe Flexibilität:
Sieht nur positive **oder** negative Aspekte. Er blockt zunächst jedwelche Entscheidung ab.

Kritik

hohe Flexibilität:
Hört sie sich an. Nimmt sie auf und überlegt. Fragt sich, was er allenfalls ändern sollte. Ist aufgeschlossen und konstruktiv, denn es könnte durchaus etwas dran sein.

geringe Flexibilität:
Reagiert verletzt. Ist beleidigt: Also, das habe ich nun wirklich nicht von Ihnen erwartet.
Dem Kerl werde ich es zeigen. In Zukunft ist passiver Widerstand angesagt. Der wird schon sehen, was er davon hat.

Umgang mit anderen Menschen

hohe Flexibilität:
Ist aufgeschlossen und offen für die Begegnung.

geringe Flexibilität:
In der Begegnung sehr reserviert. Verurteilt oft andere wegen ihrer Fehler.

Einschätzung der Umweltproblematik

hohe Flexibilität:
Informiert sich. Bleibt realistisch. Handelt entsprechend der Vorschriften und Notwendigkeiten.

geringe Flexibilität:
Stellt Theorien auf, handelt aber zum eigenen Vorteil.

Während die Stilrichtung eines Menschen eine grundsätzliche Aussage über die individuellen Stärken und Schwächen macht, entscheidet seine Flexibilität darüber, was er daraus macht.

In flexiblen Momenten können Menschen ihr Verhalten einer Situation anpassen. Ihre Schwächen werden dann für andere weniger sichtbar.

Für die Beurteilung einer Person heißt dies, daß die Stilrichtung eines flexiblen Menschen eher an seinen Stärken erkennbar wird.

Bei der Flexibilität handelt es sich aber immer um eine Momentaufnahme. Sie kann sich im Zeitablauf verändern.

Sie kennen sicher ältere Menschen, die eher philosophisch werden, eine große Toleranz gegenüber den kleinen Schwächen, den Unzulänglichkeiten der anderen Menschen an den Tag legen, die darüber nur lächeln können.

Andere werden mit zunehmenden Alter intolerant, nörglerisch, eben inflexibler.

Bedenken Sie aber, daß dies oft auch mit der Erinnerung an die verpaßten Gelegenheiten im Leben zu tun hat.

Warum sollen die ..., ich konnte ja auch nicht ...

Es stimmt nicht, daß hochflexible Menschen im Beruf erfolgreicher sind als inflexible.

Einige der bahnbrechenden Erfindungen und durchschlagenden Erfolge wurden von eher inflexiblen Personen erzielt.

Sie hatten das Glück, sich in eine Idee zu verbohren, die dann „zufälligerweise" in ihrer Umgebung und in ihrer Zeit zum Durchbruch gelangte.

Trotzdem kann man aber davon ausgehen, daß es flexible Menschen beruflich etwas einfacher haben und mehr Chancen wahrnehmen können.

Was tun, wenn mein Partner inflexibel wird?

Versuchen Sie zu erkennen, warum. Denn Sie sehen ja nur sein Verhalten. Rufen Sie sich die Verhaltenskette ins Gedächtnis.

Akzeptieren Sie seine momentanen Wertvorstellungen und befriedigen Sie zum Beispiel sein Bedürfnis nach Anerkennung und Sicherheit.

Was aber können Sie tun, um selbst flexibler zu werden?

Versuchen Sie, über den eigenen Horizont hinaus zu denken. Beginnen Sie an mehr Möglichkeiten zu denken, sich an ganzheitlichen Systemen zu orientieren. Treten Sie aus sich heraus, und beurteilen Sie, wie Sie sich in der letzten Zeit verhalten haben, welche Resultate Sie erreicht haben.

Sie werden feststellen, daß zwar nicht immer alles nach Ihrem Willen funktioniert hat, aber daß Sie in groben Zügen eigentlich alles Machbare erreicht haben.

Wenn Sie so weit sind, dann haben Sie eben eine etwas höhere Flexibilität bewiesen.

Was erscheint Ihnen noch alles machbar?

....

....

....

....

....

....

....

....

12. Anwendung des Modells im Verkaufsgespräch

Setzen wir einmal voraus, daß das Produkt stimmt und daß Mißerfolge im Verkauf fast immer auf die Unfähigkeit des Verkäufers, sich der Stilrichtung des Kunden anzupassen, zurückzuführen sind.

Leider ist das heute sehr oft der Fall. Äußerungen wie:

... ich kann nicht ...
... ich habe dazu kein Talent ...
... ich mag das nicht ...

sollten dringend vermehrt beachtet werden.

Letztlich ist es nicht sehr bedeutend, welche Stilrichtung der Verkäufer mitbringt, denn unterschiedliche Produkte können sehr wohl verschiedene Verkäufer notwendig machen.

Will der Verkäufer aber zum Abschluß kommen, so muß er auf die Bedürfnisse seines Kunden eingehen und muß diesen in seiner Art eben so akzeptieren, wie er ist und nicht versuchen, ihn nach seinem Muster, nach seiner eigenen Stilrichtung zu manipulieren.

Denn zweifellos sind heute Angebot und Nachfrage die treibenden Kräfte des Wirtschaftsgeschehens. Es scheint, daß der Bedarf an bestehenden Produkten weitgehend gedeckt ist. Diese Aussage ist ungenau. Nur wenn wir uns an bestehenden Produkten orientieren, erscheint uns der Markt gedeckt. Setzen wir uns aber mit den Bedürfnissen der Menschen auseinander, die nicht oder noch nicht artikuliert wurden, die wir „auf die Welt bringen können", so erschließen sich uns neue und lukrative Wachstumsfelder.

Denn die Spannungen, in denen heute die meisten Menschen leben, sind entscheidend für das Dahinschwinden bisheriger Orientierungen und Abhängigkeiten und somit direkt mit der Entstehung neuer innerer und äußerer Zwänge, Mangelsituationen und somit neuen Bedürfnissen verbunden.

In der Maslowschen Bedürfnishierarchie sind die physischen Bedürfnisse heute für die überwiegende Mehrzahl der Menschen in den Industrieländern längst gedeckt.

Und trotzdem hat unsere heutige Gesellschaft ein neues, hohes Bedürfnis-
potential entstehen lassen:

**Individualismus, das Bedürfnis nach individuellem Erleben,
nach Selbstverwirklichung,**

**Neuorientierung mit dem Bedürfnis nach Authentizität, natür-
licher Umwelt, Gesundheit und Einfachheit,**

**Gemeinschaftssinn mit dem Bedürfnis nach Zugehörigkeit,
Anerkennung und Struktur.**

Diese Aspekte müssen heute unbedingt berücksichtigt werden. Das Verhaltensmodell bietet dazu den idealen Einstieg.

Es stellt sich nun aber die Frage:

Wie verhalten sich denn die einzelnen Stilrichtungen als potentielle Kunden
und, noch wichtiger, was erwarten sie von Ihnen als Verkäufer?
Zukünftig sollte sich Ihre Terminvorbereitung nicht nur auf die technischen
und kommerziellen Unterlagen beschränken.

Überlegungen zur Persönlichkeit Ihres Gesprächspartners und darüber,
wie er sich aller Voraussicht nach verhalten wird, müssen unbedingt mit
einfließen.

**Wie wird sich der Käufer voraussichtlich verhalten, und wie können
Sie vorgehen?**

Bei einem Promoter

Seine extrem hohe Aufgeschlossenheit und seine Selbstsicherheit besche-
ren ihm oft visionäre Ziele. Seine Inspirationen lassen ihn immer wieder
und auch gerne Risiken eingehen.

Vorgehensweise:
Sprechen Sie über Menschen, Erfahrungen und Meinungen. Erzählen Sie
auch über sich selbst. Vermeiden Sie unter allen Umständen jede trockene
Argumentation.
Appellieren Sie unbedingt an seine Innovationsfreude, denn alles Neue
reizt ihn besonders.

Und denken Sie immer daran, daß er sich mit dem, was er erstehen will, darstellen können muß, daß er es anderen Menschen erzählen und zeigen will.

Bei einem Helfer

Er kann sich sehr gut in die Bedürfnisse anderer Menschen einfühlen. Er spürt, was in Ihnen als Verkäufer vorgeht. Wenn es irgendwie geht und vor allem, wenn Sie ihm sympathisch sind und wenn es auch noch einigermaßen zu rechtfertigen ist, so wird er Ihnen helfen. Er wird bei Ihnen kaufen.

Denn letztlich will er auch sich selbst helfen.

Er hat wieder ein Problem vom Tisch, das ihn schon tagelang beschäftigt hat.

Vorgehensweise:
Stellen Sie einen emotionalen Kontakt her. Bleiben Sie natürlich und gebrauchen Sie keine rauhe Sprache. Sprechen Sie offen über Zweifel, Fehler und Ängste. Zeigen Sie aber vor allem Verständnis für seine Probleme, zeigen Sie Lösungswege auf und helfen Sie ihm, die Entscheidung zu treffen, aber ohne Druck auszuüben.

Bei einem Analytiker

Er geht sehr systematisch an seine Arbeit. Und vor allem sammelt er alle irgendwie auffindbaren Daten und Fakten. Diese werden gewissenhaft ausgewertet, aufgelistet und kritisch betrachtet. Erst dann beginnt der Entscheidungsprozeß. Bedenken Sie, daß er alle Ihre Aussagen nicht nur hinterfragt, sondern auch überprüft. Denn er kennt immer jemanden, den er fragen kann, der ihm noch weitere Informationen liefern kann.

Vorgehensweise:
Bereiten Sie sich sehr sehr gut vor. Erarbeiten Sie alle irgend- möglichen Fakten, Preise und sonstigen Zahlen. Leistungsvergleiche und Beispielrechnungen liebt er besonders. Vergessen Sie nicht Ihre Referenzliste. Übertreiben Sie nicht. Und bedenken Sie, eine zweite Chance erhalten Sie nicht.

Wenn Ihnen etwas fehlt, so flüchten Sie sich nicht in Ausreden. Sagen Sie klar, bis wann Sie die Unterlagen nachliefern.

Bei einem Antreiber

Seine eher geringe Aufgeschlossenheit läßt ihn sehr schnell zur Sache kommen. Er geht ein Gespräch sehr pragmatisch an und haßt jeden Zeit-verlust. Es kann geschehen, daß er Sie gleich zu Beginn unter Streß setzt, indem er Ihnen klar sagt, daß er Ihnen maximal 15 Minuten gibt, um ihn zu überzeugen, Ihr Produkt zu kaufen.

Vorgehensweise:
Auf diese Zeitgrenze sollten Sie unbedingt eingehen und versuchen, sie einzuhalten.
Treten Sie aber trotzdem präzise und bestimmt auf. Kommen Sie sofort zur Sache und beschränken Sie sich auf die Hauptargumente. Stellen Sie die drei, vier wichtigsten Punkte, knapp, aber überzeugend dar. Vermeiden Sie nebensächliches Geplauder.

Bei einem Springer

Wenn er Sie mag, so möchte er gerne mit Ihnen ins Geschäft kommen. Er kann auch zeigen, daß er Ihr Angebot attraktiv findet. Aber Vorsicht, der analytische Teil in ihm verlangt Analysen, Bewertungen, bzw. Auswertun-gen.

Er will seriös abwägen können. Ihre Unterlagen sieht er mit Interesse durch, und wenn sie ihm plausibel erscheinen, dann haben Sie schon fast gewonnen. Aber eben nur fast, denn für seine Entscheidungen nimmt er sich sehr viel Zeit.

Vorgehensweise:
Verknüpfen Sie die menschlichen Belange mit den sachlichen Aspekten. Genauso sollten Ihre Unterlagen gestaltet sein. Suchen Sie im Gespräch eine ausgewogene Mischung zur Darstellung der humanitären und techni-schen Vorteile. Bereiten Sie sich gut vor, denn er wird viel, sehr viel hinter-fragen.

Wo liegen nun die Stärken und Schwächen der Hauptstilrichtungen im Verkauf?

Wie erfüllen sie Ihre Aufgaben? Welche Stärken und welche Schwächen sollten berücksichtigt werden? Wo werden sie idealerweise eingesetzt?

Der Promoter

Stärken:
Er verkauft nicht Technik, sondern Lebensgefühl. Er geht die Aufgabe mit viel Enthusiasmus an, ist mitreißend und verfügt über einen großen Bekanntenkreis.
Er pflegt seine Beziehungen, denn sie sind ein Teil von ihm. Er kann buchstäblich „einem Eskimo einen Kühlschrank verkaufen". Wenn eine Schuhfabrik ihn nach Afrika schickt, sieht er Riesenchancen, denn die Menschen laufen fast alle barfuß durch die Gegend.

Schwächen:
Er gibt sich nicht die Mühe, das Bedürfnis seines Kunden zu analysieren, zu verstehen. Er hat immer viele „Bälle" in der Luft, ist aber nicht ausdauernd, sondern impulsiv, oft heftig und überfahrend, übertreibend und verliert schnell das Interesse. Gezieltes Nachfassen ist nicht seine Stärke.

idealer Einsatz: **Luxusartikel**
Sportartikel
Mode
Spontanprodukte
Neueinführungen
Mediaprojekte

Der Helfer

Stärken:
Er analysiert die Bedürfnisse seines Kunden rein gefühlsmäßig. Er übertreibt nicht, ist (oft fast zu) ehrlich. Er ist ein perfekter Zuhörer und kann so zum „Freund" des Kunden werden, ist auf eine unaufdringliche Art sehr ausdauernd, drängt sich aber trotzdem nicht auf. Er ist ein sehr geduldiger Berater, der selten die Ruhe verliert.

Schwächen:
Oft bestimmt der Kunde den Ablauf des Verkaufsgesprächs. Dabei läßt er sich gerne helfen und merkt oft zu spät, daß er eigentlich ausgenutzt wird, denn er ist oft leicht beeinflußbar.

idealer Einsatz: **Berater in Bereichen in denen der Mensch im Vordergrund steht**
Diplomat
bei Firmen mit mehreren Entscheidungsträgern
Stammkundenpflege

Der Analytiker

Stärken:
Er besticht durch Sachkompetenz und Detailwissen. Er ist ideal für eine langfristige, aber technische Verbindung mit dem Kunden.
Seine Ausdauer ist sprichwörtlich, und seine Verkaufsunterlagen sind bis ins letzte Detail mustergültig und immer auf dem neuesten Stand.
Bei hochtechnischen Produkten wirkt er ausgesprochen vertrauensfördernd.

Schwächen:
Er ist sehr skeptisch gegenüber neuen Ideen, und er zeigt das auch. Er kann nicht improvisieren und wirkt oft etwas akademisch, ja distanziert, und läßt es den Kunden spüren, wenn er entdeckt, daß er besser informiert ist.
Er arbeitet nach einer klaren Checkliste und verliert dadurch an Kreativität.

idealer Einsatz: **EDV**
Versicherung
Bank
Vermögensberatung
hochwertige Investitionsgüter

Der Antreiber

Stärken:
Er kann sich klare Ziele und Prioritäten setzen und ist in der Lage, mit wenigen Fakten zu überzeugen. Zudem erreicht er eine sehr hohe Besuchsfrequenz und setzt die richtigen Schwerpunkte bei wichtigen Kunden. Er wirkt sehr zuverlässig und ist oft auch kompetent, und er arbeitet hart, um sein Ziel zu erreichen.

Schwächen:
Er hat wenig Verständnis für die menschlichen Schwächen seines Kunden. Er nimmt sich oft zuviel vor, plant zahlreiche Termine und kommt so immer wieder in Zeitdruck. Es kommt vor, daß er versucht, für den Kunden zu entscheiden und überfordert ihn dadurch. Sein angespanntes Wesen läßt ihn oft sehr ungeduldig wirken, was seitens des Kunden nicht verstanden wird.

idealer Einsatz: **überall, wo eine Kämpfernatur gefordert ist und schnell Resultate und Klarheit erzielt werden müssen.**

Der Springer

Ohne herausragende Stärken und Schwächen ist er durch seine Vielseitigkeit eigentlich ein idealer Verkäufer. Er kann sich problemlos auf die anderen Stilrichtungen einstellen. Aber gerade diese Vielfalt kann ihm oft zum Verhängnis werden. Es kann vorkommen, daß der Kunde einen Mangel an differenziertem Engagement spürt und dadurch verunsichert wird. Sachkompetenz, Innovationsfähigkeit und menschliches Einfühlungsvermögen befähigen ihn aber, diese Hürde zu meistern und eine fast ideale Kundenbeziehung aufzubauen.

Idealerweise arbeitet der Springer im direkten Kundendienst und bearbeitet Reklamationen. Sein Einsatz ist in allen Branchen denkbar.

Eine kurze Vorbereitung auf das nun folgende Kapitel.

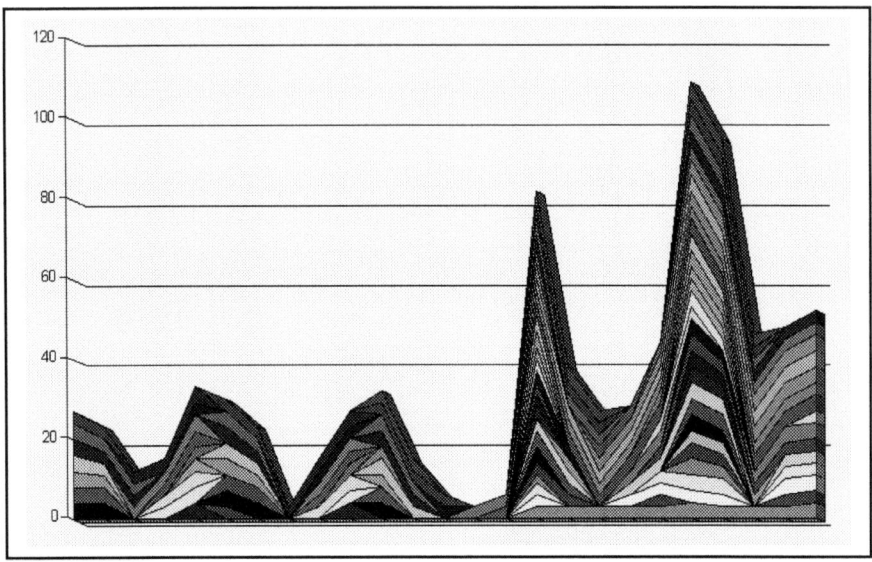

Mit dem Humansystem lassen sich beliebige Anforderungsprofile für eine Vielzahl von Aufgaben und Tätigkeiten im Management erstellen. Die geforderten menschlichen Qualitäten werden aus den 239 Eigenschaften ausgewählt und entsprechend den Vorstellungen den Geschäftsleitung quantifiziert. Es entsteht ein Bild der Stärken, die unbedingt erforderlich sind.
Nicht tolerierbare Schwächen sind in den Tälern der Landschaft erkennbar.

Das hier gezeigte Beispiel verdeutlicht die Summe von acht individuellen Beurteilungen eines Bewerbers.

Trotz kleinen Abweichungen wurde er mit der Aufgabe betraut. Er erfüllt die Erwartungen der Geschäftsleitung seit mehr als sechs Jahren.

▸ **www.verhaltensmodell.de** und **www.humansystem.ch**

Die notwendigen Analysen und Auswertungen sind in der Praxis erprobt und stehen Ihnen zur Verfügung.

13. Anwendung im Management

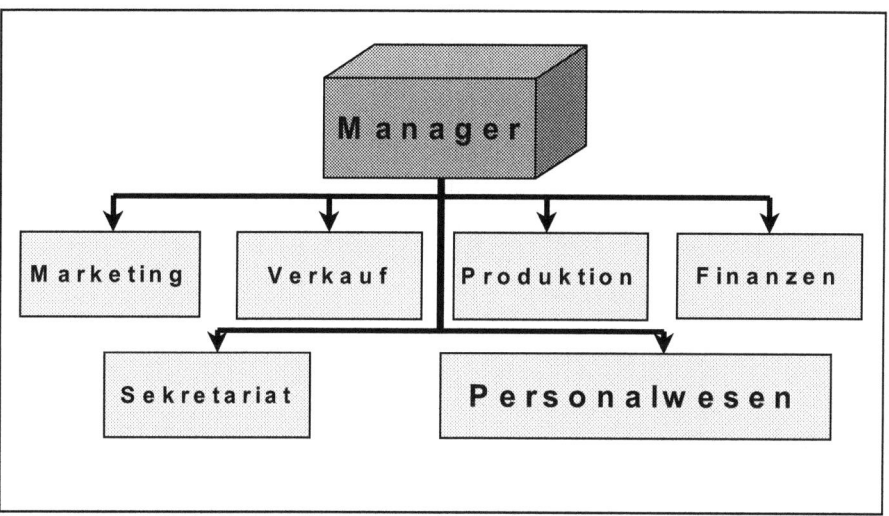

Ein typisches Organigramm, wie es in vielen Firmen und Organisationen angewendet wird.
Doch was steckt dahinter?

Beginnen wir mit einer **Checkliste**, einem kleinen Test und Sie überdenken dabei Ihr eigenes Führungsverständnis

Diese Checkliste ist kein Multiple-Choice-Test, der Ihnen verrät, ob Sie Ihre Führungsaufgaben „richtig" oder „falsch" angehen. Führung ist zu komplex, als daß sie sich in ein Schwarz-Weiß-Schema pressen ließe.
Die Fragen sollen Sie jedoch sensibilisieren, sich Ihrer persönlichen Stolpersteine im Führungsverhalten bewußter zu werden. Sie orientieren sich an den Maximen Glaubwürdigkeit, Authentizität und Verantwortungsbewußtsein als den tragenden Säulen von Führungskompetenz.

Ziel ist hier nicht eine absolute und aussagekräftige Auswertung.
Machen Sie sich dabei vielmehr Gedanken über Ihr eigenes Führungsverhalten und erleben Sie die Sensibilisierung zu einigen Ihrer Handlungsfelder und auch Handlungsmuster.
Einige der Erkenntnisse werden Sie ermutigen, sogar stolz machen, andere eher etwas nachdenklich stimmen.

Dennoch folgt anschließend eine mögliche Auswertung für einen „Musterchef".

Beantworten Sie die Fragen einfach mit Ja oder mit Nein. Und überlegen Sie bitte nicht lange, sondern beantworten Sie die Fragen so zügig wie möglich.

1.
Betreibe ich eine aktive, offene und kontinuierliche Informationspolitik?

Ja ☐   Nein ☐

2.
Bin ich bereit, meine Mitarbeiter mit unangenehmen Wahrheiten zu konfrontieren?

Ja ☐   Nein ☐

3.
Dürfen das auch umgekehrt meine Mitarbeiter mit mir, ohne mit Repressalien rechnen zu müssen?

Ja ☐   Nein ☐

4.
Reagiere ich auf Widerstände der Mitarbeiter gegenüber Veränderungsprozessen, indem ich in alte Verhaltensmuster zurückfalle, wie Ausspielen der Vorgesetztenfunktion?

Ja ☐   Nein ☐

5.
Bin ich bereit, meine Ansichten immer wieder selbst in Frage zu stellen?

Ja ☐   Nein ☐

6.
Suche ich die Konfrontation mit meinen eigenen Widerständen und Vorurteilen?

Ja ☐   Nein ☐

7.
Akzeptiere ich Angst und Unsicherheit bei mir selbst?

Ja ☐   Nein ☐

8.
Akzeptiere ich Angst und Unsicherheit bei meinen Mitarbeitern?

Ja ☐   Nein ☐

9.
Bin ich bei Entscheidungen konsequent?

Ja ☐   Nein ☐

10.
Setze ich einmal getroffene Entscheidungen auch wirklich konsequent um?

Ja ☐   Nein ☐

11.
Ertappe ich mich häufiger dabei, daß ich sie peu à peu zurücknehme und Kompromisse zulasse, von denen ich nicht wirklich überzeugt bin?

Ja ☐   Nein ☐

12.
Investiere ich für meine Mitarbeiter die Mühe und Zeit, meine revidierten Entscheidungen zu begründen?

Ja ☐   Nein ☐

13.
Verteile ich Aufgaben an die Mitarbeiter entsprechend ihrer jeweiligen persönlichen Kompetenz und Qualifikation?

Ja ☐   Nein ☐

14.
Dominieren manchmal meine persönlichen Sympathien vor der eigentlich „vernünftigeren" Wahl?

Ja ☐   Nein ☐

15.
Sind mir die Gründe bewußt, warum ich manche Mitarbeiter persönlich bevorzuge?

Ja ☐   Nein ☐

16.
Wissen meine Mitarbeiter, was ich von ihnen erwarte?

Ja ☐   Nein ☐

17.
Wissen Sie, welche Kompetenzen und Entscheidungsspielräume sie haben, für welche Bereiche sie verantwortlich sind?

Ja ☐   Nein ☐

18.
Benutze ich meine Position, um persönliche Interessen (z.b. eigene Karriereziele) durchzusetzen, auch wenn diese für meine eigentlichen Führungsaufgaben und mit Blick auf die gemeinsamen Unternehmensziele von nachrangiger Bedeutung sind?

Ja ☐   Nein ☐

19.
Spreche ich Konflikte und Spannungen an?

Ja ☐   Nein ☐

20.
Bin ich bereit zu akzeptieren, daß auch mein Verhalten Anlaß für Konflikte sein kann?

Ja ☐   Nein ☐

Welche meiner Verhaltensweisen will ich in Zukunft ändern?

1. ....

2. ....

3. ....

4. ....

5. ....

6. ....

7. ....

Zum Beispiel weniger aggressiv zu sein?

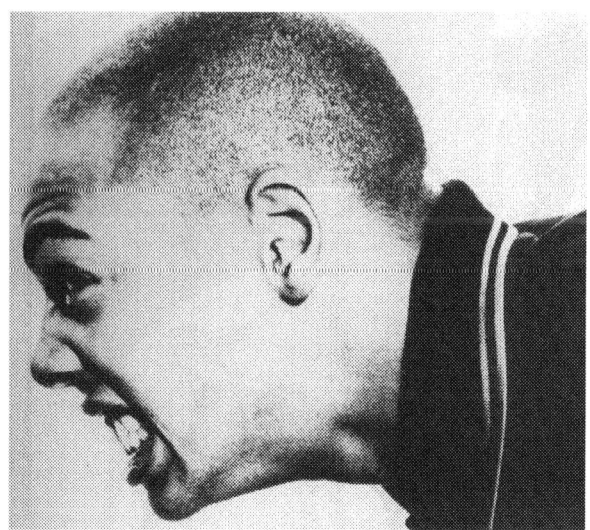

Oder etwas weniger Konzilianz zeigen?

Wie würden wohl die beiden jungen „Manager" diese Fragen beantworten?

Betrachten Sie sich die Bilder und denken Sie einfach einige Zeit darüber nach.

Schreiben Sie sich die Ergebnisse, Ihre Gedanken auf und vergleichen sie mit der folgenden Auswertung. Vergessen Sie dabei nicht Ihre eigenen Antworten, die Sie doch sicher spontan gegeben haben.

Testauswertung

Frage	Ja	Nein	Frage	Ja	Nein
1	▓		11		▓
2	▓		12	▓	
3	▓		13	▓	
4		▓	14		▓
5	▓		15	▓	
6	▓		16	▓	
7	▓		17	▓	
8	▓		18		▓
9	▓		19	▓	
10	▓		20	▓	

Nun, sind Sie so ein „Mustermanager"? Wenn nicht, so erkennen Sie jetzt zumindest Ihren Handlungsbedarf.

Überprüfen und verbessern Sie gegebenenfalls Ihre Kondition und Ihre Arbeitstechnik, genauso wie der Leistungssportler, der sich immer wieder im Wettbewerb behaupten muß, der wie ein Perpetuum Mobile, einmal in Gang gesetzt immer zu Höchstleistungen und der Zufriedenheit und Lustbarkeit aller Beteiligten, seines Umfeldes, funktionieren muß.
Denn im übertragenen Sinne sind auch Führungskräfte Leistungssportler. Beide konzentrieren sich auf:

eine Phase ihres Lebens, in der sie Höchstleistungen vollbringe wollen und auch müssen.

Beantworten Sie nun die folgenden Fragen für sich selbst und überprüfen Sie Ihre Antworten mit den Angaben zu den möglichen Aussagen der Hauptstilrichtungen, die ich als Autor des Verhaltensmodells diesen in den Mund gelegt habe.
Die Aussagen wurden bei über 50 Probanden hinterfragt und sind daher recht aussagekräftig. Die Beantwortung erfolgte in der Mehrzahl sehr genau entsprechend der vorher durchgeführten Persönlichkeitsanalyse und wurde von den Testpersonen auch als richtig anerkannt.

Persönliches Management[39]

➡ **Formuliere ich von Zeit zu Zeit meine Hauptaufgaben schriftlich?**

Ihre Antwort: ....

....

Promoter	Nie, die sind mir immer klar!
Helfer	Oft, nur dann, wenn es anderen und mir nützt!
Analytiker	Immer, anders kann es nicht funktionieren!
Antreiber	Müßte sein, aber meine Zeit reicht oft nicht!
Springer	Selten, ich lege mich nur ungern fest!

➡ **Habe ich ein System der Verarbeitung und Wiederfindung eingehender Informationen?**

Ihre Antwort: ....

....

Promoter	Nein, das was ich brauche habe ich im Kopf.
Helfer	Eigentlich ja, bloß bin ich immer am Suchen.
Analytiker	Selbstverständlich!
Antreiber	Eigentlich ja, wenn jemand die Ablage macht.
Springer	Ja, sonst vergesse ich zu viele Dinge.

➡ **Lege ich in diesem Zusammenhang Ziele und Teilziele eindeutig fest?**

Ihre Antwort: ....

....

....

....

....

---

[39] Nach Dieter Stoppe, Berater bei „Vier M", Leichlingen, publiziert im „management berater",
Mai 1998

Promoter	Nein, warum auch, engt mich zu sehr ein.
Helfer	Nein, ich kann dann nicht auf andere eingehen.
Analytiker	Ja, anders zu arbeiten ist nicht seriös!
Antreiber	Oft, hindert mich aber spontan zu entscheiden.
Springer	Manchmal, nur wenn absolut notwendig.

➡ **Sind mit meinen engsten Mitarbeitern Controlling-Termine fest vereinbart?**

Ihre Antwort: ....

....

Promoter	Nein, das machen wir, wenn es notwendig ist.
Helfer	Ja, denn Mitarbeitergespräche sind mir wichtig.
Analytiker	Ja, aber nur wenn es etwas zu sagen gibt.
Antreiber	Ja, Rapporte erfüllen immer ihren Zweck.
Springer	Zum Meinungsaustausch, ja!

➡ **Delegiere ich regelmäßig Aufgaben, aus denen ich nichts mehr lernen kann?**

Ihre Antwort: ....

....

Promoter	Ja, vor allem wenn sie mir keinen Spaß machen.
Helfer	Selten, es sind doch eh alle überlastet.
Analytiker	Nein, denn etwas kann ich immer daraus lernen.
Antreiber	Ja, mit Kleinkram gebe ich mich nicht ab.
Springer	Ja, denn oft sind andere besser geeignet als ich!

➡ **Überprüfe ich regelmäßig meine Arbeitsmethodik?**

Ihre Antwort: ....

....

Promoter	Nein, wozu auch?, Sie ist doch gut!
Helfer	Selten und nur dann, wenn es andern hilft.
Analytiker	Nein denn sie ist effizient und daher gut.

Antreiber	Das habe ich nicht nötig!
Springer	Habe ich das?

➡ **Habe ich ein methodisches Zeitmanagement, das berufliche und private Belange berücksichtigt?**

Ihre Antwort: ....

....

Promoter	Nein, brauche ich kaum.
Helfer	Ja, schränkt mich aber schon sehr ein.
Analytiker	Ja!
Antreiber	Ja, aber nur für geschäftliche Termine.
Springer	Ja, ist aber nicht immer auf dem neuesten Stand.

➡ **Gebe ich meinen Aufgaben und Aktivitäten eine eindeutige Priorität?**

Ihre Antwort: ....

....

Promoter	Was mir Freude macht, hat erste Priorität.
Helfer	Priorität kann nur der Mensch haben.
Analytiker	Ja, Sachprobleme haben aber erste Priorität.
Antreiber	Ja, kurzfristige Änderungen vorbehalten.
Springer	Da muß ich von Fall zu Fall entscheiden.

➡ **Stelle ich jeden Tag eine Liste mit Arbeitsaufgaben auf, die realistisch zu erledigen sind?**

Ihre Antwort: ....

....

Promoter	Nein, das ergibt sich so!
Helfer	Eigentlich ja, kann ich aber oft nicht einhalten.
Analytiker	Ja!
Antreiber	Ja, aber oft nehme ich mir zuviel vor.
Springer	Bin zu faul, diese Zeit nutze ich zur Erledigung.

➡ **Treffe ich stets rechtzeitig die Entscheidungen, sobald mir alle relevanten Informationen vorliegen?**

Ihre Antwort: ....

....

Promoter	Ja, so was geht bei mir schnell
Helfer	Ja!
Analytiker	Ja, wenn ich dann endlich alle Angaben habe.
Antreiber	Ja!
Springer	Sicher, aber wann habe ich alle Informationen?

➡ **Erledige ich Arbeiten, die auch andere verrichten könnten?**

Ihre Antwort: ....

....

Promoter	Warum sollte ich!
Helfer	Ja, oft!
Analytiker	Nein, wenn ich sehe daß die richtig arbeiten.
Antreiber	Ja, denn bis die in die Gänge kommen ...
Springer	Na ja, eigentlich zu oft.

➡ **Sind meine Sitzungen in Vorbereitung, Durchführung und Nacharbeit professionell?**

Ihre Antwort: ....

....

Promoter	Ja!
Helfer	Ja!
Analytiker	Selbstverständlich!
Antreiber	Ja, soweit notwendig!
Springer	Selten, weil: was kann auf mich zukommen.

➡ **Ist mein Reporting kurz und präzise?**

Ihre Antwort: ....

....

Promoter	Reporting, was ist das?
Helfer	Am liebsten mündlich!
Analytiker	Ja, denn Fakten lügen nicht.
Antreiber	Wenn es denn unbedingt notwendig ist.
Springer	Nein, denn viele Aspekte müssen einfließen.

➡ **Ergänze ich vorhandene Stellenbeschreibungen regelmäßig durch konkrete Aufgabenstellungen?**

Ihre Antwort: ....

....

Promoter	Nein, ich bin da flexibel!
Helfer	Ich möchte meine Mitarbeiter nicht einengen.
Analytiker	Ja, soweit der Sache nützlich!
Antreiber	Ja, denn sonst ist Delegation nicht möglich.
Springer	Nein, das ändert sich doch immer wieder.

➡ **Sorge ich für regelmäßige Leistungsbeurteilungen von oben nach unten und unten nach oben?**

Ihre Antwort: ....

....

Promoter	Ich beurteile immer richtig!
Helfer	Gibt nicht eh jeder sein Bestes?
Analytiker	Wenn möglich ja!
Antreiber	Meine Mitarbeiter beurteile ich immer.
Springer	Ja, denn ich will irgendwie wissen, woran ich bin.

➡ **Führe ich mindestens jährlich einmal eine geistige Revitalisierung in Form einer Seminarteilnahme durch?**

Ihre Antwort: ....

....

Promoter	Sehr gerne, ich lerne immer neue Leute kennen.
Helfer	Ja, wenn mir das Thema liegt!
Analytiker	Selten, ist meistens doch nichts Neues.
Antreiber	Ja, wenn es etwas bringt!
Springer	Ja, denn lernen ist ein Dauer-Prozeß.

➡ **Habe ich mit meinen maßgeblichen Mitarbeitern eindeutige Zielvereinbarungen getroffen?**

Ihre Antwort: ....

....

Promoter	Das geschieht immer dann, wenn notwendig.
Helfer	Warum soll ich? Sie leisten immer ihr Bestes.
Analytiker	Ja, aber ungern!
Antreiber	Selbstverständlich!
Springer	Ja, so gut ich das überschauen kann.

➡ **Überprüfe ich mindestens zweimal jährlich die Visionen des Unternehmens und die sich daraus ableitende Strategie?**

Ihre Antwort: ....

....

Promoter	Das mache ich täglich!
Helfer	Da verlasse ich mich auf meine Vorgesetzten.
Analytiker	Ja, aber man hört ja doch nicht auf mich.
Antreiber	Ja, denn ich setze schließlich die Strategien um.
Springer	Für mich ist das ein dauernder Prozeß.

➡ **Halte ich getroffene Zielvereinbarungen in jedem Fall schriftlich fest?**

Ihre Antwort: ....

....

Promoter	Selten!
Helfer	Nein!
Analytiker	Immer!
Antreiber	Oft!
Springer	Wenn irgend möglich!

➡ **Führe ich regelmäßige Feedback - Gespräche in der Teilzielkontrolle?**

Ihre Antwort: ....

....

Promoter	Nein!
Helfer	Selten!
Analytiker	Ja, zur Kontrolle!
Antreiber	Ja, ich will immer den Stand der Dinge kennen.
Springer	Ja, es ist immer wieder interessant.

➡ **Schließe ich regelmäßig einen Vertrag mit mir selbst, um die Zielerreichung abzusichern?**

Ihre Antwort: ....

....

Promoter	Ist doch selbstverständlich!
Helfer	Wenn absolut notwendig!
Analytiker	Ja!
Antreiber	Ja, denn das Ziel werde ich immer erreichen!
Springer	Wenn es denn sein muß!

Eine Firmenstruktur

In dieser Firma scheint das Humansystem offensichtlich geradezu optimal zu funktionieren.
Jeder Mitarbeiter ist entsprechend seiner Stilrichtung eingesetzt, somit im Bereich seiner Stärken genau am richtigen Platz. Sicher ist es eine reine Freude, für eine solch eine Firma zu arbeiten, aber auch sie zu führen.

Die Beispiel Handels GmbH & Co.KG

A: Verkaufsleiter (Bruder des Juniorchefs)

Ein eindeutiger Promoter mit großen Fähigkeiten im Denken und Reden. Er hat ein ausgeprägtes Empfinden für zwischenmenschliche Beziehungen, eine gute Auffassungsgabe, denkt schnell. Sein umfassendes Vorstellungsvermögen ermöglicht es ihm, sich schnell und richtig auf den Kunden einzustellen. In seiner Leitungsfunktion ist er eher anleitend, weniger handelnd.

B: Der Juniorchef

Er ist ein Promoter und ein Antreiber, ist selbstsicher, liebt den Wettbewerb und ist oft etwas eigenwillig.
Durch seinen Sinn für Objektivität ist er auch teamfähig und vor allem sehr hart arbeitend. Seine Willensstärke prädestiniert ihn als Nachfolger. Die Mitarbeiter empfinden ihn als menschlich, sympathisch, und sie werden ihn in seinen Aktivitäten und der Realisation von neuen Ideen unterstützen.

C: Der Senior

Ein eindeutiger Antreiber. Stark kontrollierend, oft hart und kalt und etwas distanziert. Schließlich hat er die Firma aus dem Nichts aufgebaut, da kann man doch nicht so einfach alles aus der Hand geben.
Die Jungen brauchen noch für einige Zeit eine harte Hand, denn schließlich geht es hier um mein Lebenswerk.

Ein Generationenkonflikt ist vorprogrammiert, denn die beiden Söhne haben naturgemäß eine ganz andere Meinung von Führung, Marketing und Hierarchie.

D: Betreibt den Einkauf als Sport

Sie ist eine Antreiberin mit analytischem Einschlag. Sie ist eine Individualistin, geschäftstüchtig, in allem, was sie unternimmt, effizient, tatkräftig und oft auch aggressiv. Sie weiß zu verhandeln, zu argumentieren, kann sich durchsetzen, kennt aber auch ihre Grenzen. Ihre analytische Komponente macht sie zu einer idealen Einkäuferin.

E: Chefsekretärin

Als eigentliche Springerin ist sie selbstbewußt, klug, clever und verfügt über ein gesundes Maß an Durchsetzungsvermögen. Durch ihre rasche Auffassungsgabe ist sie in der Lage, ihre Chefs wirksam und auf eine nette Art und Weise zu entlasten.

F: Sachbearbeiter Bestellwesen

Technisch sehr begabt, durchblickend und trotzdem immer abwägend, arbeitet er fleißig und auch gewissenhaft. Seine Art wirkt vertrauenerweckend und daher versteht er es, mit seinen Kunden auch in problematischen Fällen geschickt umzugehen.

G: Leiter Finanz- und Rechnungswesen

Gründlich, sachbezogen und immer sehr abwägend. Er sieht die Firma nur in Zahlen, alles andere interessiert ihn nicht. Trotz seiner etwas distanzierten Art ist er ein zuverlässiger Ratgeber für alle Chefs und Mitarbeiter. Dies, obwohl er ihnen mit seiner Hinterfragerei oft auf die Nerven geht.

H: Verkauf Innendienst

Sie ist eine wirkliche Mitarbeiterin. Sie arbeitet ruhig, loyal, freundlich und verständnisvoll jedem zu, der ihre Dienste in Anspruch nehmen will. Alle in der Firma wissen es: Man kann sich auf sie verlassen.

J: Sachbearbeiter Versand

Ein weiterer idealer Mitarbeiter. Er wirkt in all der Hektik immer ruhig, besonnen und zeigt, daß er den Überblick hat. Bei innerbetrieblichen Problemen fungiert er oft als Schiedsrichter. Die Chefs wissen das sehr genau und übersehen seine oft etwas übertriebene Menschenfreundlichkeit.

K: Sekretärin Innendienst

Sie ist arbeitsam, ruhig und trotzdem oft spontan. Ihre sympathische Art im Umgang mit Menschen gefällt und wirkt motivierend. Ihr Sachverstand befähigt sie, auch komplexe Probleme sach- und fristgerecht zu lösen. Ihr ist zu wünschen, daß die anderen Mitarbeiter das zwar nicht honorieren, aber zumindest mehr anerkennen.

L: Key-Account Manager

Durch seine analytische, ausdauernde und beratende Art hat er bei den wichtigsten Kunden einen hohen Stellenwert. Denn bevor ein anderer Lieferant angefragt wird, wendet man sich lieber an ihn.

M: Debitoren-Buchhalterin

Sie wirkt kühl, emotionslos und distanziert. In ihrem Beruf sind ihr nur Zahlungseingänge wichtig. Trotzdem bleibt sie oft abwägend und in Grenzen auch hilfsbereit. Aber letztes Endes muß die Kasse stimmen.

Um diese Firma erfolgreich weiterführen zu können und unter der Berücksichtigung der sich dauernd ändernden Wirtschaftslage sollte der Juniorchef nicht versuchen, der „Nachfolger" seines Vaters zu sein.

Der Einsatz seiner eigenen Stärken und somit seines eigenen Erfolgspotentials sollten im Vordergrund stehen.

Er sollte sich im Umgang mit sich selbst üben ...

Der Umgang mit sich selbst

Führung wurde lange als ein Prozeß verstanden, der sich hauptsächlich mit der Person des Geführten befaßte und mit der Gestaltung der Beziehung zu ihm.

Eine wichtige Rolle spielten außerdem die fachliche und technische Seite des Führungshandwerks.

Die Beziehung der Führungsperson zu sich selbst, der Umgang mit sich selbst, war leider lange Zeit ein Thema, das eher am Rande abgehandelt wurde.

Nun gewinnt aber die Fähigkeit einer Führungskraft, auch mit sich selbst umgehen zu müssen, zunehmend an Bedeutung.
Denn sich selbst zu führen wird immer mehr zu einer Schlüsseldisziplin.

Die Auffassung setzt sich durch, daß nur wirklich **„abgerundete" Persönlichkeiten** eine Chance haben, die im höheren Management heute verlangten Leistungen auf Dauer erbringen zu können, in ihrer Tätigkeit auch längerfristig einen Sinn zu sehen und sich dabei ihre Lebensfreude zu erhalten.
Abgerundete Persönlichkeiten sind Menschen, die sich selbst führen, indem sie ihre eigenen Fähigkeiten realistisch beurteilen und ihr persönliches Potential im körperlichen, geistigen und seelischen Bereich voll auszuschöpfen verstehen.

Die Bedeutung der „Persönlichkeit" im Verhältnis zu den eher fachlichen Kenntnissen und Fertigkeiten einer Führungsperson nimmt also zu.

Damit sind auch Ausbildungsverantwortliche vor die Frage gestellt, wie sie **die Entwicklung der Persönlichkeit bei Führungskräften mit den Mitteln der Ausbildung unterstützen wollen.**

Dem Leser, der eben erst beginnt, sich zu diesem komplexen Bereich Zugang zu verschaffen, sollen die nachfolgenden Überlegungen zur Ausbildung von Führungskräften den **Eintritt in die Materie** erleichtern.

Dem in der Führungsausbildung Erfahrenen mögen diese Überlegungen dazu dienen, die eigenen **Erfahrungen und Erkenntnisse zu vergleichen** und darin Bestätigung wie auch vielleicht einige Impulse zu finden.
Es erscheint mir daher wichtig, bei der Behandlung des delikaten Themenkreises vom Umgang mit sich selbst eine einseitige Betrachtung zu vermeiden.

Ich werde deshalb im Folgenden das Feld **von verschiedenen Seiten beleuchten,** von sich ergänzenden, aber auch teilweise widersprüchlichen und durchaus diskutierbaren Standpunkten aus, im Bewußtsein, es kaum vollständig erhellen zu können.

Zunächst werden wir uns mit den aktuellen und zukünftigen **Anforderungen** an eine Führungskraft befassen, in der Absicht, darin den

Begriff und die Bedeutung der menschlichen Qualifikationen als dem eigentlichen Engpaß einzugrenzen.

Ich erläutere hier ausführlich ein Menschenbild mit seinen Stärken und Schwächen, weil nach meiner Überzeugung eine solche Auseinandersetzung zum Wesentlichsten gehört, das zur Formulierung einer Ausbildungskonzeption und auch zur Schaffung von Führungsgrundsätzen eingesetzt werden sollte.

Denn erst wenn in dieser Ausgangslage Einigkeit besteht, sind weitere Bemühungen um Maßnahmen zur Persönlichkeitsentwicklung nutzbringend.

Es entstehen Anforderungen an Führungskräfte wie Fachwissen, Führungstechniken und menschliche Qualifikationen.

Die Anforderungen an eine Führungskraft lassen sich, etwas vereinfacht dargestellt, in **drei Bereiche** eingrenzen:

Solide Fachkenntnisse

Sie sind oft sehr unternehmens- und branchenspezifisch und umfassen Kenntnisse über eigene und Wettbewerbsprodukte mit ihren jeweiligen Vor- und Nachteilen, über Markt- und Kundenverhältnisse, Herstellverfahren und Kostenstrukturen. Je nach Funktion sind besondere Kenntnisse des Rechnungswesens, des Marketings, des Verkaufs und des Einkaufs erforderlich.

Führungstechniken

müssen beherrscht werden. Sie legen in Form von Regeln und Techniken das Vorgehen für bestimmte Situationen fest.

Dazu gehören etwa die bekannten „Management by..."-Theorien mit ihren Regeln zur persönlichen Planung und Zielfindung, Grundsätze der Konferenzführung, Richtlinien zur Gesprächsführung oder Möglichkeiten der Mitarbeiterqualifikation.

Das sind sicher alles in sich abgeschlossene und auch im einzelnen anwendbare Modelle. Wirklich einsatzfähig, nutzungsfähig sind sie aber nur im Verbund mit einem Humansystem.

Menschliche Qualifikationen

Zu diesem Bereich zähle ich die Fähigkeit, anderen zuzuhören, auf andere überzeugend zu wirken, eine Aufgabe mit Schwung anzupacken, erfolgreiche Beziehungen zu unterschiedlichen Mitarbeitern aufbauen zu können und dabei eigene Stärken mit den ihrigen in Richtung einer gemeinsamen Zielsetzung zu verbinden, in Einklang zu bringen. Oder schlicht: Harmonie herzustellen.

Zwischen den Bereichen des Fachwissens und der Führungstechniken und jenem der menschlichen Qualifikationen besteht ein nennenswerter Unterschied:

Während etwa die Funktionsweise einer Maschine oder die Regeln der persönlichen Zeiteinteilung für alle Führungskräfte die gleiche Gültigkeit haben, sind menschliche Qualifikationen weitgehend **durch die individuelle Persönlichkeit des einzelnen bestimmt.**

Alle drei Anforderungsbereiche sind etwa gleichermaßen wichtig; vor allem müssen sie alle in einem Mindestmaß erfüllt werden können.

Im Sinne einer Engpaß-Theorie werden aber die Grenzen einer Führungskraft von demjenigen Bereich bestimmt, in welchem ihre Fähigkeiten am schwächsten ausgeprägt sind.

Engpässe im Bereich der Persönlichkeit

Die Erfahrung lehrt uns folgendes:

In der Regel sind die Fähigkeiten des einzelnen im Bereich der Fachkenntnisse am besten ausgebildet, während in jenem der Führungstechniken einige Lücken feststellbar sind; einen Engpaß stellen hingegen oft die Fähigkeiten im Bereich der menschlichen Qualifikationen dar.

Die eigenen Stärken werden nicht nur nicht erkannt und daher nicht eingesetzt, sie werden schlicht vernachlässigt.

Auch Führungskräfte, die sich während Jahrzehnten systematisch fachlich weitergebildet und in einschlägigen Seminaren auch die nötigen Führungstechniken erlernt haben, arbeiten im menschlichen und zwischenmenschlichen Bereich **meist ausschließlich nach autodidaktisch erworbenen Erkenntnissen oder rein gefühlsmäßig.**

Sehr oft wird auch, bewußt oder zumindest unbewußt, davon ausgegangen, daß sich Fähigkeiten im Umgang mit anderen und sich selbst weder erlernen noch weiterentwickeln lassen.

Das stimmt nicht!

Die mangelnde Kenntnis der eigenen Person und ihrer Wirkungsweise auf andere, mit der auch ein Nicht-erfassen-können des Partners einhergeht, führt dazu, daß Regeln und Techniken undifferenziert, ohne Rücksicht auf die Erfordernisse der jeweiligen Situation angewandt werden.

Die Gefahr ist dabei relativ groß, sich der „falschen" Regel zu bedienen; man wirkt dann im besten Fall unecht, oft aber manipulativ und damit vertrauenszerstörend.

Sämtlichen Ausbildungs- und Führungsvorstellungen liegen meines Erachtens zumindest implizit bestimmte **Menschenbilder** zugrunde, d.h. vereinfachende Annahmen über das **„Wesen des Menschen"** und seiner Stellung in der Umwelt.

Der Versuch, diese durch eine Beschreibung erfaßbar und damit auch diskutierbar zu machen, scheint mir gerade für die Persönlichkeitsentwicklung von größter Bedeutung zu sein.
Denn im Gegensatz zu fachlichen oder führungstechnischen Bereichen, wo eher allgemeingültige Aussagen gemacht werden können, liegt schon im Ausdruck **„Persönlichkeitsentwicklung"** die Aussage, daß einzelne,

von Mensch zu Mensch unterschiedliche Merkmale der Persönlichkeit

weiterentwickelt und gefördert werden sollen. Dabei geht es hier nicht darum, zu definieren wie der Mensch der Zukunft sein könnte, sein sollte. Im Spannungsfeld des Angeborenen und Erworbenen kann sich primär nur eine Frage stellen:

Was kann ich verändern?

(Was paßt, was paßt nicht oder nicht mehr? Will ich denn überhaupt etwas verändern?)

Eine Arbeit mit Regeln, die für jedermann gültig sind, wird damit unmöglich; die **Formulierung von grundsätzlichen Annahmen** über diese Persönlichkeiten also eines Menschenbildes ist zur Vermeidung von Mißverständnissen daher **unumgänglich.**

Die Geschichte des Menschen ist am Zeitmaßstab der Erdgeschichte gemessen sehr kurz.

Der Mensch war von seiner anthropologischen Ausstattung her für ein Leben als Jäger und Sammler geschaffen, in dem sein Überleben vor allem vom kurzfristigen Reagieren auf Umwelteinflüße abhängig ist.

Die Wohlstandsgesellschaft im allgemeinen und die Aufgaben einer Führungskraft im besonderen verlangen aber von ihm viele Fähigkeiten wie: planen zu können, Wichtiges von Dringendem trennen und oft auch partielle Askese üben zu können.

Diese Aspekte sind für ihn neu und er ist in keiner Weise darauf vorbereitet.

Ein weiterer Gedanke:
Die Antwort auf die Frage nach dem Sinn des Lebens ist eng mit dem Zeithorizont des einzelnen gekoppelt. Die Frage und die damit verbundenen Zweifel stellen sich kaum bei einem längeren Zeithorizont.

Das Gefühl der Sinnlosigkeit tritt regelmäßig in Verbindung mit schrumpfendem Zeithorizont auf.

Das Verhalten des einzelnen wird bestimmt durch seine Bedürfnisse, seine Wertvorstellungen und Erwartungen.

Die Bedürfnisstruktur einzelner Menschen ist individuell unterschiedlich, von der Situation abhängig und sehr differenziert wandelbar.

Verhaltensänderungen lassen sich nicht allein durch rein rationale Vorsätze, die in der Ich-Person gefaßt werden, erreichen.

Jeder weiß eigentlich genau, daß er weniger rauchen, mehr Sport treiben, weniger essen, mehr Wichtiges tun müßte.

Wissen allein genügt nicht; Einsichten müssen verinnerlicht und habitualisiert werden, sollen gefühlsmäßig verankert und auch die früheren entwicklungsgeschichtlichen Bereiche des Menschen, die vitalen Bereiche der Tiefenperson, umfassen.

Der Mensch hat ein Verlangen nach Ganzheit. Er lebt nicht gern in einer segmentierten Welt, aufgeteilt in Körper und Geist, Gesundheit und Krankheit, Intellekt und Gefühl, Wissenschaft und gesundem Menschenverstand, Individuum und Gruppe, normal und verrückt, Arbeit und Spiel.

Er strebt vielmehr nach einem ganzheitlichen Leben.

In diesem Gedanken sind Gefühle, körperliche und psychische Energie und heilende Kräfte im Erleben integriert.[40]

Die Fähigkeiten des einzelnen Menschen sind sehr unterschiedlich ausgebildet und nur beschränkt wandlungsfähig.

Um Erfolg zu haben (wie auch immer dieser definiert wird), **genügt es nicht, stereotype Verhaltensregeln zu befolgen.**

Definieren Sie, was für Sie Erfolg bedeutet

Bedenken Sie dabei: Worin liegen eigentlich Ihr Potentiale, Ihre Stärken?

....

....

....

....

....

....

....

....

(Oder: Worauf wollen Sie zurückblicken können, wenn Sie pensioniert werden?)

Die Entwicklung des einzelnen hat bei den eigenen Stärken und Schwächen und vor allem bei der Ausschöpfung seines ureigenen Potentials anzusetzen.

---

[40] Carl R. Rogers, „Der neue Mensch", Klett-Cotta, Stuttgart 1981

Aus dem Blickwinkel der Ausbildung ist dabei weniger wichtig, über **welche** Grundeigenschaften jemand verfügt, sondern das diese **richtig eingesetzt** und **entwickelt werden**.

Die meisten Eigenschaften eines Menschen sind gleichzeitig sowohl als Stärken wie auch als Schwächen ausgeprägt.

Was ihn vermeintlich labil macht, macht ihn gleichzeitig anpassungsfähig.

Seine Begeisterungsfähigkeit hat möglicherweise den gleichen Ursprung wie seine Neigung zu einer gewissen Oberflächlichkeit.

Die Kenntnis der eigenen Stärken und Schwächen wie auch das Wissen um die eigene Entwicklungsfähigkeit sind Voraussetzungen, um auf einen Partner eingehen und seine ganz besonderen Eigenheiten erfassen und akzeptieren zu können.

> **Unterschiedliche Eigenheiten mehrerer an einem Prozeß beteiligter Personen erschweren zwar das gegenseitige Verständnis, machen dafür aber eine Zusammenarbeit fruchtbarer und interessanter:**

> **weil verschiedenartigste Stärken genutzt werden können.**

Und weiter:

Menschen verändern sich nicht durch Ausbildung, sondern nur durch sich selbst.

Letztlich geht es doch darum,

> **mit verschiedenen Persönlichkeiten erfolgreich zusammenarbeiten zu können und ihre Stärken für die gemeinsame Zielsetzung nutzen zu können. Und nicht darum, sich über ihre Schwächen zu ärgern.**

Um Mißverständnissen vorzubeugen sei hier betont, daß es sich bei diesen Zielsetzungen nicht um sogenannte Entweder/Oder Ziele handelt, die jeweils vollständig erreicht werden können oder müssen.

Die Fähigkeiten im Umgang mit sich selbst sind für jeden einzelnen von uns von weitreichender Bedeutung. Eine Reihe von Hinweisen und Beobachtungen aus der jüngsten Vergangenheit sprechen eindeutig dafür, daß diesem Problemkreis für

Führungskräfte oberer Chargen nun eine noch wesentlichere Aktualität zukommt.

Hoch in der Unternehmenshierarchie angesiedelte Führungskräfte verfügen scheinbar über größere Freiheiten; scheinbar, weil sie zwar keine Rechenschaft über ihren Zeitgebrauch ablegen müssen, dafür aber um so härter nach erreichten Zielen beurteilt werden. Sie erhalten keine unmittelbaren Arbeitsanweisungen mehr, sondern haben nach eigenem Ermessen generellen Richtlinien zu folgen.

Noch viel mehr als auf den unteren Stufen ist es von ihren eigenen Fähigkeiten abhängig, ob es ihnen, und damit auch ihren Mitarbeitern gelingt, neben Dringlichem auch längerfristige und wichtige Aufgaben anzupacken und zu erledigen, Weichen zu stellen und das Geschehen in der Umwelt ihrer Unternehmen aktiv mitzugestalten.

Zur Realisierung und Durchsetzung einer Strategie braucht es Führungskräfte mit einem weiten Zeithorizont.

Kommen Führungskräfte nur noch schwer mit sich selbst zurecht, verengt sich, zunächst fast unmerklich, dieser Zeithorizont.

Marketingpläne werden kurzatmiger; **man beginnt, zunehmend** auf Konkurrenzmaßnahmen **zu reagieren statt selbst zu agieren, man paßt sich an statt aktiv zu gestalten.**

Führungsmitarbeiter werden vermehrt mit Feuerwehreinsätzen beschäftigt, fühlen sich unter Druck gesetzt und kommen irgendwann mit den immer wieder neu aufflackernden Schwierigkeiten nicht mehr zurecht.

Führungskräfte neigen und haben auch Gelegenheit dazu, sich bei starker beruflicher Belastung fürs Ausstehen der „Widerwärtigkeiten des Lebens" selbst zu belohnen:

Sie essen etwas mehr, trinken, rauchen und wollen sich in so schweren Zeiten nicht noch mit sportlicher Betätigung abquälen.

Damit aber verschlimmern sie zusätzlich ihre Situation, indem sie ihren Körper auf völlig falsche Art belasten.

Die Aufgaben einer Führungskraft lassen sich in den meisten Fällen auf fast immer ungefähr gleichbleibendem, mittlerem Aktivitätsniveau erfüllen.

Sehr leicht geht aber dabei die Fähigkeit verloren, auf verschiedenen Aktivitätsniveaus tätig zu sein, sich einmal bis zum äußersten anzuspannen, sich aber auch kurzfristig völlig lockern zu können.

Dies ist ein Verlust von Flexibilität nach innen!

Mit dem Verlust dieser Fähigkeit gehen die Möglichkeiten zur Konzentration ebenso wie diejenigen des „Abschaltens" verloren.

Führungskräfte tragen Führungsverantwortung für ihre Mitarbeiter und sind außerdem meist auch für die Auswahl dieser Mitarbeiter zuständig.

Es liegt dabei auf der Hand, daß eine Fehleinschätzung der eigenen Stärken und Schwächen wie auch ein Nichterfassenkönnen von Stärken und Schwächen bestehender und potentieller Mitarbeiter katastrophale Folgen haben kann.
Diese Entwicklung ist um so gefährlicher, als sie sich meist unbemerkt vollzieht.

Finanziell steht das Unternehmen zunächst ausgezeichnet da, denn seine besten Kräfte beschäftigen sich ja mit Feuerwehreinsätzen, die sofort Geld einbringen.

Niemand merkt aber dabei, daß damit eine Hypothek auf die Zukunft aufgenommen wird.

Sind Führungsmitarbeiter, wie dies in der heutigen Wettbewerbssituation oft der Fall ist, äußerst stark belastet, wird mit Sicherheit nichts Wichtiges angepackt. Wichtige Aufgaben haben gegenüber Dringlichem die angenehme, aber trügerische Eigenschaft, daß sie sich fast unbeschränkt aufschieben lassen.

Allerdings ist man sich dabei meist nicht bewußt, daß dadurch potentielle Wettbewerbsvorteile, wie etwa Innovationen, ungenutzt bleiben
können.

Die bei Führungskräften oft anzutreffenden Phasen der Resignation, in der
- wie schon angedeutet - auch immer wieder die Sinnhaftigkeit der eigenen
Tätigkeit in Frage gestellt wird, ist fast immer

**die Folge eines drastisch zusammengeschrumpften Zeithorizonts und
der Zweifel an den eigenen Stärken.**

Sie gehen einher mit dem Gefühl, nicht mehr über die eigene Zeit bestimmen zu können, „gearbeitet zu werden" anstatt selbst zu gestalten, sind
verbunden mit Streß oder besser: Dekompensationserscheinungen, wie
Augenflattern, plötzlichem heftigen Herzklopfen, unerwartetem Aufwachen
mitten in der Nacht, Handschweiß usw.

Diese Überlegungen zeigen deutlich, das Führungskräfte ihrer besonderen
Aufgaben wegen in höherem Maße **gefährdet sind**; erfahren sie Schwierigkeiten im Umgang mit sich selbst, so sind die **Auswirkungen auf das
Unternehmen und auf ihre Mitarbeiter** von oft unübersehbarer Tragwei-
te.

Beurteilungskriterien vermitteln

Im Rahmen dieses Buches kann es nicht darum gehen, erschöpfende
methodische Hinweise zur Planung und Realisierung von Ausbildungsmaßnahmen im Bereich der Führung der eigenen Person darzustellen.

Grundsätzlich sind dieselben Grundregeln anwendbar, wie sie für eine
humanistische Managementschulung gelten und bereits verschiedent-
lich beschrieben worden sind.

Es versteht sich von selbst, daß gerade in diesem Ausbildungsbereich
Transfermaßnahmen besonders sorgfältig geplant werden müssen und
auch eher **neuere Lernarten,** wie das Führen eines Lerntagebuches,
Lernpartnerschaften, individuelle Vorsatzbildung und Einführungsplanung,
einzusetzen sind.

Im Bereich der Persönlichkeitsentwicklung wird inzwischen eine Vielzahl
von Modellen, Typologien und Programmen angeboten: Blake Mouton,

Hersey Blanchard, Transaktionsanalyse, Struktogramm, Gordon, um nur ein paar zu nennen.
Sie können oft nur schwer auf ihre Wirksamkeit hin beurteilt werden. Eine Gegenüberstellung scheint mir äußerst schwierig, da viele dieser Modelle einander verwandt sind und sich überschneiden.
Gleichzeitig werden außerdem unter den verschiedensten Bezeichnungen dieselben Programme angeboten.
Eine Methode zur Menschenkenntnis ist dann einfach erlernbar,

wenn sie vom Lernenden / Individuum schnell und leicht mit seinen individuellen Erfahrungen verbunden werden kann und es ihm erlaubt,
persönliche Erlebnisse der Vergangenheit zu interpretieren.

Das bedeutet,

Lernerfolge müssen in die tägliche Arbeit
umgesetzt werden können.

Viele der im Rahmen einer Persönlichkeitsschulung erarbeiteten Überlegungen und Erkenntnisse mögen für den einzelnen neu und interessant sein, lassen sich aber oft nur bedingt zur Lösung der Probleme seiner täglichen Arbeit gebrauchen.

Ausschlaggebend für die Wirksamkeit
Von Ausbildungsmaßnahmen
Ist jedoch für ihn die Möglichkeit,
durch erfahrene Lernerfolge
seine Leistungsfähigkeit zu erhöhen.

Die bisher in der Ausbildung erlernten Modelle und Methoden der Menschenbeurteilung müssen deshalb revidiert werden. Sie müssen:

➡ **Aussagen über die Persönlichkeit von Mitarbeitern und Vorgesetzten zulassen, von denen konkrete Handlungsweisen abgeleitet werden können.**

Aussagen wie: „Sie sind vornehm zurückhaltend und haben trotzdem eine natürliche Art, sich durchzusetzen" helfen hier nicht weiter.

➡ **zur Mitarbeiterbeurteilung auf beobachtbaren Merkmalen aufbauen, die leicht zu erkennen sind.**

Es genügt nicht, wenn der Vorgesetzte erst nach sechs Besprechungen zu einer Beurteilung kommen kann oder aber dazu von Beobachtungstatbeständen des Mitarbeiters ausgeht, die für ihn empirisch nicht wahrnehmbar sind.

➡ **Lernerfolge vermitteln, die sich leicht mit den vorhandenen Kenntnissen der Führungstechnik und dem früher erworbenen Fachwissen verbinden lassen.**

Die durch das Ausbildungsprogramm erworbenen Erkenntnisse **dürfen nicht auf der Stufe der Führung an sich stehenbleiben**, sondern müssen Lösungen für konkrete Führungssituationen im Fall von bestimmten Mitarbeitern eines festgelegten Vorgesetzten zulassen.

Zusammenfassend bleibt hier vorerst, aber nicht abschließend, folgendes festzuhalten:

**Potentialentwicklung ist wichtiger
als statische Beurteilung.**

Denken Sie dabei nur an die heute noch gängigen Formulierungen bei der Leistungs- und Führungsbeurteilung.

Die sogenannte „Zeugnissprache" besteht einzig aus floskelhaften Sätzen zur Beurteilung eines Menschen. Und vermeintlich sollen Sie die Qualität des Bewerbers herauslesen können:

Wir waren mit seinen Leistungen außerordentlich zufrieden.

Er zeigte für seine Arbeit ein hohes Verständnis und auch immer Interesse.

Sein Verhalten Vorgesetzten gegenüber war stets vorbildlich.

Er hat sich stets bemüht, die ihm übertragenen Aufgaben zu unserer Zufriedenheit zu erledigen.

Seine Leistungen waren stets sehr gut.

Sie sehen, aus diesen Beispielen läßt sich absolut kein Entwicklungspotential herauslesen. Sei nun die Aussage positiv oder eher negativ zu interpretieren, eine Beurteilung seiner Persönlichkeit und seines Wertes in

einer neuen Aufgabe, seiner Stärken und damit seines Entwicklungspotentials erhalten Sie dadurch nicht.
Im Rahmen einer Persönlichkeitsentwicklung sollen nicht in erster Linie Stärken und Schwächen der Führungskraft oder des Mitarbeiters beurteilt und festgenagelt werden, sondern es soll vielmehr ein **bestehendes Potential entwickelt werden**.

Es geht also weniger ums Formulieren der Eigenschaften eines idealen Mitarbeiters, eines Chefs, sondern darum, die gegebenen Eigenschaften möglichst gut zur Erfüllung einer bestimmten Aufgabe einzusetzen.

Vorurteilslose Betrachtungen zeigen sehr deutlich, daß erfolgreiche Vorgesetzte entgegen der landläufigen Meinung nicht unbedingt kontaktfreudig, wortgewandt und dynamisch sein müssen; auch eine schüchterne, zurückhaltende und auf den ersten Blick farblos wirkende Führungskraft kann brillant führen, wenn es ihr gelingt, ihre persönlichen Stärken einzusetzen, die in den fundierten Fachkenntnissen, in ihrer Beharrlichkeit, ihrem logischen Denkvermögen und ihrer sprichwörtlichen Zuverlässigkeit liegen können.

Entsprechende Meinungsäußerungen im Rahmen einer Persönlichkeitsschulung sollten deshalb Beteiligte nicht bewerten, sondern nur **die mit bestimmten Eigenschaften verbundenen Stärken und Schwächen** aufzeigen, was jemanden labil macht, macht ihn gleichzeitig auch anpassungsfähig und vor allem darlegen,

in welcher Weise Stärken gefördert und für eine Zusammenarbeit nutzbar gemacht werden können.

Voraussetzung dazu ist zunächst das Bejahen dieser Grundeinsichten. Gleichzeitig braucht es aber auch eine starke Motivation und vor allem die Überzeugung, daß ständiges Bemühen in Richtung einer Entwicklung nicht nur die eigene Leistungsfähigkeit, sondern damit verbunden auch die Lebensfreude erhöht.

Mit dem Postulat der Persönlichkeitsentwicklung wird gleichzeitig gefordert, daß die angewandte Methode möglichst keine Vorurteilsbildung fördern sollte.
Gerade jene Modelle, die durch ihre Praktikabilität bestechen, bergen oft in sich die Gefahr, daß sie zu Fehlurteilen führen, die dann nicht mehr überprüft werden.

Die eigene Person wie auch jene des Mitarbeiters werden aufgrund weniger und flüchtiger Beobachtungen klassifiziert und eingeordnet, die Methode wird vom Hilfsmittel zum Selbstzweck. Dabei geht wohl die wichtigste Erkenntnis jeder Persönlichkeitsschulung verloren, jene Erkenntnis nämlich,

daß keine Methode, kein Modell und kein noch so gutes Programm es je ermöglichen werden, eine Persönlichkeit abschließend zu erfassen.

Sie alle bleiben Hilfsmittel, die zwar Erkenntnisse über sich selbst und über andere vertiefen können, aber auch gleichzeitig die Gefahr von Fehlurteilen bewußter machen sollten.

Wie verhält sich mein Chef? [41]

Wenn Sie Mitarbeiter sind, so beurteilen Sie nun ruhig mal Ihren Chef.

Sind Sie Chef, so beurteilen Sie sich selbst und denken darüber nach.

Bewerten Sie die Fragen wie folgt:

nie	0	Punkte
manchmal	1	Punkt
regelmäßig	3	Punkte

1.
Werde ich über die betrieblichen Veränderungen klar und auch rechtzeitig informiert?

.... **Punkte**

2.
Werde ich auf neue Aufgaben sorgfältig vorbereitet?

.... **Punkte**

3.
Werde ich in Veränderungsprozesse mit einbezogen?

.... **Punkte**

4.
Werde ich in Entscheidungsprozesse mit einbezogen?

.... **Punkte**

---

[41] Aus Manager-Seminare Nr. 20, Juli 1995: Menschenführung

5.
Werde ich in Problemlösungsprozesse mit einbezogen?

| .... **Punkte** |

6.
Kenne ich eindeutig mein Aufgabengebiet und die damit verbundenen Entscheidungsbefugnisse?

| .... **Punkte** |

7.
Wie zuverlässig ist mein Vorgesetzter?

| .... **Punkte** |

8.
Kann ich meinen Chef / meine Chefin ansprechen, wenn ich unsicher bin?

| .... **Punkte** |

9.
Kann ich mit meinen Vorgesetzten auch über Themen reden, die außerhalb meines unmittelbaren Arbeitsgebietes liegen?

| .... **Punkte** |

10.
Wird Teamarbeit in unserem Unternehmen gefördert?

| .... **Punkte** |

11.
Bekomme ich Anerkennung für hervorragende Leistungen?

> .... **Punkte**

12.
Ist Kritik sachlich?

> .... **Punkte**

13.
Werden in Mitarbeitergesprächen persönliche Zukunftsperspektiven erörtert?

> .... **Punkte**

14.
Werden innerbetriebliche Weiterbildungsmöglichkeiten angeboten?

> .... **Punkte**

Total der Bewertungspunkte:

> .... **Punkte**

Auswertung:

Die maximal zu erreichende Punktzahl beträgt 42. Je höher die Punktzahl, desto besser ist das Betriebsklima.

Eigenschaften eines Managers

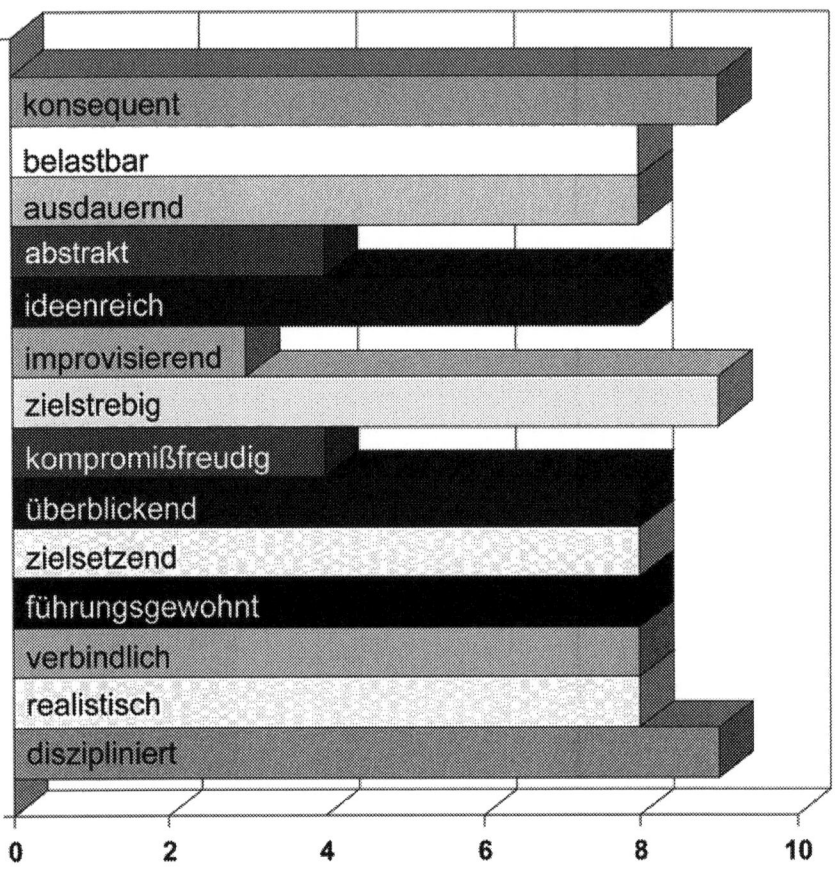

Konsequenz, Zielstrebigkeit und Disziplin sind in diesem Beispiel die ausschlaggebenden, zentralen Eigenschaften. Er soll auch führen und organisieren, nicht improvisieren.

Selbstverständlich werden diese Eigenschaften, je nach Branche und Firmenkultur oft auch unterschiedlich, ja gerade entgegengesetzt bewertet.

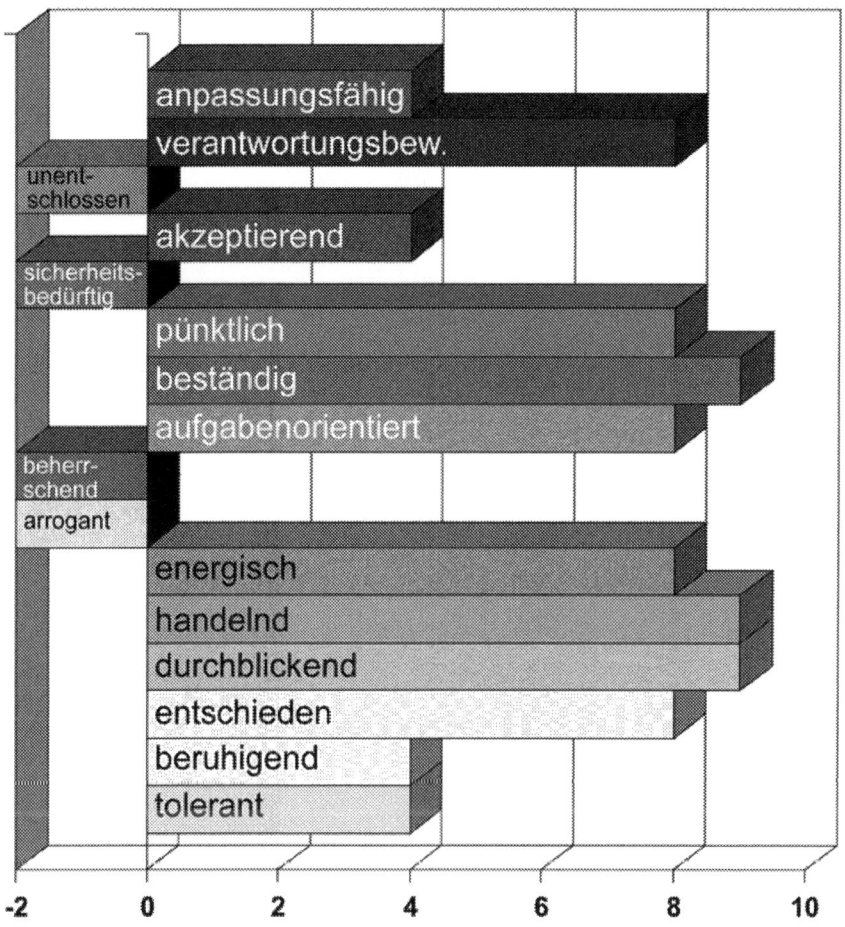

Unentschlossen und sehr sicherheitsbedürftig soll er nicht sein. Beherrschung der Mitarbeiter, ja Arroganz sind ebenfalls nicht gewünscht.

Hier wird ein konsensfähiger, durchblickender Manager gesucht, ein Manager, der mit der Kunst des „Primus inter pares" Prinzips umgehen kann.

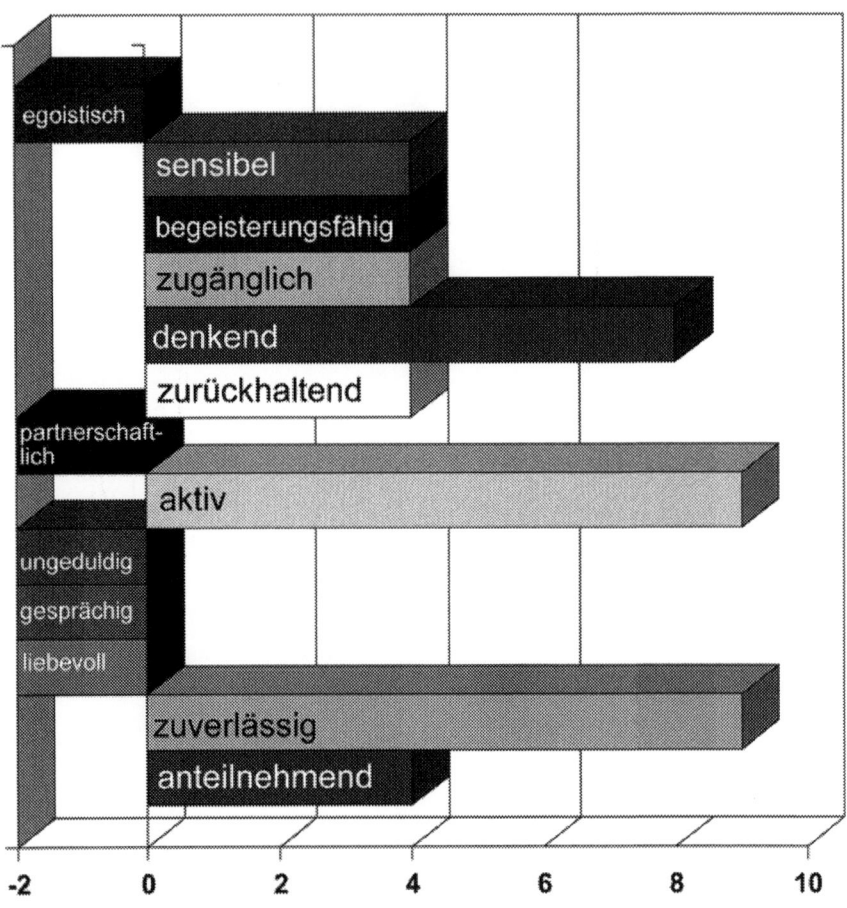

Sensibel sollte er schon ein wenig sein. Vor allem für geschäftliche Belange. Echte Partnerschaftlichkeit könnte aber eher hinderlich sein und auch die Begeisterungsfähigkeit sollte sich in gewissen Grenzen halten.

Und wie ist Ihre Bewertung?

....

....

....

....

....

....

....

....

....

....

....

....

....

....

....

....

....

....

Einige Führungsgrundsätze mit allgemeiner Gültigkeit

Ich habe die nach meiner Ansicht und Erfahrung wichtigsten Eigenschaften eines Managers zusammengefaßt und bewertet.

Die Diagramme sollen nur als Beispiel dienen, denn Auswahl und Bewertung sind von vielen unterschiedlichen Faktoren abhängig:

➡ **Persönlichkeit und Stilrichtung des Managers**

➡ **Wie er mit seiner Persönlichkeit umgeht**

➡ **Führungsgrundsätze**

➡ **Führungsrichtlinien**

➡ **Zielsetzungen**

➡ **Alter, Ausbildung und Erfahrung des Managers**

➡ **Region, Branche und Firmengröße**

➡ **Marktsituation, Konjunktur und Marketing**

Wenn aber diese grundsätzlichen Prämissen geklärt und festgelegt sind, so ist dieses Verhaltensmodell ein geeignetes Instrumentarium, um den richtigen Manager für die anstehende Aufgabe auszuwählen.

Und weiter:

1. Beachtung der SIEBEN W´s:

➡ **warum**   Sinnerfassung

➡ **wer**   Um welchen Kunden geht es?
Welcher Mitarbeiter soll sich mit ihm befassen?

➡ **wo**   Ort der Begegnung?

➡ **was**   soll besprochen werden?
Welches Ergebnis soll erzielt werden?

➡ **wann**   Ist es der richtige Zeitpunkt?

➡ **womit**   Vorbereitung hinterfragen

➡ **wieviel**   finanziellen Aufwand abwägen

2. Fragen stellen und aktiv zuhören

Den Gesprächspartner erkennen lassen, daß man ihn (und oft auch seinen Enthusiasmus) versteht.

3. Kommunikation

Keine Kommunikationssperren, keine übereilten Bewertungen und Vorwürfe.

4. Meinungsäußerung

Die eigene Meinung gefühlsmäßig richtig aber sachlich vertreten. Auf die Persönlichkeit des Gesprächspartners eingehen und sich seiner Eigenarten bewußt werden.

5. Die andere Meinung

Bei Meinungsverschiedenheiten eine Verhaltensänderung durch Überzeugen herbeiführen.
Werden Befehle erteilt oder wird die eigene Meinung ohne Begründung aufgedrängt, so wird das Vorhaben gefährdet.
Der Mißerfolg ist vorprogrammiert, der Besuch unter Streß „durchgezogen".

Das Resultat:

Kunde, Geschäftsleitung und Mitarbeiter, alle sind frustriert:

Hätte er mich doch bloß machen lassen ...
Wo der seine Finger drin hat, geht es schief ...
Wenn ich endlich alles so umsetzen könnte, wie ich mir das so ausgedacht habe ...

Verhaltensänderung durch Überzeugen

Überall, wo Menschen zusammenleben und zusammenarbeiten, sind Meinungsverschiedenheiten an der Tagesordnung. Die unterschiedlichen Stärken und Schwächen, unterschiedliche Wertvorstellungen und auch die jeweilige Tagesform, das Denken und Fühlen sind dafür verantwortlich.

Die weitaus häufigste Form von Meinungsverschiedenheiten ist die mehr oder weniger klar geäußerte Ablehnung.

Eine ablehnende Haltung in Zustimmung zu verwandeln, also eine für uns oder die Sache positive Verhaltensänderung herbeizuführen, kann nur durch Überzeugen bewirkt werden. (Im Gegensatz zum Befehl.)
Das Sicherheitsbedürfnis muß erkannt und akzeptiert werden. Durch Sicherheit werden Chancen erkennbar, was letztlich in eine positive Haltung, eben in Zustimmung mündet und dadurch einen Motivationsschub erzeugt.

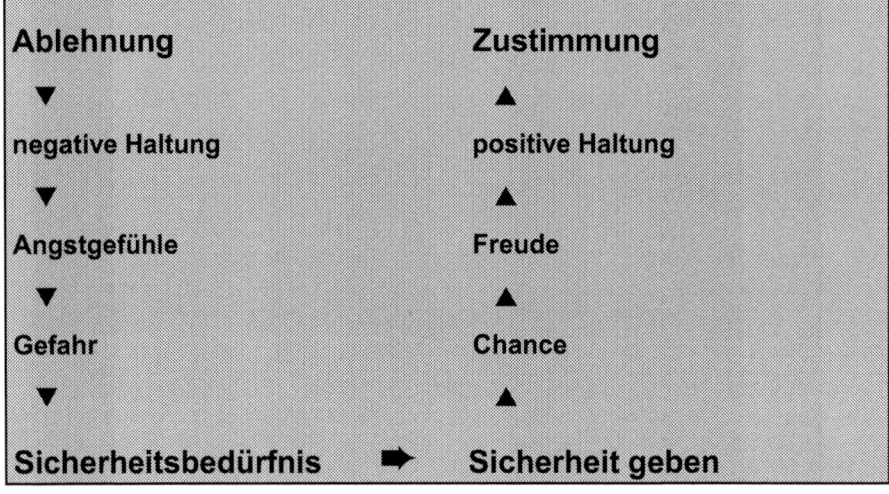

Ablehnung   Zustimmung

▼   ▲

negative Haltung   positive Haltung

▼   ▲

Angstgefühle   Freude

▼   ▲

Gefahr   Chance

▼   ▲

Sicherheitsbedürfnis   ➡   Sicherheit geben

Das Wecken latenter Sozialkompetenzen verbessert Ihr Betriebsklima.

Sozialkompetenzen[42]

Trotz heftiger persönlicher Anstrengung aller Mitglieder läßt die Teamleistung oft zu wünschen übrig.

Meist sind die Beziehungen innerhalb der Gruppe von Mißtrauen geprägt; Leistungsabgabe erfolgt nur bei entsprechender Gegenleistung – ein mühsames Geschäft! Führungskräfte können jedoch „verschüttete" Sozialkompetenzen bei ihren Teammitgliedern wecken, wenn sie wissen, wie.

In wie vielen Teams überlastet sich jeder einzelne, aber die Teamleistung ist trotzdem mangelhaft? Ursache sei der Mangel an Sozialkompetenzen, meinen die einen; nein, sagen die anderen, es fehle an „emotionaler Intelligenz". Beide schlagen Teamschulungen vor.

Als Führungskraft soll man aber vielmehr latente Sozialkompetenzen wecken und ein fruchtbares „Wir-Gefühl" seiner Mitarbeiter unterstützen.

Das steigert erheblich deren Leistungen und

**verbessert das Betriebsklima
durch den gezielten
Einsatz
der Stärken des einzelnen.**

---

[42] Aus „Mehr Wir-Gefühl" von Wolfgang Horn, Dipl.-Ing., Leiter der Akademie für natürliche Führung in München

Kompetenzfelder einer Führungskraft

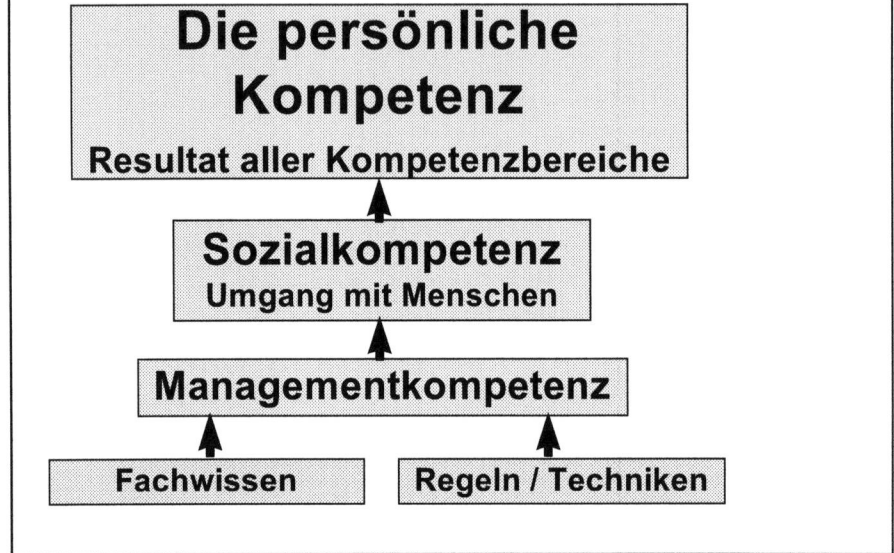

Und weil Führungskräfte bekanntlich oft Pragmatiker sind, folgt zunächst ein Vorschlag:

Werden Sie zum Könner Ihres Faches.
Suchen Sie ein „gemeinsames höchstes Ziel",
das Ihnen
und Ihren Mitarbeitern wichtiger ist
als alles andere in der Arbeit.

Formulieren Sie eine klare Zukunft für Ihre Unter-nehmenseinheit und für all deren Arbeitsplätze. Ihre operativen Ziele werden dann zum Mittel, die-ses **gemeinsame höchste Ziel** zu erreichen.

Antoine de St. Exupéry: „Wenn Sie mit Arbeitern ein Schiff bauen möchten, dann erklären Sie ihnen nicht, wie man ein Schiff baut, sondern lehren Sie ihnen die Sehnsucht nach dem Meere."

Verzichten Sie auf Mitarbeiter, die das **gemeinsame höchste Ziel** nicht teilen wollen und nicht über die dazu geforderten Stärken verfügen.

Und vor allem: Setzen Sie sich mit aller Konsequenz selbst für das **gemeinsame höchste Ziel** ein.

Tun Sie, was Ihnen zur Erreichung dieses Zieles zweckmäßig erscheint und wehren Sie unzweckmäßige Forderungen ab. Dadurch vermeiden Sie erkennbare Schwächen!

**Erklären Sie Ihren Mitarbeitern,
wie Ihre Entscheidungen
dem gemeinsamen
höchsten Ziel dienen.**

14. Die Erfolgsstory: Arbeit im Team

Teamarbeit ist eine humane, motivierende und hoch effiziente Form der Zusammenarbeit. Echte Teams sind zu absoluten Spitzenleistungen fähig, die die Ergebnisse üblicher Arbeitsgruppen weit übersteigen. Teams sind der grundlegende Baustein von zukunftsgerichteten Organisationen.[43]

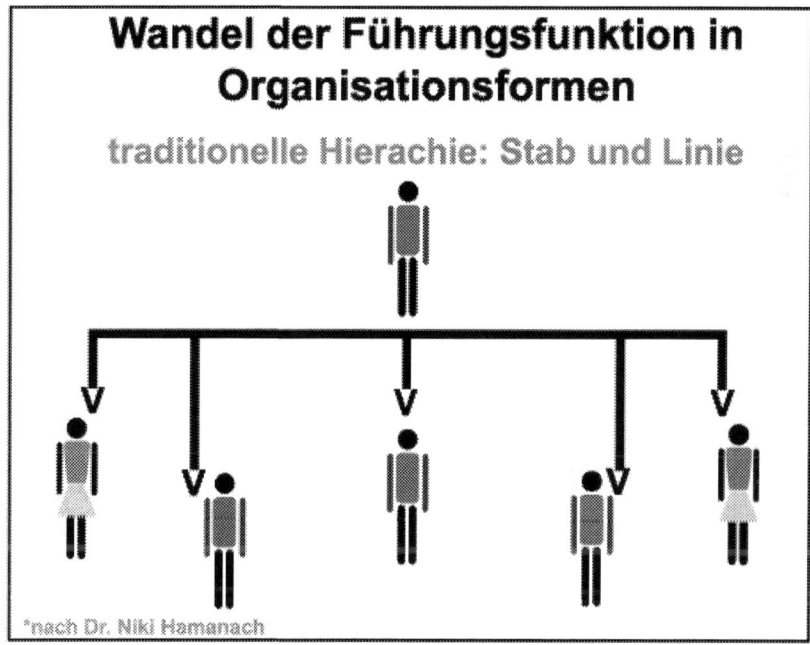

Die schöne alte Organisationsform, in der wir uns doch über Jahre so wohl gefühlt haben!

Und nun soll ein Team nicht nur eine Leistungssteigerung bewirken, sondern auch noch erfolgreicher sein?

(Im Internet: www.verhaltensmodell.de Analysen)

---

[43] Quelle: Dipl.-Päd. Robin Cyrnik, Geschäftsführer der Cyrnik + Partner Personal- und Teamentwicklung, Bamberg

Die Antwort ist JA!

In einem erfolgreichen Team sind die Aufgaben situativ an diejenigen Mitglieder vergeben, die zur Lösung über die entsprechenden Stärken verfügen.

Erfolgreiche Teamarbeit ist aber zwingend von neuen Organisationsformen abhängig, denn erst dann kann man in ihrer Grundstruktur die Stärken erkennen und umsetzen.

Die Erfahrung, Probleme gemeinsam zu analysieren und Lösungswege zu entwickeln, führt zu immer schnelleren und besseren Entscheidungen.
Der Führung eines Teams ist daher besondere Beachtung zu schenken, egal welche Organisationsform schließlich gewählt wird.
Der Teamleiter muß sich und seinen Teammitgliedern eingestehen, daß er selbst, zusammen mit der Gruppe, in einen neuen Lern- und Erfahrungsprozeß eintritt.

CHRIS RYAN

**Denn erst wenn man sich
auf ein „gemeinsames höchstes Ziel" einigt,
werden die folgenden
Organisationsformen möglich.**

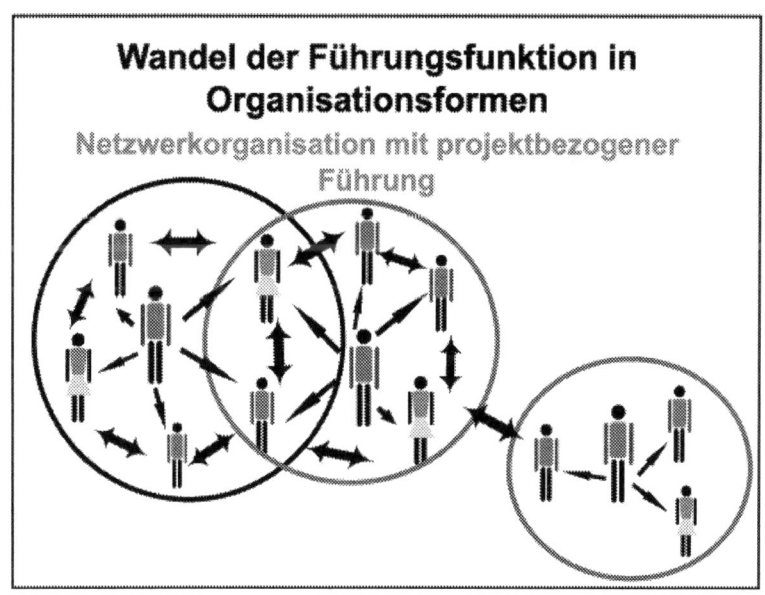

Wandel der Führungsfunktion in Organisationsformen

flache und schlanke organisation mit teilautonomen Arbeitsgruppen + Führung

Wandel der Führungsfunktion in Organisationsformen

Netzwerkorganisation mit projektbezogener Führung

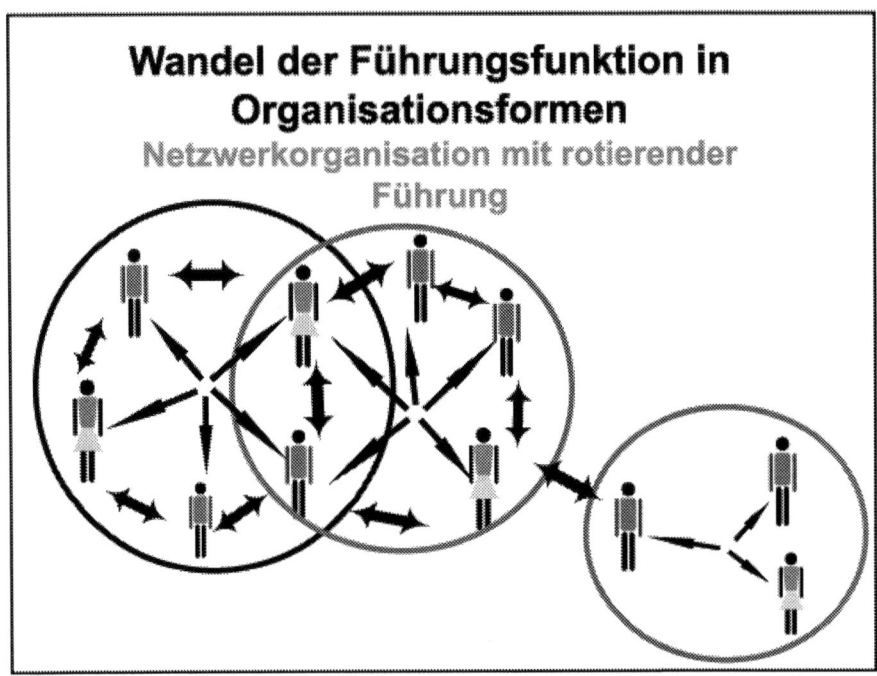

Wandel der Führungsfunktion in Organisationsformen
Netzwerkorganisation mit rotierender Führung

Will man unter Freunden eine Grillparty feiern, klappt das meistens ganz vorzüglich: Der eine bringt den Grill mit, der zweite das Fleisch und die anderen packen mit an beim Aufstellen der Tische und Bänke. Der Grund: Alle haben ein „gemeinsames höchstes Ziel". Nun ist es einerlei, ob wir einen Handschlag für unseren Freund tun oder für uns selbst, **beides nützt dem gemeinsamen Ziel: unserem Ziel**. Also packen wir gern mit an, hören ihm zu. Der Einsatz der Sozialkompetenzen nützt uns, sie erwachen, Vertrauen kommt auf, die Barrieren des Mißtrauens fallen, die Arbeit geht uns flott von der Hand, macht Spaß und wir erreichen Spitzenleistungen. Wer in der Mannschaft inkonsequent ist, verfolgt wohl andere Ziele, vergiftet das Klima. Gewinnen Sie als Führungskraft das Vertrauen Ihrer Mitarbeiter, folgen diese Ihnen sogar aktiv. Sie brauchen nur den Weg zu weisen, können dann auf Führungs- und Motivationstechniken verzichten und haben den Kopf frei, die eigentliche Aufgabe zu bedenken.
Sie steigern dadurch die Teamleistung, und Ihre Arbeit als Führungskraft wird einfacher.

Doch wie weckt man das Vertrauen seiner Mitarbeiter? Was braucht man, um ihr Vertrauen zu gewinnen?
Beobachten Sie mehrere herausragende Führungspersönlichkeiten, die das volle Vertrauen ihrer Mitarbeiter genießen.

An ihnen finden Sie folgende Merkmale:

Sie teilen ein „gemeinsames höchstes Ziel" mit ihnen.

Sie geben ihren Mitarbeitern einen Vertrauensvorschuß, und sie suchen zuerst nach ihren guten Seiten (Stärken) und Absichten. Wer es nicht täte, verdiente auch kein Vertrauen. Dabei bedeutet ihr Entgegenkommen aber keinesfalls, daß sie sich selbst aufgeben.

Sie sind Könner ihres Faches. Wie könnte man Vertrauen finden zu einem Nichtkönner, der führen will? (Einsatz der eigenen Stärken)

Sie setzen sich konsequent für das gemeinsame höchste Ziel ein, ersparen ihren Mitarbeitern jede Mühe, die diesem Ziel nicht dient. Inkonsequenz weckt Zweifel.

Sie haben ein offenes Ohr für ihre Mitarbeiter und beachten deren konstruktive Vorschläge. Wer konstruktive Vorschläge mißachtet, ist inkonsequent und ignoriert Stärken, also vorhandenes Potential.

Sie verstehen die Sprache der Gefühle und nehmen diese auch wahr. Weil sich mit dem Mund so leicht lügen läßt, überzeugen uns nur die Gefühle des anderen. Sie sind innerlich ausgeglichen und erwecken dadurch Vertrauen.

Die wichtigsten Probleme, die in einer Gruppe auftreten können:

➡ fehlender Gemeinschaftssinn,

➡ keine oder falsche Unternehmenskultur,

➡ Vernachlässigung der Körpersprache, der Gefühle,

➡ innere Konflikte.

Gemeinschaftssinn

Wer könnte dem modischen Druck zum Egoismus auf Kosten seiner Mitmenschen schon standhalten? Wer aber erkennt, daß er persönlich weit höhere Ziele erreichen kann, wenn er sie gemeinsamen Zielen unterordnet und dadurch Unterstützung gewinnt, hat diese Hürde genommen.

Unternehmenskultur

Orientieren Sie sich an den „sieben K´s" Konsens-orientierter Unternehmenskultur[44], einer ganzheitlichen Systematik, einer „Konzeption eigener Art".

➡ **Konzeption**

Die Konzeption ist eine Art von Urzeugung, ein geistig-schöpferischer Akt der Kreativität, wie er der Entstehung von Neuem normalerweise notwendig vorausgeht. Konzeption ist nicht nur Intuition oder Inspiration, sie entsteht an der Grenze zwischen Distanz und Interesse, zwischen Freiheit und Sorge, zwischen Großzügigkeit und Sorgfalt. Sie setzt den Willen zur Verwirklichung ebenso voraus wie die Hingabe an das Werk.
(Louis Pasteur[45]: „Der Zufall kommt nur denen zu Hilfe, die sich dafür vorbereitet haben.")

---

[44] Peter Zürn: Vom Geist und Stil des Hauses, Unternehmenskultur in Deutschland, Verlagsgruppe moderne industrie, Landsberg, Teil III
[45] Louis Pasteur, französischer Chemiker und Biologe (1822 - 1895)

➡ Kommunikation

Selbst die genialste Konzeption hat nur insofern einen Sinn, als dieser auch erkennbar wird, sich auch der Umwelt, den Mitmenschen, den Mitarbeitern erschließt. Die führt zur Problematik der Mitteilbarkeit, der Möglichkeit der Weitergabe des konzeptionell Erbrachten, das der weiteren Umsetzung zugänglich sein muß. Kommunikation in diesem Kontext meint Informationsaustausch im weitesten Sinne, ein Kenntnisgeben und Kenntnisnehmen, aus dem dann ein Verhalten folgt:

**Gesagt ist noch nicht gehört,
gehört ist noch nicht verstanden,
verstanden ist noch nicht einverstanden,
einverstanden ist noch nicht getan!**

➡ Koordination

Koordination bedeutet Zuordnung und Abstimmung verschiedener Begriffe, Vorgänge, Tätigkeitsgebiete und Verhaltensweisen. Koordination ist dadurch im hohen Maße Bestandteil der unternehmerischen Führungsaufgabe. Effiziente Koordination bedarf eines leicht umsetzbaren Humansystems, das die Koordination in ein geordnetes Ganzes einbaut.

➡ Kooperation

Von „kooperativer Führung" und dem ihr immanenten Prinzip der Delegation und Verteilung von Aufgaben, Kompetenzen und Verantwortung wurde schon viel gesprochen, in Bad Harzburg oder Harvard wie in St. Gallen oder Fontainebleau, ganz zu schweigen von den vielen Firmen, deren wortreiche Grundsatzerklärungen zur Makulatur wurden, weil der hehr erklärten Absicht noch zu weit die unaufrichtig geübte Praxis nachhinkte.
Offene, ehrliche und erfolgreiche Kooperation ist nur dann möglich, wenn im Team die Stärken und Schwächen der einzelnen Mitglieder bekannt sind, akzeptiert werden und der einzelne entsprechend seinen Stärken gefördert wird.

➡ **Kontrolle**

Lenins klassisch-mistrauisches „Vertrauen ist gut, Kontrolle ist besser" entbehrt einer positiven Grundhaltung und ist sinnvoll nicht realisierbar. Umformuliert macht es heute wesentlich mehr Sinn: Kontrolle ist gut, Vertrauen ist besser! Trotzdem: das eine ist ohne das andere nicht denkbar.
Worauf es vor allem ankommt ist, daß sich der einzelne mit Führungsverantwortung der Problematik des „Ich und Du", der eigenen Persönlichkeit und derjenigen des anderen bewußt wird. Erst aus dieser Bewußtseinshaltung heraus, die vor sich selbst nicht halt-machen darf und den Weg zum Anderen sucht, ergibt sich der richtige Umgang auch mit kritischen Situationen, die einer Kontrolle meistens vorausgehen.
Die Kontrolle ist dann getragen von gegenseitigem Verständnis und auch von Vertrauen, wenn beiden Partnern die jeweiligen Stärken und Schwächen bewußt sind.

Dabei beginnt der richtige Umgang mit anderen eben immer wieder mit dem kritischen Umgang mit sich selbst.

➡ **Konzentration**

Konzentrationen im Sinne einer Zusammenfassung von Stärken zweier Unternehmen sind heute an der Tagesordnung.
Stärken sollen aber auch innerhalb von Betrieben sichtbar und be-wußt gemacht werden und dadurch gezielt zur Stärkung im wirt-schaftlichen Wettbewerb eingesetzt werden.

Die Stärke eines Unternehmens gründet auf der Summe der Stärken seiner Mitarbeiter!

➡ Konstitution

Ob ich die Stilrichtungen nun Promoter, Helfer, Analytiker, Antreiber und Springer nenne oder sie mit Hölzern wie Ahorn, Birke, Ei-
che, Teak oder Mahagoni vergleiche ist unerheblich. Es sind die
unterschiedlichen Maserungen, die wir feststellen und bei der Bearbeitung wahrnehmen.
Ich kann an einem Stück Ahorn herumschnitzen wie ich will, der
typische Charakter, die typischen Merkmale bleiben erhalten.
Genauso verhält es sich mit den Stärken und Schwächen eines
Menschen: Sie sind vorhanden, und ich habe sie zu akzeptieren
und mich zu bemühen, mein eigenes Verhalten darauf einzustellen.

Körpersprache und Gefühle

Körpersprache, als Mittel des Dialogs genutzt, führt zu einer ganzheitlichen
Kommunikation und unterstützt die Wahrnehmung von Macht und Gefühl.
Legt Ihnen jemand z. B. die Hand auf die Schulter, so demonstriert er
Macht: „Ich stehe über dir." Legt er aber seinen Arm um Ihre Schulter, so
zeigt er Gefühl: „Du gehörst zu mir."

Innere Konflikte

Menschliche Grundschwächen wie Neid, Geiz, übertriebener Ehrgeiz, Eitelkeit, Eifersucht, Streitsucht und Parteilichkeit führen zu unfruchtbaren, ja lähmenden Konflikten in jedem Bereich, wo Menschen zusammenleben und zusammenarbeiten.
Diese Schwächen gilt es zu erkennen und konsequent anzugehen, denn sie vereiteln gute Leistungen.

Die konsequente Anwendung des bisher dargestellten Verhaltensmodells und neue Verhaltensformen könnten die Prioritäten in etwa so verändern:

> **Menschen**
> **Produkte**
> **Märkte**
> **Finanzen**
> **Leistung**

Und nun wird die Philosophie auf den Punkt gebracht:

Versuchen Sie immer, eine Mischung aus Politiker, Dompteur und väterlichem Freund zu sein.

Fördern Sie Ideen, und knüpfen und nutzen Sie die notwendigen Verbindungen.

Helfen Sie, neue Produkte und Märkte zu schaffen.

Orientieren Sie sich:

am Menschen: an seinen Stärken und Schwächen und überzeugen Sie selbst durch Ihre Persönlichkeit.

am Produkt: handeln Sie nach dem „just-in-time-Prinzip."

am Markt: nutzen Sie das vorhandene Kundenpotential denn die Gewinnung von neuen Kunden ist sehr kostenintensiv.

an Finanzen: Transparenz und Rückkehr zu den „goldenen" Finanzierungsregeln:

Anlagevermögen = Eigenkapital
Umlaufvermögen = Fremdkapital < 60%
Das „Kontokorrentkonto" dient nur der Sicherstellung der notwendigen Liquidität.

an Leistung: Sie ist zu definieren und erst danach zu implementieren.
Bemühen Sie sich, die Dinge richtig zu sehen.
Achten Sie auf ausgewogene Beziehungen.
Schaffen Sie Vorteile mit guten Ergebnissen für alle Beteiligten.
Beachten Sie die Einflüsse aus dem Umfeld.
Akzeptieren Sie fremde, aber auch eigene Ideen, setzen Sie diese um und gegebenenfalls auch durch.
Und vergessen Sie nie Ihren detaillierten Aktionsplan.

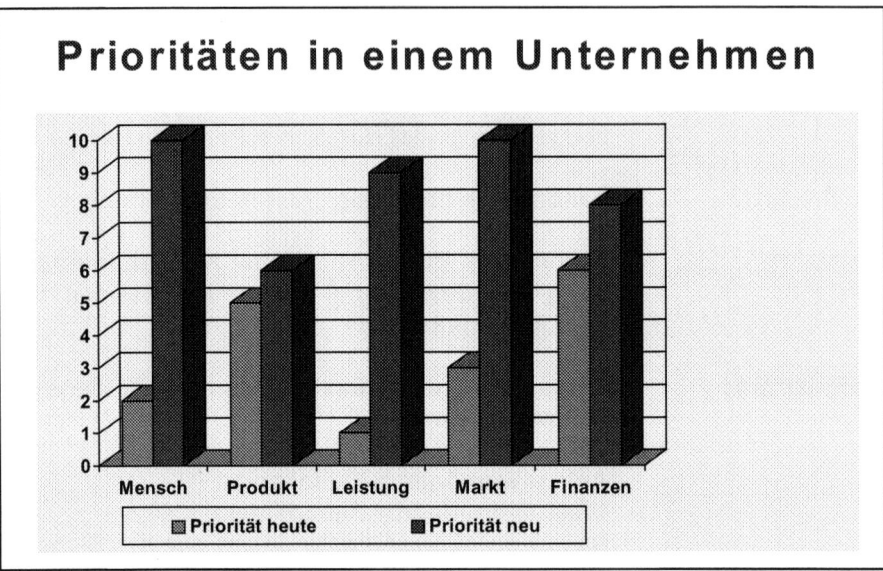

Prioritäten in einem Unternehmen

Fazit:

Durch Konzentration auf den Menschen und seine Qualifikationen und dadurch auf seine Stärken wird aus vorhandenen Ressourcen eine enorme Leistungssteigerung erreicht.

Will ein Unternehmen in den künftig immer mehr zusammenwachsenden Märkten bestehen, ja sich weiterentwickeln, darf der Mensch nicht länger einfach ein „Arbeitnehmer", ein „Mitarbeiter" sein.

Durch seine Leistung wird er ebenso wichtig wie das Kapital, wenn nicht sogar wichtiger.

Denn wo seine Leistungsbereitschaft und sein Wille, das vorhandene Potential auch einsetzen zu können, nicht hinlänglich gefördert werden, ist die Marktleistung künftig sehr stark in Frage gestellt.

Nutzen Sie die Möglichkeiten, die Ihnen das Humansystem und das Verhaltensmodell bieten, um eine positive Entwicklung einzuleiten oder weiter zu entwickeln!

15. Das Unternehmen als Humansystem

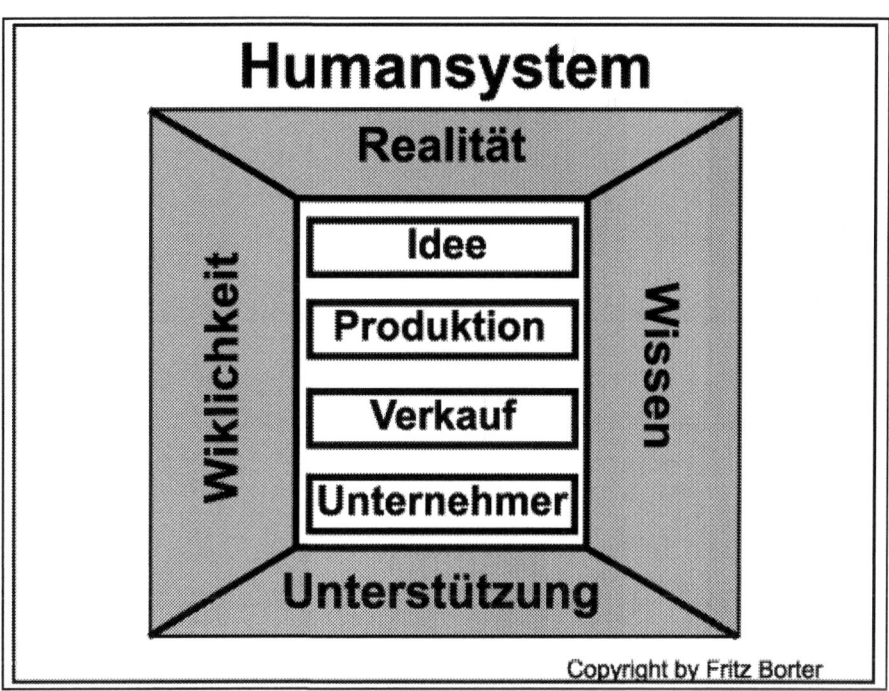

Notwendigkeit eines Humansystems[46]

Das Ihnen bekannte Organigramm ist und bleibt eine künstlich geschaffene Unternehmensstruktur.
Nur das menschliche Wirkungsgefüge ist eine natürliche Organisations-Ordnung.
Wesentliche Entwicklungspotentiale können sich nur aus der Summe der Stärken entwickeln.
Jeder Mensch lebt und arbeitet nach einer (seiner) einmaligen Wirkungs-struktur.

---

[46] Auszug aus APS-Applied Personal Science, Dr. Peter Meier, Zürich

Diese Wirkungsstruktur fußt auf unseren Stärken, auf unserem Weltbild, auf unserem Menschenbild.
Diese Wirkungsstruktur bestimmt auch, wie wir Gefühle verarbeiten und wo wir unsere Schwerpunkte setzen.
Sie ist auch bestimmend für unsere Kommunikation, unsere Teamfähigkeit und die Art, wie wir mit Aufgaben, Herausforderungen und Schwierigkeiten umgehen.

Ein Humansystem akzeptiert den Menschen als Wirkungsprinzip und gibt ihm die Bedeutung, die er aufgrund seiner Stärken und seiner Auswirkung hat.

Die Konsequenz:

➡ **Selbsterkenntnis ist der erste Schritt zum Erfolg.**

➡ **Konfuzius[47]: „Willst du dein Verhalten verändern, mußt du deine Einstellung verändern."[48]**

➡ **Sie erkennen Ihre Stärken, aber auch Ihre Schwächen.**

➡ **Dadurch versteht der Mensch andere besser und kann seine beruflichen und persönlichen Beziehungen erfolgreicher gestalten.**

➡ **Stärken werden gewinnbringend eingesetzt. Schwächen werden abgebaut.**

➡ **Konflikte und Kommunikationsprobleme werden gelöst.**

➡ **Potentiale werden besser genutzt, die Produktivität wird gesteigert.**

---

[47] Chinesischer Philosoph (ca. 551 - 479 v. Chr.), Beamter, Lehrer und Erzieher
[48] Erinnern Sie sich an die Verhaltenskette ab Seite 40

Das Harvard-Konzept[49] bietet dazu eine ideale Grundlage:

Ein sachbezogenes Gespräch:

⇨ Bestimmt in der Sache, aber weich mit den Gesprächspartnern

⇨ Trennung von Mensch und Problem

⇨ Es zählen Interessen und nicht Positionen

⇨ Lösungen und Alternativen entwickeln, die möglichst allen Beteiligten Vorteile bringen

⇨ Erarbeitung von objektiven Kriterien, an denen das Ergebnis gemessen werden kann

Basisfunktionen eines Humansystems:

Der grundsätzliche Wirkungsanspruch wird in einem Wirkungsmodell aus Stärken und Schwächen sichtbar gemacht.

Nur auf der Basis eines umsetzbaren Humansystems und daraus situativ abgeleiteten Organisationsformen ist es möglich, die für ein Unternehmen notwendigen Projekte mit den richtigen Mitarbeitern zur rechten Zeit optimal zu verwirklichen.

Das System ist vergleichbar mit vier grundlegenden Tätigkeitsfeldern, die allein gestellt nicht zu überleben vermögen, im Verbund, in der gegenseitigen Ergänzung aber „Heldentaten" vollbringen können.

Idee (Input)

Ist ein Jäger und Sammler. Ein Meinungsmacher. Sehr zukunftsbezogen und besorgt, in der Gegenwart das Notwendige anzuschieben. Will, daß immer etwas Neues geschieht.

---

[49] Roger Fisher, William Ury, Campus Verlag, Frankfurt/M

Produktion (Verarbeitung, Umsetzung)

Ist ein Bauerntyp, ein Produzent, ein Ausführender. Er nutzt das Machbare im Hinblick auf Sollvorstellungen und bearbeitet die Gegebenheiten.

Verkauf (Output)

Er verändert etwas Menschengemachtes in etwas Marktgerechtes.
Er ist in der Lage, zu verkaufen und dadurch neue Mittel zu generieren.

Unternehmer

Er ist in der Lage, andere für gemeinsame Ziele zu motivieren und geht in der Gegenwart ein Risiko für die Zukunft ein.

Der Bezug zur Wirklichkeit

Ist nichts anderes als die Realität am Markt.

Der Bezug zur Realität

Zahlen, Zahlen, Zahlen (Steuerberater)
Ein Unternehmer sagte mir einmal: Ich bin doch ein hart arbeitender Mensch und bestehe nicht nur aus Zahlen.

Der Bezug zum Wissen

Ist letztlich eine reine Steigerung der Zuverlässigkeit. Bietet Wissen, Betreuung und Coaching an.

Der Bezug zur Unterstützung

Eigentlich ein „Vollender". Er handelt aus dem Überblick heraus, ist der Gesprächspartner des Unternehmers und stellt sicher, daß notwendige Projekte rechtzeitig in die Wege geleitet werden.

➡ **Seine Hauptaufgabe: Bei all dem DRINGENDEN NICHT das WICHTIGE aus den Augen verlieren!**

Strategie

Optimierung des Organigramms durch Einbezug der Stärken und Schwächen des einzelnen.

Dadurch entsteht eine Optimierung der Arbeitsabläufe mit Blick auf die betrieblichen Notwendigkeiten und neue innovative Möglichkeiten.

Es entsteht ein effektiveres Management. Operationelle Planungen werden meßbar und dadurch überprüfbar und somit letztlich korrigierbar.

Die Qualifikation der Mitarbeiter basiert auf den Wirkungsansprüchen des einzelnen, wird objektiver und gerechter. Dadurch steigern sich die Leistungsbereitschaft, die Leistungsfähigkeit und die Zufriedenheit.

Jede Unternehmung kann nur gedeihen, wenn ihre Leistung stimmt, wenn eben diese letztlich vom Markt, den Käufern auch akzeptiert wird.

Diese Unternehmensleistung ist jedoch ausschlaggebend abhängig vom Unternehmer selbst und von seinen Mitarbeitern, also von Menschen mit unterschiedlichen Stärken und Schwächen.

Gelingt es nun dem Unternehmer, alle diese Stärken zum Nutzen der Unternehmung an der richtigen Stelle innerhalb der Firma einzusetzen, so ist der Erfolg eigentlich vorprogrammiert. Die grundlegenden marktpolitischen und finanziellen Überlegungen sind natürlich die Grundvoraussetzungen.

Welche Komponente ist nun aber auch noch ausschlaggebend?

Die Leistung!

16. Die Leistung

Betrachten wir zunächst das Umfeld der Leistung, so stellen wir fest, daß wesentliche Randbedingungen die Prämissen beeinflussen, die letztlich zur Leistungsbereitschaft beitragen.

Die **Leistungsbereitschaft**, ist von ausschlaggebender Bedeutung für das Gelingen eines Werkes, ist verantwortlich für die Unternehmensleistung am Markt.

Dabei sind nicht nur die Beziehungen (Interaktionen) mit den Kunden gemeint, genauso sind Kapitalgeber, Management, Mitarbeiter, staatliche Organisationen (Finanzamt, Krankenkasse, Verbände und Berufsorganisationen), aber auch Lieferanten mit einzubeziehen.

Die Leistungsbereitschaft ist von der folgenden Ausgangslage abhängig

1. Leistungsziel, Leistungsforderung und Anspruchsniveau
2. Lebens- und Leistungsrhythmus
3. Lebens- und Leistungsstandard
4. Lebens- und Leistungsgewohnheiten

und orientiert sich an den folgenden Eigenschaften:

Der Fuchs, der Affe und die Tiere[50]

Die Tiere fanden nach dem Tod des Leun,
der bis dahin als Fürst im Land regierte,
vereint zu neuer Königswahl sich ein.

Man holt' die Krone, die den Sel'gen zierte.
Sie wahrt' ein Drach' in sicherem Verlies,
doch als man sie nun allen aufprobierte,
war keiner, dem sie passend sich erwies,
da bald zu klein und bald zu groß die Köpfe,
selbst Hörner trugen etliche Geschöpfe.

Auch an den Affen kommt's nun im Verlauf.
Er setzt sich lachend die Tiara auf
und treibt dabei so fratzenhafte Dinge,
Kunststücke macht er, tausend Affensprünge,
Hüpft dann hinein, als ob ein Reif es wär,
und das gefällt den Tieren gar so sehr,
daß er gewählt wird und ihm alle huld'gen.
Der Fuchs nur fand die Wahl nicht zu entschuld'gen.

Doch schlau verbarg er, was er sich gedacht.
Als seine Huld'gung er ihm dargebracht,
sagt er: „Ich weiß, o Herr, ein heimlich' Örtchen,
kein andrer weiß davon ein Sterbenswörtchen;
und jeder Schatz, nach Recht der Krone steht
er zur Verfügung Eurer Majestät."

Der neue Fürst, den's nach dem Geld gelüstet,
läuft eiligst hin, damit er's nicht verpaßt,
'ne Falle war's, und er ward abgefaßt.

Da sprach der Fuchs, den andern gleich entrüstet:
„Willst fürder du noch unser Herrscher sein,
der selbst sich nicht zu führen weiß?"
Vom Thron ward er gejagt, und alle stimmten ein:

Nur wen'ge sind geschaffen für die Krone.

---

[50] Fabel IV von Jean de La Fontaine

In der Psychologie wird Leistung auch als Einheit von Vollzug und Ergebnis oder als Einheit von psychischer Tätigkeit / Aktivität und psychischer Beanspruchung / Belastung definiert.

Bleiben wir bei den Begriffen Aktivität[51] und Belastung[52] und bezeichnen Aktivität als positive Aktion und Belastung als ein negatives Gefühl, das gemäß der Verhaltenskette unser Denken und vor allem unser Fühlen beeinflußt.

Liegt die Aktivität im Bereich unserer Stärken und somit in unserem Erfolgspotential, so empfinden wir keine negativen Gefühle. Sie erleben Ihre Aktivität dann auch nicht als Belastung.

Fazit:

**Nur die Kenntnis Ihrer Stärken
und deren konsequenter Einsatz
befähigen Sie
zu einer hohen Leistungsbereitschaft,
zur höchstmöglichen Leistungsfähigkeit
und damit auch zu
einer umfassenden Zufriedenheit.**

---

[51] Aktivität: Betriebsamkeit, Beweglichkeit, Lebhaftigkeit, Regsamkeit, Tatkraft, Wirksamkeit.
[52] Belastung, belasten: aufbürden, aufhalsen, beladen, hetzen, drängen, zwängen, beeinträchtigen, beirren, beschuldigen.

Definieren Sie, was für Sie Zufriedenheit bedeutet:

....

....

....

....

....

....

....

....

....

....

....

....

....

....

....

....

....

....

....

....

Berücksichtigen Sie dabei private und berufliche Aspekte und versuchen Sie, Prioritäten zu setzen.

17. Zum Thema Mobbing[53]

2 Millionen Opfer allein in Deutschland!

Mobbing bedeutet:

Systematische Steuerung des Verhaltens anderer

Der Mobbende erzeugt die Bestätigung seiner Aktionen

Die Leistungsfähigkeit sinkt erheblich

Es entstehen hohe Frustrationskosten, die vermieden werden könnten

Arbeitsplätze werden systematisch vernichtet

Zitat[54]: „Mobbing und Bossing: In so manchem Betrieb herrscht der kalte Krieg. Egoismus und Angst machen aus Kollegen Feinde. Aber warum wird unter Kollegen überhaupt gemobbt? Der Deutsche Gewerkschaftsbund geht davon aus, daß die Fallzahlen das gesellschaftliche Klima in Deutschland widerspiegeln. Ellenbogenmentalität setzt sich offenbar immer mehr durch, und offenbar hat der zunehmende Leistungsdruck das Arbeitsklima in vielen Betrieben verschlechtert. Dabei spielt neben Egoismus und Neid die Angst vor Arbeitslosigkeit wohl die größte Rolle."

Die Deutsche Angestelltengewerkschaft (DAG) errechnete 1996 1,5 Mio. betroffene Arbeitnehmer. Heute sind es über 1,8 Mio.
Die Folgekosten für krankheitsbedingte Fehlzeiten, Frühverrentung und psychologische Behandlung betragen nach Erhebungen der Gesellschaft gegen psychologischen Streß und Mobbing (GPSM)

über 30 Milliarden DM pro Jahr!

---

[53] Der Begriff bedeutet: to mob = anpöbeln, belästigen, attackieren. Der schwedische Mobbingforscher Prof. Dr. Hein Leymann definiert Mobbing so: „Wenn ein Beschäftigter mehr als sechs Monate lang mindestens einmal wöchentlich schikaniert, beleidigt oder fertiggemacht wird."
[54] Rheinische Post Nr. 119, 25. Mai 1998

Ärger über „faule" Kollegen[55]

Die schwatzt, der steht rum und der macht wieder Computerspiele. Diese Umfrage offenbart Frust über angebliche Nichtstuer. Im folgenden die Auswertung einer Umfrage unter 1067 Arbeitnehmern.

Frage:

Was stört Sie an Ihrem Arbeitsplatz?

31 % der Arbeitnehmer in Deutschland beklagen sich über die „Faulheit" der Kollegen.

34 % der Frauen sind gestreßt durch den Klatsch am Arbeitsplatz.

25 % der Männer fühlen sich durch Klatsch ebenfalls gestreßt.

30 % belastet das Verhalten von Kollegen und Kolleginnen, eigene Fehler immer wieder auf andere zu schieben.

25 % fühlen sich durch Intrigen belästigt.

20 % fürchten den Neid der Kollegen und sind dadurch in ihrer Leistung beeinträchtigt.

26 % stört es, daß der Chef keine eigenen Fehler zugeben kann.

24 % sind unzufrieden, weil ihrer Leistung zu wenig Anerkennung gezollt wird.

24 % stört der Lärm am Arbeitsplatz.

17 % fühlen sich belästigt durch Raucher.

Und so lauten die Wünsche der Befragten:

65 % träumen von einer höheren Bezahlung.

25 % wollen in erster Linie mehr Verantwortung, aber auch mehr Urlaub.

---

[55] HNA (Hessisch Niedersächsische Allgemeine) vom 17. März 1997

Ein kurzes Rollenspiel:
Mobbing eines neu eingestellten Abteilungsleiters

Es könnte sich zum Beispiel so zutragen:

Szene 1:	Zwei Sekretärinnen begegnen sich auf dem Flur, sie haben Akten in der Hand.

A: „Hallo, wie geht's? Hast du schon gehört: Der Müller soll nun doch nicht Abteilungsleiter werden. Der Alte hat an einem unbekannten Neuen den Narren gefressen."

B: „Ach ja, das tut mir aber leid, der Müller arbeitet doch immer so hart. Und außerdem ist er lieb."

Szene 2:	B begegnet C

B: „Hast du unseren neuen Abteilungsleiter schon gesehen, der rennt hier durchs Haus. Gut sieht er aus, aber so ganz geheuer ist er mir nicht. Wenn ich so an seine Blicke denke ..."

C: „Sag bloß, ist das auch wieder so einer! Na ja, ich werde damit umgehen können."

Szene 3:	C begegnet D

C: „Du, unser Neuer ist ein Grabscher. Ich habe gehört, er wollte schon jemanden anfassen. Übrigens: Man sagt, daß er bei seiner früheren Firma deswegen rausgeflogen ist."

D: „Danke für den Tip."

Szene 4:	D begegnet E, der Chefsekretärin

D: „Bei uns tun sich ja Dinge!"

E: „Worum geht es?"

D: „Na ja, ich weiß nicht so recht ... Aber der Neue scheint nicht sauber zu sein."

E: „Was ist denn?"

D: „Warum habt ihr denn nicht dem Müller den Job gegeben?"

E: „Darüber will ich nicht sprechen."

Szene 5:	E informiert ihren Chef über Telefon

E: „Ich habe mir nochmals die Personalakte des Neuen angesehen. Einige Zweifel habe ich schon. Hat denn unser Personalberater auch genügend Recherche angestellt?"

Chef: „Wo liegt denn das Problem?"

E: „Man hört so einiges."

Szene 6:	Das Ende der Geschichte

Der Chef wird nachdenklich:

„Bin ich dabei, einen Mißgriff zu tun?
Sollte nicht doch besser der Müller ...
Etwas arrogant ist ja der Neue ..."

Er ruft den Neuen zu sich und konfrontiert ihn mit den Gerüchten.

Der Neue verzichtet auf weitere Diskussionen und verläßt die Firma.

Müller erhält den Job, ist aber nicht sehr begeistert. Er arbeitet weiterhin hart und zuverlässig.
Der Neue hat eine andere Anstellung angenommen. In der kurzen Zeit ist es ihm gelungen einige Kunden der alten Firma für sich zu begeistern.

Fazit: **190 TDM an Umsatzeinbußen**

Leider trifft es oft Menschen, die sich in ihrer Position innerhalb der Firma aus welchen Gründen auch immer nicht wohl fühlen .

Überforderung oder Unterforderung spielen da kaum die entscheidende Rolle. Oft aber fühlen sie sich selbst zu wesentlich mehr fähig, wollen sich aber dem Streß des Mobbing nicht stellen.

Dadurch beginnen sie selbst unsicher zu werden und bieten automatisch ideale Angriffsflächen für Mobber.

Aber auch einem neuen Mitarbeiter kann sehr schnell die Lust genommen werden, sich voll und ganz auf die neue Aufgabe zu konzentrieren.

Der Trend zu Resignation und Frust wird immer größer.

Warum eigentlich Frust anstatt Lust?

Durch die Erkenntnis der eigenen Stärken und durch deren konsequente Umsetzung begegnet der Einzelne wirksam dem Mobbing.

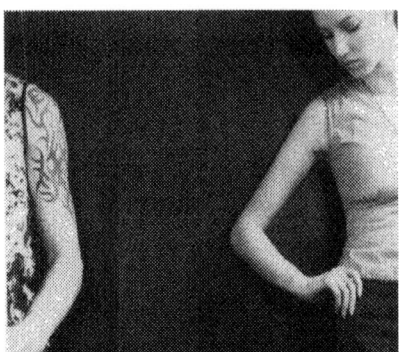

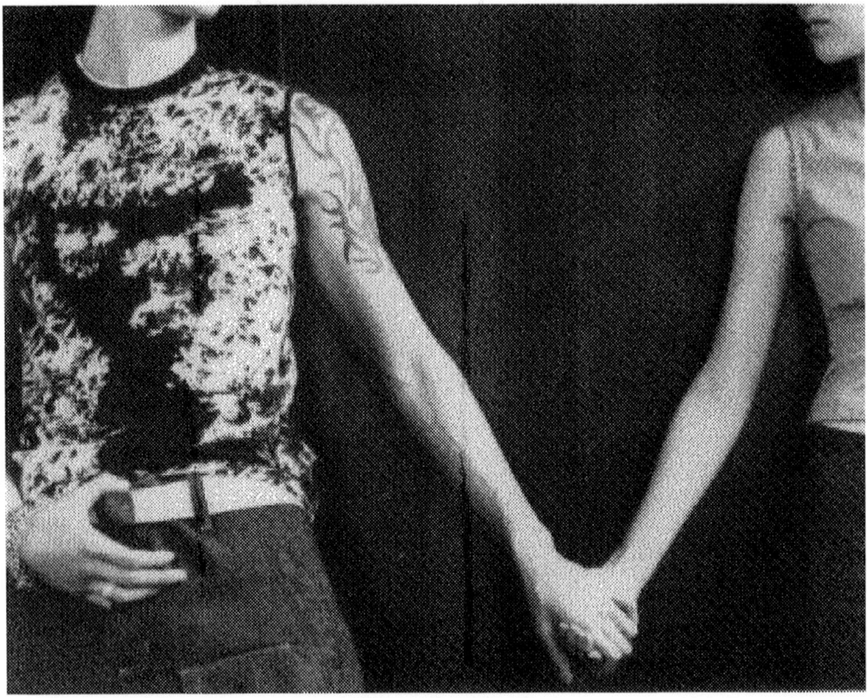

Frustrationskosten

Hier einfach ein erfundenes Beispiel. Machen Sie sich aber ruhig einmal die Mühe, ihre eigenen relevanten Kostenstellen aufzulisten, zu quantifizieren und zu überprüfen.

**Die resultierende Summe an vermeidbaren Kosten
wird Sie zuerst schockieren,
dann aber zum Handeln anspornen.**

Betrachten wir nun den entstandenen Schaden:

Einstellungskosten des Neuen	TDM	10
Arbeitszeit der Mobber	TDM	3
Einarbeitung des Neuen	TDM	5
1 Monatsgehalt des Neuen	TDM	8
Lohnnebenkosten	TDM	4
Fehlender Deckungsbeitrag (20%) bei TDM 300 weniger Umsatz	TDM	60
Leistungseinbruch mangels effizienter Führung	TDM	50
Minderleistung Müller	TDM	50
Weitere Kosten Ihrer Wahl	TDM	....
Total	TDM	190 !

**Wie oft können Sie sich solche
oder ähnliche Frustrationskosten
eigentlich noch leisten?**

Dieses kurze Rollenspiel stellt eine Mobbingsituation dar, wie sie in jeder Firma vorkommen kann. Es wurde eine klassische Intrige angezettelt.

Merkmale

Das Verhalten des neuen Mitarbeiters wurde gesteuert.
Es fehlte vor allem an seiner richtigen Einführung und an der sachgerechten Information der Mitarbeiter.
Der Erfolg der Firma wurde gesteuert:

➡ **Umsatzeinbuße**

Die Leistungsfähigkeit ist gesunken. Resultat: weniger Deckungsbeitrag. Durch sein Ausscheiden aus der Firma hat der neue Abteilungsleiter indirekt die Vorwürfe akzeptiert und in den Augen der Angestellten auch noch bestätigt.

Kurz eine weitere Mobbing-Story, die sich tatsächlich so ereignet hat[56]

Eine Frau, namens Jutta, arbeitete schon jahrelang in einer Bank. Sie war bei den Vorgesetzten und Mitarbeitern sehr beliebt und erledigte ihre Aufgaben stets sehr ordentlich und gewissenhaft.
Um jedoch die zunehmenden Aufgaben noch schneller zu schaffen, wurde eine weitere Person eingestellt, und Jutta hatte die Aufgabe, sie einzuarbeiten, weil sich die beiden die Arbeit teilen sollten.
Die neue Mitarbeiterin hieß Maria, war jung, clever und sehr aufgeschlossen in ihrer Art. So gewann sie im Nu das Vertrauen und die Sympathie der Kollegen und Vorgesetzten.
Aber das war nur der äußere Schein. In Wirklichkeit wollte sie Juttas Stelle ganz für sich allein, denn sie war sehr ehrgeizig und auch zielstrebig. Deshalb fing sie an, Jutta systematisch fertig zu machen.
Maria benahm sich immer sehr freundlich und einfühlsam gegenüber Jutta, und so gewann sie langsam ihr Vertrauen.
Jutta begann mehr und mehr von sich und ihrem Privatleben zu erzählen, da sie auch einige Probleme mit ihrem Mann hatte.
Das war natürlich für Maria ein gefundenes Fressen. Sie verbreitete schlimme Gerüchte über Jutta, und sie fand immer mehr Zuhörer.
Doch das war noch längst nicht alles. Maria war äußerst einfallsreich.
Auf einmal verschwanden auf mysteriöse Weise dringend benötigte Akten und tauchten erst Tage später wieder auf.

---

[56] Eine Story aus der Berater-Realität

Maria verstand es, alle Schuld von sich zu weisen und Jutta dafür verantwortlich zu machen.

So fing das Mobbing an, und es wurde noch viel schlimmer. Die anderen Kollegen begannen, Jutta zu schneiden.

Sie fing an, Fehler zu machen.

Da Jutta sich nicht mehr richtig auf ihre Arbeit konzentrieren konnte, wurden die Fehler immer häufiger und zum Teil auch in ihren Folgen schlimmer.

Das blieb natürlich der Direktion nicht verborgen, und so bekam Jutta nach einem langen, arbeitsreichen Leben ihre erste Abmahnung.

Das war zu viel für die sensible Jutta, sie konnte nachts nicht mehr schlafen, aß nicht mehr richtig und dachte immer mit Grauen an den nächsten Arbeitstag.

Nach einem Kreislaufzusammenbruch hatte sie endlich den Mut und die Kraft, bei der Bank zu kündigen, denn unter den Umständen konnte sie dort nicht länger arbeiten.

Es hat eine sehr lange Zeit gedauert, ehe Jutta über dieses traumatische Erlebnis hinwegkam.

Maria hatte ihr Ziel erreicht, den Posten jetzt für sich allein, und die Direktion hat ihr eine Schreibkraft zugeteilt.

Wie kann ich als Vorgesetzter dem Mobbing wirksam begegnen?

Hier nur einige Stichworte und Anregungen:

➡ **mit offenen Augen durch die Firma gehen und über Unübliches nachdenken und dann handeln.**

➡ **die Ohren offen halten und auch das Unausgesprochene registrieren.**

➡ **die Gefühle der Mitarbeiter beachten und danach handeln.**

➡ **über intuitive Wahrnehmungen nachdenken, sie analysieren und vermehrt danach handeln.**

➡ **Zeit für Mitarbeiter haben.**

➡ Gespräche führen und auch hinhören können.

➡ Gefühle akzeptieren und analysieren.

➡ Konflikte offenlegen und diskutieren.

➡ Konfliktursachen erkennen und radikal beseitigen.

➡ Lösungsstrukturen entwerfen, diskutieren und schnell umsetzen.

➡ die Mitarbeiter in die Umsetzung mit einbeziehen und Kompetenzen und Verantwortung zweifelsfrei klären.

➡ Firmentransparenz „leben": das „gemeinsame höchste Ziel" ist das einzige, was zählt.

➡ Identifikation durch die Berücksichtigung der Stärken der Mitarbeiter fördern.

Und wie würden Sie nun vorgehen?

....

....

....

....

....

....

....

Mein Vorschlag:

Wer selbst Mobbing-Opfer wird, sollte nicht gleich kündigen, sondern seinen Widersachern erst mal die Stirn bieten: Klarstellung, Berichtigung von Gerüchten ist kein Eingeständnis, sondern entlarvt oft den Mobbenden.

In Kenntnis Ihrer Stärken und in der Akzeptanz Ihrer Schwächen liegt Ihr Potential, die Situation zu meistern.

Das Verhaltensmodell und speziell die dargestellte Verhaltenskette werden Sie dabei unterstützen.

Rollenspiel 2:
Wie es hätte sein können!

Förderung des neu eingestellten Abteilungsleiters

Szene 1:	Zwei Sekretärinnen begegnen sich auf dem Flur, sie haben Akten in der Hand.

A: „Hallo, wie geht's? Hast du schon gehört: Der Müller soll nun doch nicht Abteilungsleiter werden. Der Alte hat an einem unbekannten Neuen den Narren gefressen."

B: „Ach ja, das tut mir aber leid, der Müller arbeitet zwar immer so hart, aber ob er in dem Job glücklich geworden wäre ...?
Auf ihn verzichten können wir jedenfalls nicht. Und zudem ist er sehr lieb."

Szene 2:	B begegnet C

B: „Hast du unseren neuen Abteilungsleiter schon gesehen, der rennt hier durchs Haus. Gut sieht er aus, endlich jemand, der neuen Schwung in den Betrieb bringt. Also, mir gefällt er."

C: „Sag bloß nicht, du hast dich schon wieder ver-
knallt. Da hast Du keine Chancen. Der ist in festen
Händen. Ich habe seine Frau auf dem Parkplatz
gesehen."

Szene 3: C begegnet D

C: „Du, unser Neuer hat Superideen. Ich habe gehört,
was er früher schon alles erreicht hat."
„Übrigens: Man sagt, daß seine frühere Firma ihn
nicht gehen lassen wollte ...“

D: „Na ja, wir werden sehen. Der Müller tut mir leid,
aber er scheint mit dem Neuen ganz gut auszukommen."

Szene 4: D begegnet E, der Chefsekretärin

D: „Bei uns tun sich ja Dinge!"

E: „Worum geht es?"

D: „Na ja, ich weiß nicht so recht. Aber der Neue
scheint ja ganz gut zu sein...“

E: „Was ist denn?"

D: „Warum habt ihr denn nicht dem Müller den Job
gegeben?"

E: „Darüber kann ich nicht sprechen."

Szene 5: E informiert ihren Chef über Telefon

E: „Ich habe so einiges gehört über den Neuen ...“
„Er scheint ganz gut anzukommen."

Chef: „Freut mich zu hören. Neuer Elan kann nur gut
sein."

Szene 6:	Das trockene Ende der Geschichte

Der Chef freut sich:
„Offenbar habe ich einen guten Griff getan.
Und der Müller ist doch ein hervorragender zweiter Mann.

Was eine seriöse Analyse doch alles bewirken kann ...
Etwas arrogant ist ja der Neue ...
Aber er greift durch und das ist ja genau das, was ich will."

Er ruft den Neuen zu sich:
„Sie scheinen sich recht gut eingelebt zu haben."

Der Neue freut sich ...

**Resultat: 150 TDM Mehrumsatz
im ersten Jahr.**

18. Partnerschaft

Dieses Buch wäre nicht abgerundet, wenn ich nicht auch darstellen würde, wie das Verhaltensmodell, das Humansystem in der intimen Welt der Partnerschaft von Frau und Mann angewendet und umgesetzt werden kann. Ehen oder heute Lebensgemeinschaften werden zwar angeblich „im Himmel geschlossen", leben müssen oder dürfen wir sie auf unserer Erde, einer Welt, wo menschliche Eigenarten, eben Stärken und auch Schwächen genutzt und auch ausgenutzt, bewundert aber auch mitunter verurteilt werden.
Was bisher auf das berufliche Dasein zugeschnitten dargestellt wurde, gilt auch im Privatleben:

Ein glückliches und befriedigendes Zusammenleben ist wesentlich leichter, wenn die Partner sich selbst und gegenseitig richtig einschätzen, die unterschiedlichen Stärken und Schwächen erkennen, akzeptieren und wenn notwendig, daran arbeiten. Nur so kann sich eine harmonische Partnerschaft entwickeln.

Lin-Yu

Lin-Yu war sehr arm. Es gelang ihm kaum, das Notwendigste zu verdienen. Zwar hatte er viele Jahre lang studiert und besaß großes Wissen, doch vermochte er nicht, eine Anstellung zu finden. Meistens hatte er nur das Wasser, das Yün-Meng, seine Frau, vom Brunnen holte, und etwas Reis. Oft fehlte auch dieser. Lin-Yu hoffte. Er glaubte an sich.
Yün-Meng aber war des Wartens müde. Sie bat ihren Gatten, sie freizugeben, damit sie eine andere Ehe schließen könnte.
Lin-Yu sah sie lange an und schwieg.
„Du müßtest nicht länger für mich sorgen", sagte Yün-Meng. „Das wenige, das du mit mir teilen mußt, bliebe für dich allein."
Lin-Yu liebte seine Gattin sehr. Er konnte sich nicht entschließen, sich von ihr zu trennen. Yün-Meng aber ließ nicht ab, um ihre Freiheit zu bitten. „Ich kann nicht länger warten, bis du endlich etwas erreichst. Willst du mich hindern, endlich einen reichen Mann zu finden?"
Ihre Worte taten ihm weh. Doch willigte er schließlich in die Trennung ein.
Es gelang ihm bald darauf, zu Ansehen und Reichtum zu kommen. Er fand eine ausgezeichnete Stellung und konnte seinen Besitz durch eine günstige Erbschaft vergrößern.

Da kehrte Yün-Meng zurück und bat, er möge sie wieder als Gattin aufnehmen.

Lin-Yu sah sie lange an und schwieg.

„Ich bin noch immer arm und allein", sagte Yün-Meng. „Nimm mich wieder zu dir!"

Er hieß sie, Wasser aus dem Krug auf den Boden zu gießen. Yün-Meng erfüllte seinen Wunsch.

Nun befahl ihr Lin-Yu, das Wasser wieder zusammenzufassen.

„Wie soll ich das Wasser wieder aufnehmen", fragt Yün-Meng, „wenn ich es doch eben verschüttet habe?"

Lin-Yu nickte und ging.

Yün-Meng begriff, daß Verschüttetes sich nicht wieder sammeln läßt nicht das Wasser und nicht die Liebe.[57]

In Anlehnung an Sigmund Freud habe ich hier die folgenden Humankomponenten einer zwischenmenschlichen Partnerschaft aufgezeigt und anhand von Beispielen erläutert:

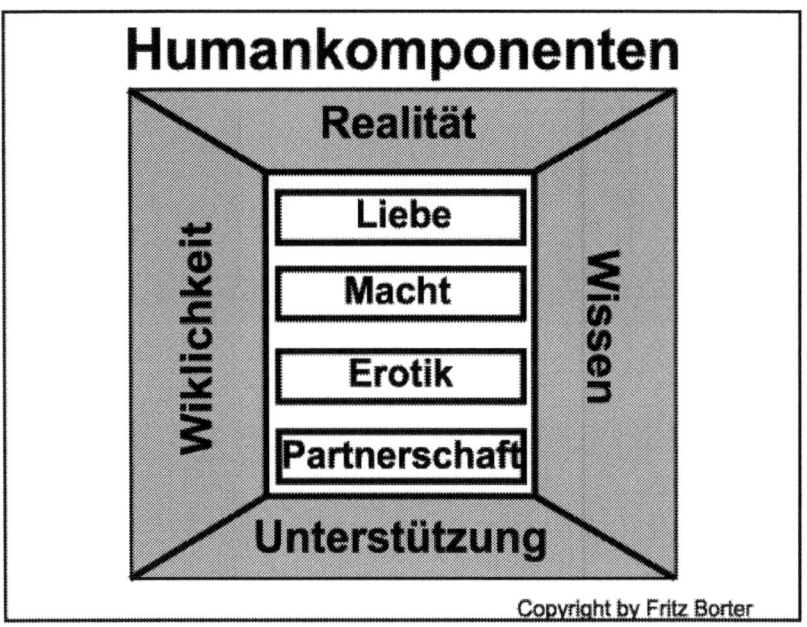

---

[57] von Martha Solmar

Der eine ist eher rücksichtsvoll, der andere sehr stürmisch, jeder liebt auf seine Weise. Das hat nicht nur mit dem Charakter zu tun, sondern auch mit Erlebnissen aus der Kindheit.

Dr. Gerti Senger erklärt, woran man die verschiedenen Liebestypen erkennt, warum sie so sind und wie man am besten mit ihnen umgeht.

Kennen Sie auch Frauen, die ständig **herumhetzen**, in Eile sind, immer etwas für ihren Partner zu erledigen haben? Gehören Sie vielleicht selbst dazu? Diese Frauen sind wahrscheinlich mit einem echten Nehmer liiert.

Dieser Typ tendiert dazu, die Partnerin **auszunutzen**. Er findet es absolut selbstverständlich, daß sie seine Anzüge aus der Reinigung, seine Schuhe vom Schuster holt, daß sie sich um seine kranke Mutter kümmert und seine Lieblingsschokolade einkauft. Doch wenn sie ihn mal um etwas bittet, ist er **empört**.
Wie kann sie ihm das nur zumuten? Wann soll er das denn schaffen? Er ist nicht bereit, zu geben und seine eigenen Interessen einmal zurückzustellen.
Im Gegenteil: Er setzt sie immer auf **Kosten der Partnerin** durch. Ihre Wünsche und Bedürfnisse zählen nicht. Sie muß sich mit dem zufriedengeben, was für sie abfällt.

Selbst beim **Sex** ist es so.
Er braucht hin und wieder mal Seitensprünge? Dafür kann er nichts.
Wenn sie eine bessere Geliebte wäre, könnte er treu sein.

Dazu eine kleine Geschichte[58]

Kann man ihn verurteilen, nur weil er sich für keine seiner vier Geliebten entscheiden konnte?
Oder, weil er auf keine von diesen vier verzichten wollte? Seine Weiber waren so verschieden, aber gerade das war es, was er brauchte, ganz nach seinen Stimmungen.

Da war **Lilly**, die süße Blondine mit dem niedlichen Bubikopfhaarschnitt, die ihm sanft mit ihrer kindlichen Stimme ins Ohr hauchte: „Liebling, sag mir, was ich tun soll, damit du glücklich bist."
Sie war so anschmiegsam und willig, und er ließ sich gern von ihr verwöhnen, wenn ein anstrengender Tag hinter ihm lag.

---

[58] aus Erlebte Erotik, Fritz Borter, 2000

Carmen dagegen war ganz und gar nicht sanft.
Er liebte es, wenn sie ihre wilden roten Locken schüttelte und ihn beim Liebesspiel anfeuerte: „Zeig mir, was du zu bieten hast, mach mich fertig, nimm mich...“

Roswita war die Starke. Sie zwang ihn in die Knie.
Ihre Dominanz reizte ihn immer wieder aufs neue. Bei ihr konnte er sich unterwerfen, schwach sein und trotzdem auf seine Kosten kommen.

Bei **Ruth** war es erfrischend kühl. Sie kam meistens gleich zur Sache, ohne viel zu reden. Sie verzichtete auf jeden Klimbim und bevorzugte immer dieselbe Stellung.

Nein, man kann ihn nicht verurteilen. Er fand seine Neigungen nicht unmoralisch. Er liebte nun mal alle vier Frauen.

Sylvia schließt das Manuskript. Morgen ist die Theaterpremiere. Sie sieht sich noch einmal in ihrer Garderobe um. Die vier Kostüme liegen bereit. Sie ist sich sicher, daß sie die Rollen der vier Geliebten überzeugend spielen wird.

Jetzt ist sie aber einfach müde und sehnt sich nur noch nach ihrem Mann, der heute für sie in die Rolle des feurigen Liebhabers schlüpfen soll.

Diese Kurzgeschichte soll natürlich keinesfalls wertend sein. Denken Sie vielmehr über die Stilrichtungen der „Helden“ nach und definieren Sie diese.

Was **er** dagegen an Erotik zu bieten hat, ist natürlich Spitze. Wenn sie nicht auf ihre Kosten kommt, ist das ihre Sache. Er kann nichts dafür. Das wiederholt er so oft im Brustton der Überzeugung, daß die Partnerin es schließlich selbst glaubt. So gibt er ihr ständig das Gefühl, daß sie ohne ihn nichts wert ist.
Er dagegen ist die **Vollkommenheit** in Person. Wenn was schiefgeht, an ihm liegt's nicht.
Schuld ist immer die Partnerin.

Wie kann ein Mensch so **egoistisch** und rücksichtslos werden?
Dazu tragen die Eltern eine Menge bei. Wenn ein Kind über die Maßen **verwöhnt** wird, sich alles nur um seine Bedürfnisse dreht, es nie lernt, auf etwas zu verzichten, dann kann sich eine solche Haltung leicht entwickeln.
Besonders gefährdet in dieser Hinsicht sind Einzelkinder, vor allem, wenn es sich um **Jungen** handelt.
Viele Eltern tendieren dazu, ihrem kleinen Jungen schon früh beizubringen, daß er etwas Besonderes ist, von Natur aus den Mädchen **überlegen** ist.
Doch auch das Gegenteil, **Vernachlässigung** durch die Eltern, kann eine solche Entwicklung einleiten.
Ständige Enttäuschung in der Kindheit kann dazu führen, daß ein Mensch später anderen nicht **vertrauen** kann und immer auf seinen Vorteil bedacht ist.
Haben Sie auch einige Nehmer-Züge an sich selbst entdeckt?
Dann sollten Sie folgendes versuchen:

Gehen Sie bei Ihren Überlegungen nicht immer nur von Ihrem Standpunkt aus, sondern berücksichtigen Sie auch den Ihrer Partnerin oder Ihres Partners.
Versuchen Sie zunächst bei Kleinigkeiten, einmal etwas großzügiger zu sein und zu geben.

Machen Sie sich danach Ihre positiven Empfindungen bewußt, die entstehen, wenn Sie nicht nur etwas für sich, sondern für einen anderen Menschen getan haben.

Notieren Sie hier Ihre „Nehmer-Eigenschaften"

....

....

....

....

....

....

....

Die Stärken des „Nehmers"

kann Gefühle zeigen
kann Schwächen als Stärken darstellen
ist durchsetzungsfähig
hohe Wehrhaftigkeit
steht „über den Dingen"

Die Schwächen des „Nehmers"

verfolgt nur seine eigenen Ziele
macht die Partnerin klein
kann nicht vertrauen
ist eifersüchtig

So kommen Sie mit einer Nehmerin, einem Nehmer klar:

➡ Lassen Sie Sich nicht von ihr/ihm überfordern.

➡ Achten Sie darauf, daß Sie nicht von ihr/ihm abhängig werden.

➡ Lassen Sie sich nicht ausbeuten.

➡ Denken Sie bei Ihren Bemühungen daran, daß die Nehme
rin/der Nehmer immer auch Angst vor einer intensiven
Beziehungen hat.

Das vorliegende Verhaltensmodell ermöglicht auch sehr treffsichere Part-
nerschaftsanalysen.

Test[59]:
Sind Sie denn wirklich ein „Nehmer-Typ"?

	Ja	Nein
Sind Sie davon überzeugt, daß Sie an Sexproblemen keine schuld haben?	❐	❐
Halten Sie sich für so vollkommen, daß Sie sich keinesfalls verändern wollen?	❐	❐
Geben Sie Ihre Interessen nur unter Druck zugunsten der Interessen der Partnerin / des Partners auf?	❐	❐
Sind Ihnen Gefühle überströmender Liebe fremd?	❐	❐
Fällt es Ihnen leicht, sich lieben zu lassen, ohne selbst Gefühle zu investieren?	❐	❐
Sind Sie besser dazu geeignet, andere zu beherrschen?	❐	❐
Muß sich Ihre Partnerin / Ihr Partner einen so außergewöhnlichen Menschen wie Sie erst verdienen?	❐	❐

....

....

....

....

---

[59] Test-Auswertung: Wenn Sie mehr als drei Fragen mit „Ja" beantwortet haben, übergehen Sie möglicherweise die Bedürfnisse des Partners.

Wie wichtig sind Ihnen die folgenden Eigenschaften bei Ihrem Partner?

Ein Modell zur Anregung der Diskussion mit Ihrem Partner!

Viel Vergnügen.

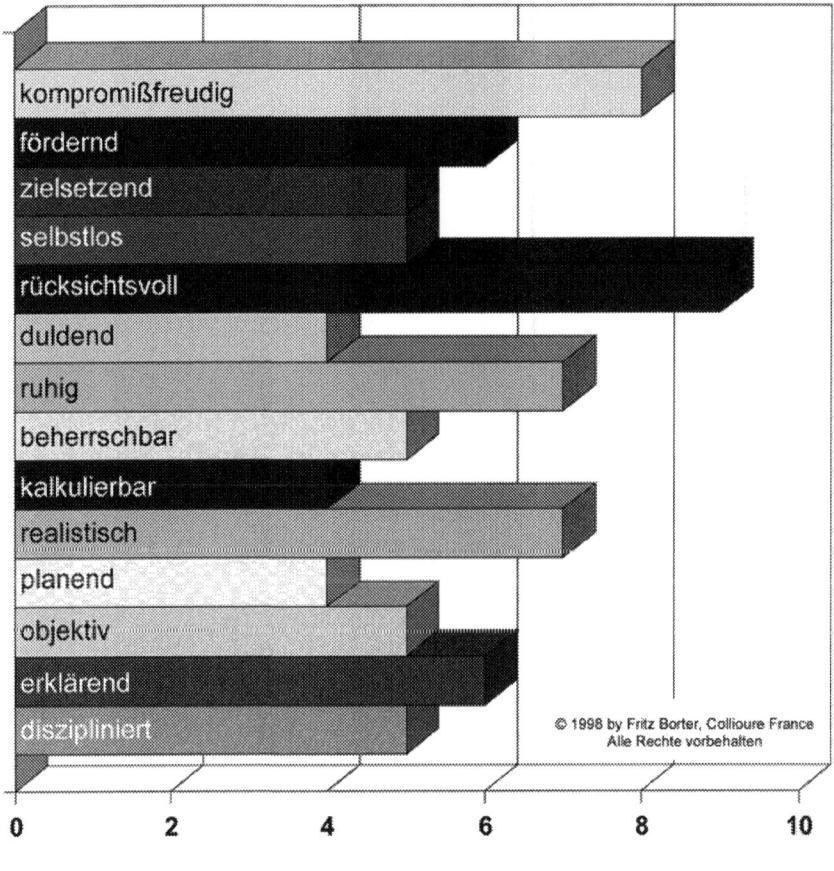

© 1998 by Fritz Borter, Collioure France
Alle Rechte vorbehalten

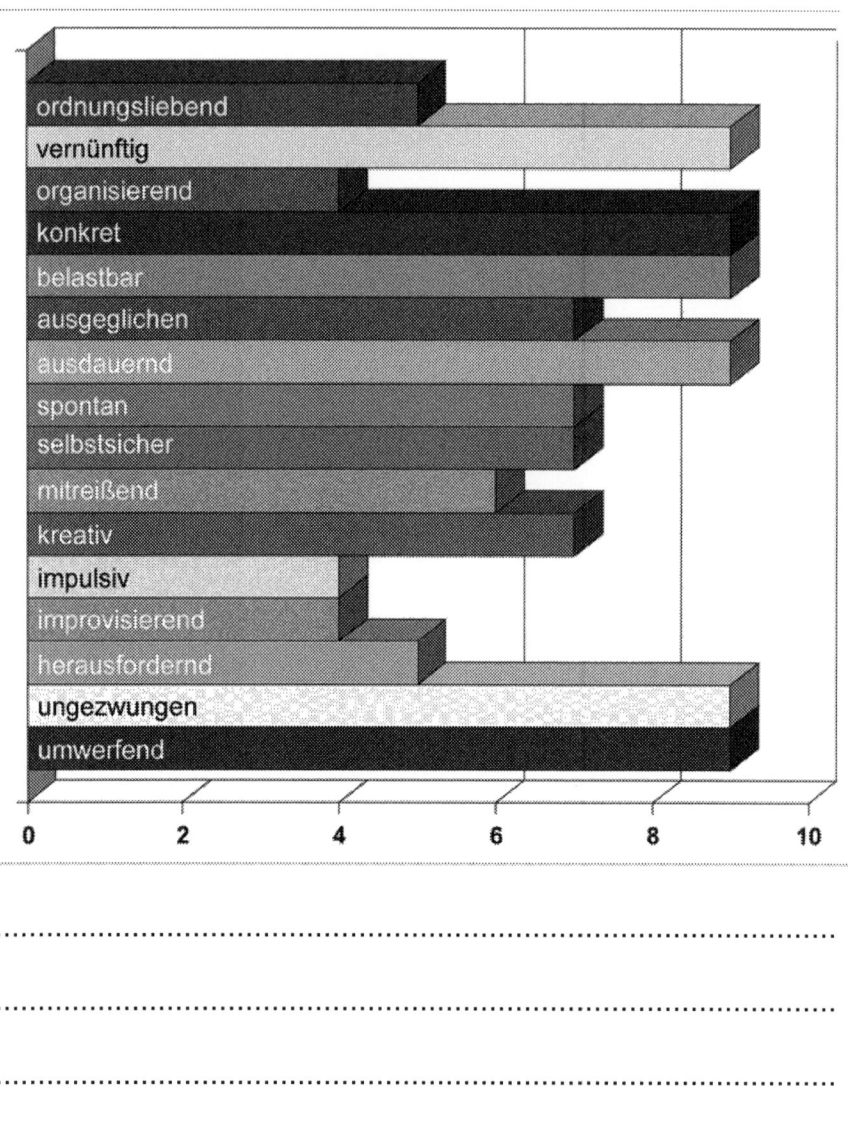

ordnungsliebend
vernünftig
organisierend
konkret
belastbar
ausgeglichen
ausdauernd
spontan
selbstsicher
mitreißend
kreativ
impulsiv
improvisierend
herausfordernd
ungezwungen
umwerfend

0   2   4   6   8   10

beständig					
gefühlvoll					
unternehmend					
motivierend					
großzügig					
energisch					
sanft					
handelnd					
geduldig					
gebend					
diplomatisch					
beruhigend					
tolerant					
bescheiden					

0　　　2　　　4　　　6　　　8　　　10

....

....

....

....

....

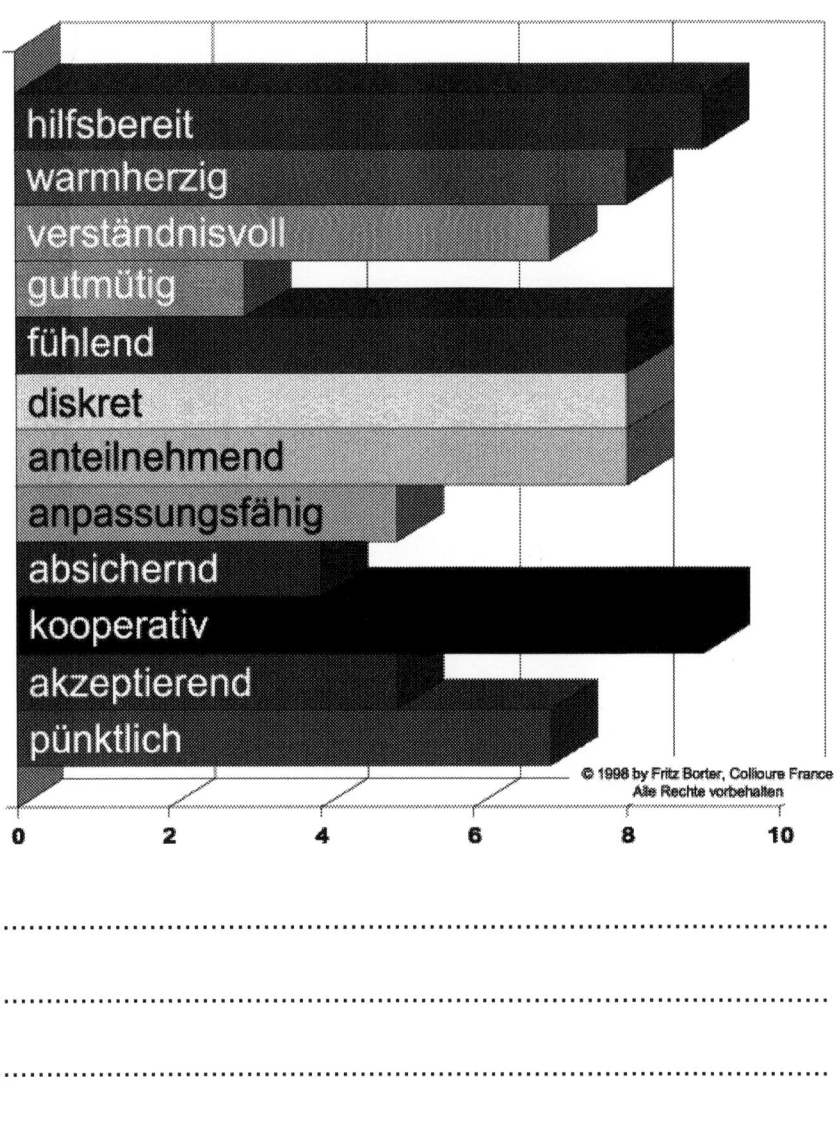

hilfsbereit
warmherzig
verständnisvoll
gutmütig
fühlend
diskret
anteilnehmend
anpassungsfähig
absichernd
kooperativ
akzeptierend
pünktlich

© 1998 by Fritz Borter, Collioure France
Alle Rechte vorbehalten

0   2   4   6   8   10

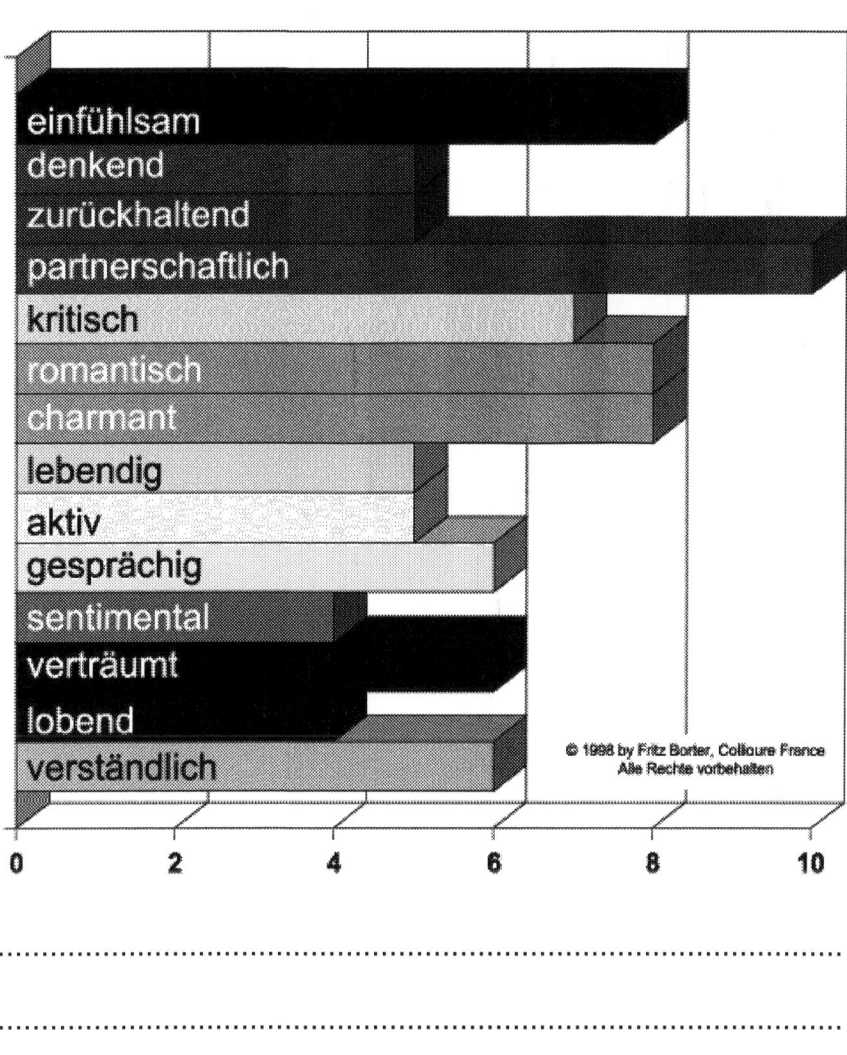

einfühlsam
denkend
zurückhaltend
partnerschaftlich
kritisch
romantisch
charmant
lebendig
aktiv
gesprächig
sentimental
verträumt
lobend
verständlich

0   2   4   6   8   10

© 1998 by Fritz Borter, Collioure France
Alle Rechte vorbehalten

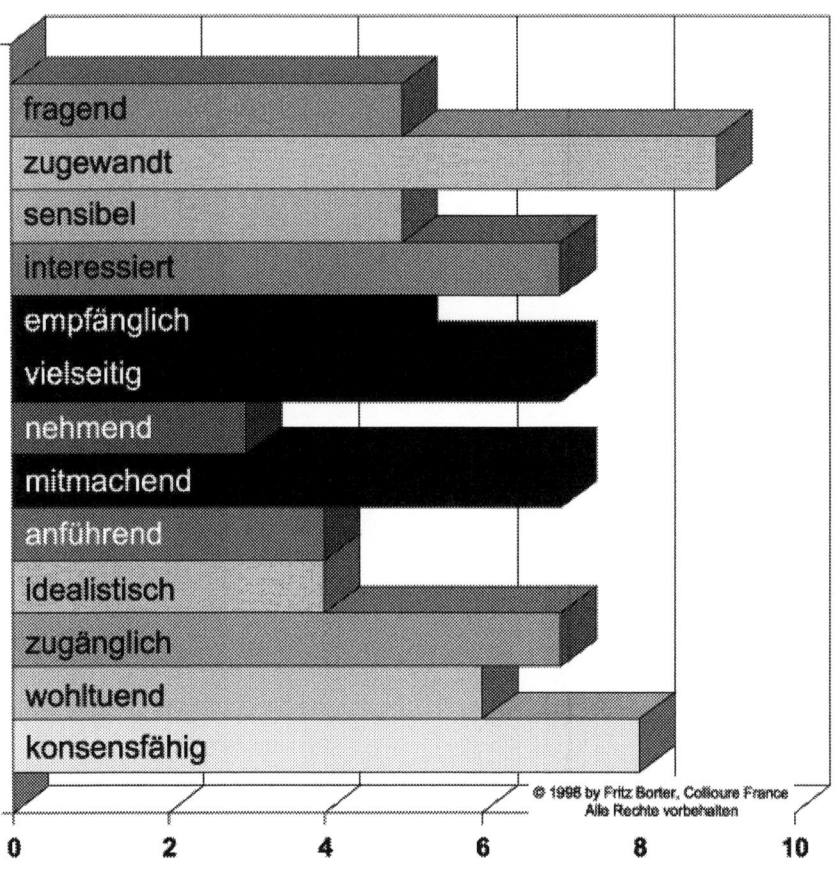

© 1998 by Fritz Borter, Collioure France
Alle Rechte vorbehalten

Bitte betrachten Sie die aufgelisteten Eigenschaften und deren Bewertung als Beispiel. Treffen Sie unbedingt Ihre eigene Auswahl aus den 239 aufgelisteten Eigenschaften!

Was ist Ihnen in einer Partnerschaft wichtig?

....

....

....

19. Stilrichtung und Beruf

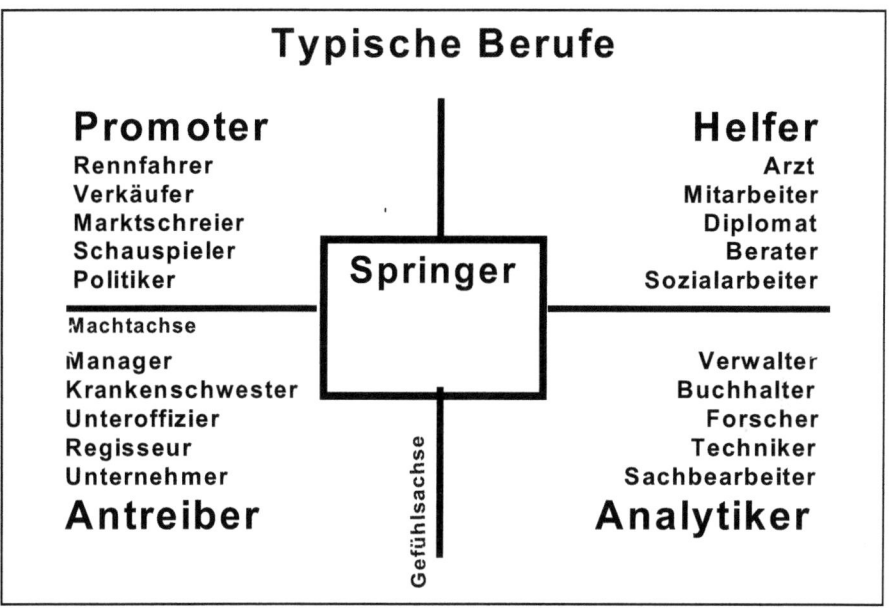

Typische Berufe

Promoter		Helfer
Rennfahrer		Arzt
Verkäufer		Mitarbeiter
Marktschreier		Diplomat
Schauspieler	**Springer**	Berater
Politiker		Sozialarbeiter

Machtachse

Manager		Verwalter
Krankenschwester		Buchhalter
Unteroffizier		Forscher
Regisseur	Gefühlsachse	Techniker
Unternehmer		Sachbearbeiter

Antreiber   **Analytiker**

Das ist natürlich keine abschließende Liste, denn prinzipiell ist jeder Mensch nur nach seinen Fähigkeiten und Neigungen zur Ausübung eines Berufes geeignet. Dabei ist der Springer grundsätzlich für alle Tätigkeiten geeignet.

Promoter	Helfer	Analytiker	Antreiber
Journalist	Gärtner	Forscher	Steiger
Maler	Landwirt	Laborant	Unfallarzt
Forscher	Drogist	Physiker	Dirigent
Werbetexter	Apotheker	Chemiker	Regisseur
Konditor	Pfleger	Drucker	Direktor
Floristin	Mechaniker	Bankkfm.	Bauingenieur
Gärtner	Friseur	Controller	Jurist
Tänzer	Lehrer	Zeichner	Unternehmer
Modellbauer	Fahrer	Professor	Rechtsanwalt
Erfinder	Pfarrer	Betriebswirt	Krankenschw.

Der Begriff „Beruf" kommt ja ursprünglich von „Berufung". Doch das mochte zur letzten Jahrhundertwende noch Gültigkeit gehabt haben.

Das gegenwärtige Jahrhundert hat hier einiges verändert:

Mein Urgroßvater war ein „Tauner", ein Transportunternehmer, und das sein Leben lang. Er hat das Unternehmen so um 1850 übernommen. Einer meiner Großväter war Spezialhandwerker bei der Rhätischen Bahn in Graubünden, der andere Hotelportier in Interlaken.

Mein Vater war zuerst Holzbildhauer, dann Schulmeister und später Berufsschullehrer. In seinem Leben übte er also bereits drei „Berufe" aus.

Eine solche Entwicklung liegt teilweise in der Evolution unserer Zeit, aber auch in Erkenntnissen wie:

Vertrauen in die Zukunft

Vertrauen in die eigenen Stärken

Dem Bedürfnis nach Erfolg, nach Leadership (Führung)

Martin Luther King:	**„I had a dream"**
Beatles:	**„All we need is love"**
Ronald Reagen:	**„we are strong"**

Wege aufzeigen, Ziele setzen, für sich selbst oder für sich und andere, diese Haltung ist heute gefragt.

Ihre eigenen Stärken
werden Sie dabei wirksam unterstützen.

20. Erlebnisse, Erfahrungen, Berichte

Die nachfolgenden Schilderungen von einzelnen Stilrichtungen sollen mithelfen, das Erlebnis des Erkennens zu vertiefen und als praktische Übungsbeispiele auch aufzeigen, wo Konflikte entstehen können und wie Sie damit umgehen sollten.

Die Reise nach Paris[60]

Fig. 1. — Vue d'ensemble des palais de l'Esplanade des Invalides.

Die Geschichte zeigt typische Verhaltensmuster der einzelnen Stilrichtungen in verschiedenen Situationen auf, denen die fünf Personen gleichermaßen ausgesetzt sind.

Fünf Unternehmen haben über ein Reisebüro im Rahmen einer Werbeaktion die Möglichkeit erhalten, je einen jungen Mitarbeiter mit einer Wochenendreise nach Paris zu honorieren.

---

[60] Eine Geschichte geschrieben von Heike Scharf. Das Bild stammt aus dem Jahr 1900, dem Jahr der Weltausstellung in Paris.

Die fünf ausgewählten Männer im Alter von ca. 20 Jahren werden sich erst auf dem Flughafen kennenlernen. Ihr Treffpunkt ist der Ticketschalter der Fluggesellschaft.

Beobachten wir nun, wie sich die Personen auf ihre Reise vorbereiten und wie sie die Reise erleben:

Ernst
sitzt, wie jeden Donnerstag abend um diese Zeit, in seinem Stammlokal am Tisch in der hintersten Ecke und spielt mit seinem langjährigen Freund Schach. Ganz nebenbei erzählt er nüchtern, daß er morgen nach Paris fliegt und deshalb heute eine Stunde früher nach Hause gehen wird. Er will den Flughafen noch einmal anrufen und sich ein letztes Mal vergewissern, daß sein Ticket zurückgelegt ist und sich die Abflugzeit nicht geändert hat. Seine Reisetasche steht bereits fertig gepackt im Flur seiner Wohnung. Die Fahrkarten für die Straßenbahn befinden sich griffbereit in seiner Brieftasche. Den Stadtführer von Paris mit dem dazugehörigen Stadtplan hat er sorgfältig zu seinem Handgepäck gelegt.
Von einem Bekannten hat er sich ein Wörterbuch für Französisch ausgeliehen, damit er sich nicht allein auf seine Schulkenntnisse in dieser Sprache verlassen muß.

Alles ist gut vorbereitet.

Auch mit den vielen Sehenswürdigkeiten dieser Stadt hat er sich auseinandergesetzt und vertrautgemacht.
Nun konzentriert er sich aber wieder auf sein Spiel und bringt mit einem wohlüberlegten Schachzug seinen Gegenspieler in Bedrängnis, so daß diesem die Möglichkeit des Ausfragens über die Gründe der Reise nach Paris genommen wird.

Dirk
steht zur gleichen Zeit unter der Dusche in der Sporthalle seines Wohnortes.
Das Handballtraining hat ihn ganz schön zum Schwitzen gebracht. Er genießt die erfrischende Dusche und fühlt sich rundherum wohl. Dann nimmt er das Seifenstück zwischen die Finger und schnipst damit seinen Sportsfreund gegenüber an. Dieser zuckt erschrocken zusammen. Dirk beginnt zu lachen. „He, du hast ja wieder ein Temperament wie eine Schlaftablette. Kein Wunder, daß wir immer verlieren, wenn du im Tor stehst."
Die anderen Handballer geben Dirk recht und müssen ebenfalls lachen.

Dirk hat die Aufmerksamkeit seiner Mitspieler erregt und gibt noch ein paar neue Witze zum Besten.

Beim Anziehen fragt er laut, was sie denn mit dem angebrochenen Abend tun werden.

Einige sind sofort bereit, mit ihm noch etwas zu unternehmen. „Aber nicht schon wieder ins Kasino", sagt er. „Da sitzen immer dieselben Langweiler herum." Die Idee, die neue Diskothek des Nachbarortes aufzusuchen, findet er gut.

Gegen 2.00 Uhr kommt er müde nach Hause. Er ruft die Bahnhofsinformation an, läßt sich einen Zug zum Flughafen Frankfurt heraussuchen, reserviert und bestellt sich ein Taxi für 5.15 Uhr. Dann packt er, ohne sich viel Zeit dafür zu nehmen, ein paar Anziehsachen in seine Tasche, stellt sich den Wecker auf fünf Uhr und schläft sofort ein.

Julian

will sich einen bequemen Fernsehabend machen. Er genießt gerade die Feierabendruhe, als das Telefon klingelt und seine Schwester sich bei ihm meldet. Ihr Babysitter ist ausgefallen, und nun bittet sie ihn, als Ersatz einzuspringen, damit ihr langgeplanter Kinobesuch nicht ins Wasser fallen muß. Obwohl Julian müde ist, macht er sich auf den Weg zur Wohnung seiner Schwester, um ihr zu helfen. Er mag seine zwei Neffen und verliert nicht die Nerven, als das Baby zu schreien anfängt und der Dreijährige davon wach wird.

Er erklärt dem Jungen geduldig, warum seine Mama nicht da ist und schafft es sogar, das Baby nach langem Geschrei wieder zu beruhigen.

Müde, aber zufrieden läßt er sich nach diesem Babysitterdienst ins Bett fallen. Seine Sachen sind gepackt, der Wecker gestellt.

Alles ist vorbereitet, doch er ist aufgeregt und befürchtet, daß er etwas vergessen haben könnte.

Mit diesen Gedanken wälzt er sich noch eine Weile im Bett herum, bis er schließlich einschlafen kann.

Max

sitzt in seinem Auto und ärgert sich über den Stau auf der Stadtautobahn. Er kommt vom Managerlehrgang, den er nach Feierabend besucht. Er ist der jüngste Ingenieur in seiner Firma.

248

Ehrgeizig wie er ist, denkt er darüber nach, wie er die nächste Stufe auf seiner Karriereleiter noch schneller erreichen kann.

Stockend geht der Verkehr weiter. Sonst braucht er für diese Strecke keine halbe Stunde, aber heute wird es wohl doppelt solange dauern. Ungeduldig greift er zu seinem Funktelefon und informiert seine Freundin, daß er sich verspäten wird. Wieder setzt sich die Autokolonne in Bewegung, und stückchenweise nähert sich Max der Autobahnabfahrt.

Seine Gedanken sind nun bei der Wochenendreise nach Paris. „Also Max", hat sein Chef zu ihm gesagt, „diese Reise hast du dir verdient."

Nutze die Zeit, um dich zu entspannen und neue Eindrücke zu sammeln."

Paris hat ihn schon lange interessiert. Er schaut auf die Uhr. Wieder wählt er die Nummer seiner Freundin.

„Ja, ich bin's nochmal, pack doch bitte meine Sachen für morgen! Kannst du mich denn nun zum Zug bringen, oder muß ich eine andere Lösung finden?"

Er ist zufrieden, sie hat alles arrangiert.
Zu Hause angekommen, kontrolliert er kurz, ob sie auch das Richtige eingepackt hat und läßt sich dann von ihr verwöhnen.

René
verbringt den Abend mit Freunden, die er zum Kartenspielen eingeladen hat. Es ist ein lustiger Abend, die Runde ist witzig und gut aufgelegt, und es wird kräftig gelacht.
Ihm fällt aber auf, daß sein bester Kumpel und dessen Freundin ungewöhnlich ruhig sind.

Aufmerksam beobachtet er sie und kommt zu der Vermutung, daß die beiden Ärger miteinander haben und selbst sehr darunter leiden.
Als er etwas später seine Gäste verabschiedet, bietet er dem zerstrittenen Paar an, noch ein Weilchen zu bleiben.
Unverblümt spricht er sie auf ihr Problem an. René schafft es, daß sich die Atmosphäre wieder entspannt und das Paar bereit ist, versöhnend miteinander zu reden. Zufrieden begleitet er die beiden zur Tür. „Bleibt es dabei, daß du mich morgen mit deinem LKW mit nach Frankfurt nimmst?" Es ist abgemacht, und sie verabreden sich für 5.30 Uhr am nächsten Tag.

Seine Sachen hat er noch nicht gepackt. Er fühlt sich müde. „Packen kann ich morgen in der Früh."

Es ist 10 Minuten nach 7 Uhr.

Max
meldet sich am Ticketschalter. Er bekommt sein Flugticket ausgehändigt und erfährt von der freundlichen Dame, daß er der erste der kleinen Reisegesellschaft ist. Er geht sich eine Zeitung kaufen und setzt sich so, daß er den Schalter überblicken kann.

Kurz nach ihm erreicht

Ernst
den Treffpunkt. Er blickt auf die Uhr und schaut sich um. Verwundert stellt er fest, daß noch keiner hier wartet. Sachlich spricht er die junge Frau am Schalter an. Diese kann sich daran erinnern, daß er sich bereits telefonisch nach der Flugreservierung erkundigt hatte. Ernst nimmt sein Ticket in Empfang und fragt nach seinen Mitreisenden.

In diesem Augenblick tritt

Julian
an den Schalter. Er entschuldigt sich für die Störung und bittet um Auskunft. Die Dame vom Schalter bestätigt die Reservierung auf seinen Namen. Erleichtert atmet Julian auf, denn er hatte schon befürchtet, daß er auf dem riesigen Flughafengelände den Treffpunkt nicht finden würde.

Etwas verlegen schaut er sich nach Ernst um. Ob er ihn ansprechen soll? Nun steht auch Max auf und gesellt sich zu den beiden. Sie machen sich kurz miteinander bekannt und warten gemeinsam auf die zwei Fehlenden des Quintetts. Ernst zieht die Augenbrauen beim Blick auf die Uhr kritisch zusammen. Es sind schon 10 Minuten, die sie länger als geplant hier warten. „Wenn ich etwas überhaupt nicht mag, dann ist das Unpünktlichkeit", bemerkt er trocken. „Da gebe ich Ihnen recht", pflichtet ihm Max bei: „Ich warte auch sehr ungern." „Es sind ja erst 10 Minuten. Es kann doch immer etwas dazwischenkommen", ergreift Julian mit leiser Stimme Partei für die zwei Unpünktlichen. „Schließlich kann man sich hier ja auch verlaufen", denkt er. Max beschließt, noch weitere fünf Minuten auszuharren, sich aber dann zur Flugabfertigung zu begeben.

René
läuft hastig die Flughafenhalle entlang. Er hatte erst im Auto bemerkt, daß seine Papiere noch in der Wohnung lagen. Nun mußte sein Freund ihn zurückfahren, dadurch kamen sie ganz schön in Zeitnot. Plötzlich rutscht er auf dem glatten Boden aus, stolpert und stürzt über einen anderen panisch rennenden jungen Mann. „Aufgepaßt!" schreit Dirk noch, kann den Zusammenprall aber nicht mehr vermeiden.

Dirk
hatte ganz einfach verschlafen und mußte einen späteren Zug nehmen.

Julian
eilt den beiden sofort zu Hilfe. „Haben Sie sich verletzt?", fragt er sie. Dirk blickt sich noch auf den Boden sitzend um. Er sieht den Schalter der Tikketreservierung und erkennt, daß er sein Ziel erreicht hat. „Nein, vielen Dank, mir ist nichts passiert." Er nimmt seine Tasche und geht zügig zum Treffpunkt. Auch René erkennt, daß er hier richtig ist. Als die beiden ihre Tickets erhalten, müssen sie über ihr Mißgeschick herzlich lachen. „Mein Name ist Dirk. Ich freue mich, daß wir zusammen diese Reise machen." „Ich heiße René." Herzlich schütteln sie sich die Hände und müssen immer wieder schmunzeln. Dann machen sie sich auch mit den anderen bekannt.

Ernst drängt zum Aufbruch.

Ohne weitere Zwischenfälle kommen die fünf in Paris an. **Ernst ist gut informiert.** Auf seinem Stadtplan kann er den anderen das Hotel zeigen.

Max nimmt mit großem Interesse die Informationen auf. Dirk schwärmt indessen von den hübschen Pariserinnen und davon, daß er schon einmal mit einem Mädchen aus der Nähe von Paris verlobt war. **Julian hört ihm begeistert zu,** und auch die anderen müssen schmunzeln, wenn sie Dirk in seinen Erinnerungen schwelgen hören. Ernst wendet sich immer wieder mit seinem Stadtplan an Max, um sich Bestätigung für die Richtigkeit, des von ihm vorgeschlagenen Weges zu holen. Auch **René wirft ab und zu einen Blick** auf den Stadtplan, **gesellt sich aber vorwiegend zu den anderen**, um von Dirks Erzählungen nichts zu verpassen.
Sie erreichen gut gelaunt das Hotel.

An der Rezeption erfahren sie aber zu ihrem Entsetzen, daß es sich um einen Fehler des Reiseunternehmens handeln muß, denn von einer Reservierung ist den Hotelangestellten nichts bekannt. „Wir sind vielleicht im falschen Hotel."

Sieh noch mal auf deine Karte! Wer weiß, wo du uns hingeführt hast!" sagt Dirk und stupst Ernst etwas provozierend an. „Ich habe mich nicht getäuscht", sagt er beleidigt und zeigt mit seinem Finger auf den Plan. „Mir wurde versichert, daß ein Reiseleiter hier in der Empfangshalle mit uns zusammentreffen wird. Wir sollten auf ihn warten. Der wird schon alles für uns regeln", unterbricht Julian vorsichtig das Gespräch und sieht sich blaß und hilfesuchend um.

„Also dann, Leute, setzen wir uns da drüben in die Polsterecke und warten auf den Reiseleiter", **schlägt René voller Zuversicht vor.**

Die fünf mustern jeden, der das Hotel betritt, in der Hoffnung, daß einer davon ihr Reiseleiter ist. Aber die Zeit vergeht. Seit zwei Stunden warten sie schon vergebens.

„Alles habe ich hinterfragt. Warum bin ich nicht auf die Idee gekommen, das Hotel anzurufen?" macht sich Ernst Selbstvorwürfe. „Weil dir die Telefonkosten nach Paris zu hoch waren", neckt Dirk ihn. „Was machen wir denn, wenn gar kein Reiseleiter kommt?" will Julian von den anderen wissen. „Dann verführe ich die süße Blondine von der Rezeption und quartiere mich bei ihr ein.

Euch könnte ich da natürlich nicht unterbringen."

Dirk muß bei diesem Gedanken laut lachen, so daß die blonde Frau neugierig herüberschaut. „Hast du gesehen, Julian, der Anfang ist getan."

„Mir reicht es langsam." Max steht auf und blickt auf die anderen herunter. „Ihr könnt machen, was ihr wollt. Ich werde nicht länger hier untätig herumhocken.

Als erstes werde ich jetzt versuchen, das Reiseunternehmen anzurufen. **Ernst, hast du die Reisepapiere noch griffbereit?"**

Die Unterlagen in der Hand geht er mit großen festen Schritten an die Hotelrezeption. **Mit lauter Stimme** und einem guten Englisch hören seine Begleiter ihn mit der jungen Frau sprechen. Sie sehen, wie er das Telefon überreicht bekommt und hoffen, daß er das Reiseunternehmen am Apparat hat. **„Verdammt!" hören sie ihn fluchen.** Die Frau von der Rezeption zuckt erschrocken zusammen. René tritt zu ihm. „Und?", fragt er. „Die automatische Telefonansage hat sich gemeldet: Wir sind erst am Montag wieder für Sie da. Nicht mal ein Anrufbeantworter", flucht Max.

Dann verlangt er mit barschem Tonfall, die Hotelangestellte solle noch einmal alle Buchungen überprüfen. Diese wird sichtlich nervös und tippt krampfhaft auf der Tastatur ihres Computers herum.

„Das arme Mädchen", flüstert Julian, „die kann doch auch nichts dafür." „Laß ihn nur mal machen. Vielleicht hat er damit Erfolg", erwidert Dirk. Er findet das ganze Ereignis einfach spannend, und Abenteuerlust bringt seine Wangen zum Glühen. Ernst dagegen ist deprimiert, und die Freude auf Paris ist ihm vergangen.

In Gedanken rechnet er sich aus, was es kosten würde, wenn sie die Unterkunft selbst bezahlen müßten.

Die junge Frau schüttelt bedauernd den Kopf. Sie holt einen Kollegen zu Hilfe. Max verhandelt mit ihm, und René erklärt den anderen, daß Max sich bemüht, ein anderes Hotel ausfindig zu machen. „Das können wir doch gar nicht bezahlen", erwidert Ernst.

„Hast du einen besseren Vorschlag?" will Dirk wissen.

„Es könnte doch sein, daß der Reiseleiter doch noch kommt. Oder wir bemühen uns um einen Rückflug heute abend oder..." „Kommt überhaupt nicht in Frage", unterbricht Dirk Ernsts Überlegungen. „Ich will Paris entdecken, jetzt wo ich schon mal hier bin. Ist doch egal, wo wir schlafen, und wenn wir das ganze Wochenende durchmachen." „Also, ich schlage vor, daß wir abwarten, was Max erreicht hat.

Danach kann jeder selbst entscheiden, was für ihn das Beste ist", sagt René. Mit festen Schritten kommt Max herüber. „Also", beginnt er und alle vier sehen ihn erwartungsvoll an. „Ich konnte eine Unterkunft für uns organisieren. Da wir aber alle wahrscheinlich nicht damit gerechnet haben, unser Geld für die Übernachtung auszugeben, habe ich nach einer preisgünstigen Alternative gefragt. Der Herr an der Rezeption konnte für uns Zimmer in einer Pension beschaffen. Ernst, du kannst mal mit deinem Stadtplan hinübergehen und den Ort der Pension ankreuzen lassen. Falls sich doch noch ein Reiseleiter nach uns erkundigen sollte, dann kennt man hier unsere Unterkunft und kann uns informieren." „Ist doch prima!" jubelt Dirk los, und Julian bewundert Max für sein Verhandlungsgeschick und seine Art, die Dinge unkompliziert zu regeln. „Ernst, gib mir mal den Stadtplan, das ist die Gelegenheit für mich, **diese Frau kennen-zulernen"**, ruft **Dirk** und eifrig macht er sich auf den Weg zur Rezeption.

„Meinst du, daß das richtig ist, was wir tun?" zweifelt **Ernst** immer noch. **„Also, mir ist es egal, was ihr macht. Ich habe etwas organi-siert, und wer will, kommt mit. Ich gehe auf alle Fälle."**

Damit nimmt Max seine Tasche und geht zu Dirk hinüber.

„Für mich klingt das vernünftig. Kommt Jungs, sehen wir uns Paris an. Machen wir das Beste daraus." René zieht Julian vom Sessel hoch und ist bemüht, Einigkeit herzustellen.

Alle fünf verlassen das Hotel.

In der Unterkunft stehen drei Einzelzimmer und ein Doppelzimmer zur Verfügung.

Max
zieht ohne Bemerkung in das erste Zimmer ein.

Dirk
nimmt ganz selbstverständlich das zweite Zimmer.

Julian
meint, daß es ihm nichts ausmachen würde, wenn er sein Quartier teilen müßte.

René
Sagt; „OK, mir ist es auch egal", und geht mit Julian in das Doppelzimmer.

Ernst
nimmt wortlos das dritte Einzelzimmer.

„He Jungs!" hören sie nach zwei Minuten Dirk rufen. „Wie lange wollt ihr noch hier herumhängen?" Ungeduldig klopft er an die Türen. René und Julian kommen sofort heraus. Auch Max ist fertig und schlägt vor, etwas französische Küche zu probieren. „Prima", sagt René und wirft sich seine Jacke über die Schulter. „Gut", erwidert Dirk, „gehen wir speisen wie Gott in Frankreich." René, Dirk und Max gehen die Treppe herunter. „Halt!" ruft Julian, „wir können Ernst doch nicht zurücklassen. Ich gehe ihn holen. Wartet aber auf uns." Julian klopft erst an die Zimmertür, dann tritt er ein. „Was ist denn los?" will Ernst wissen, als er frisch gewaschen und gekämmt aus dem Badezimmer kommt. „Wir wollen los, die anderen warten unten schon auf uns."

Hungrig kehren die jungen Männer in ein kleines, unscheinbares Restaurant ein.

Max widmet sich den Gerichten auf der Speisekarte. Ernst dagegen konzentriert sich auf die Preise. Er hört kritisch zu, als Max Vorschläge für das Menü macht. „Na ja", sagt er. „Ich esse am liebsten das, was ich kenne." Dirk stimmt den Vorschlägen von Max sofort zu, möchte aber unbedingt noch Schnecken probieren. Julian hat keine eigene Meinung dazu, und René will sich überraschen lassen, wie es schmeckt. Das Essen und der gute Rotwein bringen die fünf in heitere Stimmung. Auch Ernst gibt sich wieder etwas gelassener, und Julian hat rote Wangen und lobt das Dessert. „Und was hat Paris zu dieser Stunde an Attraktionen zu bieten?" will Dirk wissen und sieht bei diesen Worten spitzbübisch zu Ernst herüber. Dieser nimmt einen Schluck Wein und zählt trocken einige Möglichkeiten auf. Nach kurzer Diskussion beschließt man, zur Place Pigalle zu wandern. „Das ist die älteste Sündenmeile Europas", erklärt Ernst. „Genau das Richtige für uns", trompetet Dirk. „Dich werden wir wohl an die Hand nehmen müssen, sonst gehst du uns dort verloren", neckt Max.

Auf den Straßen herrscht trotz später Stunde noch reges Treiben, und René ist von diesem Trubel fasziniert. Gierig nimmt er die wunderbare Atmosphäre auf. Julian meint mit etwas ängstlichem Unterton, daß er allein, um diese Uhrzeit hier nicht entlanggehen würde. Dirk dagegen hüpft wie ein Gummiball von einer Attraktion zur anderen und überredet die vier immer öfter, mit hineinzukommen. Vor dem Moulin Rouge angekommen, erzählt Ernst seinen Begleitern etwas über die Geschichte des „Cabaret von Montmartre". René äußert mit glänzenden Augen den Wunsch, sich das einmal von innen ansehen zu können, und Julian gerät auch ins Schwärmen. „Für uns ist das zu teuer, und ohne Voranmeldung hat man kaum eine Möglichkeit, Karten zu bekommen", warnt Ernst. Aber Max und Dirk lassen sich nicht entmutigen und können Karten für die Spätvorstellung besorgen.
Müde, aber gut gelaunt kommen sie irgendwann nachts in der Pension an.

Beim Frühstück meint Ernst plötzlich:

„Was kostet eigentlich die Unterkunft?" Angeregt durch ihn überprüfen alle ihre finanzielle Lage. Schließlich hat ja niemand damit gerechnet, alle Kosten auf dieser Reise selbst tragen zu müssen. „Was haltet ihr davon, daß wir wieder zusammen als Gruppe den Tag verbringen?" fragt René. Julian ist sofort dafür. Auch die anderen nicken zustimmend und schauen automatisch auf Max, um seine Meinung zu hören. „OK, wenn sich unsere Interessen vereinbaren lassen, dann habe ich nichts dagegen." „Nicht nur unsere Interessen sind wichtig, auch die Preise", bemerkt Ernst noch einmal sehr betont.

„Also, dann schlage ich folgendes vor:"

Ernst rechnet schnell durch, wieviel sie für die Fahrt zum Flughafen und für die Unterkunft brauchen und sucht aus seinem Reiseführer die günstigsten Sehenswürdigkeiten aus. Julian und René können ihm dabei helfen. „In einer halben Stunde treffen wir uns hier wieder und stimmen den Plan für heute ab." Mit diesen Worten erhebt sich Max. „Ich versuche noch einmal, das Reiseunternehmen anzurufen." In diesem Moment kommt Dirk gut gelaunt in den Raum. „Na, ihr Langschläfer. Beeilt euch mit dem Frühstück, ich habe eine Stadtrundfahrt für uns gebucht." Die anderen sehen ihn ungläubig an. „Ohne uns zu fragen? Was kostet das denn?" fragt Ernst sofort. „Ihr werdet es nicht glauben, aber dieses Vergnügen bekommen wir kostenlos", triumphiert Dirk. „Mit den besten Empfehlungen von der süßen Blondine der Hotelrezeption."

Sie nehmen die Einladung zur Stadtrundfahrt an und beschließen danach, den Eiffelturm und den Triumphbogen zu besichtigen mit einem anschließenden Bummel auf den Champs Elysée. In der Zeit, die ihnen danach noch zur Verfügung steht, planen sie einen Besuch der Kathedrale von Notre Dame.

Entsetzt sehen sie die vielen Touristen, die sich in langen Schlangen vor den Eingängen des Eiffelturms versammelt haben. „Verdammt, da müssen wir uns ja stundenlang anstellen, bis wir rauf dürfen", stellt Dirk enttäuscht fest. „Paris und der Eiffelturm gehören nun mal zusammen, und jeder, der diese Stadt besucht, weiß das", erklärt Ernst. „Das sehe ich", sagt René.

„Es gibt zwei Möglichkeiten, hinaufzukommen.

Dort drüben ist ein Fahrstuhl, und hier kann man zu Fuß nach oben steigen." Ernst zeigt mit dem Finger in beide Richtungen. „Die Schlange vor dem Fahrstuhl ist ja fast doppelt so lang, wie die vor der Treppe. Da sind wir schneller oben, wenn wir zu Fuß gehen", entscheidet Dirk. „Das kostet auch weniger", sagt Ernst. „Dann haben wir aber kaum noch Zeit für die Notre Dame", stellt René fest. „Ich wähle übrigens die dritte Möglichkeit, den Eiffelturm zu erleben. Ich fahre jetzt mit dem Aufzug dort drüben in die erste Etage, setze mich in eines der berühmtesten Restaurants der Stadt, betrachte mir bei einem guten Essen die Konstruktion des Turmes und genieße die Aussicht in einer angenehmen Atmosphäre, denn Lust, mich stundenlang anzustellen, habe ich nicht." Max hat sich entschieden. „Er hat recht", bemerkt René. „Wenn wir uns hier anstellen, dann ist der Tag gelaufen." „Na gut, alleine habe ich auch keine Lust, mich die Treppen hochzuquälen", stellt Dirk fest und gesellt sich zu den anderen. Während Max, Dirk, René und Julian einer Meinung sind, muß Ernst gegen seinen Willen davon überzeugt werden.

Es hat sich ein Team gebildet,

in dem

Max
die Entscheidungen trifft,

Dirk
mit seinen Ideen und Initiativen neue Impulse einbringt,

Ernst
die Finanzen überwacht, sorgfältig alle Eintrittskarten und Belege sammelt und mit detailliertem Wissen über Sehenswürdigkeiten der Stadt den Reiseführer ersetzt,

Julian
stets zur Stelle ist, wenn Hilfe benötigt wird und es

René
immer wieder gelingt, mit Feingefühl Einigkeit in der Gruppe herzustellen.

Pflastermüde, aber gut gelaunt sitzen sie schließlich bis spät in der Nacht in einem winzigen Café mit Franzosen und anderen Touristen in lockere Gespräche verwickelt zusammen.

Sie genießen ihren letzten Abend in Paris.

Sanft setzt das Flugzeug auf der Landebahn des Frankfurter Flughafens auf. Der Wochenendtrip nach Paris ist zu Ende. Am Montag finden die fünf jeder einen Brief vom Reiseveranstalter in ihrer Post:
„... Die erstandenen Kosten werden selbstverständlich von uns übernommen... Wir freuen uns, Sie zu einem Wochenende in London einzuladen."

Betrachten wir uns nun die fünf Personen einzeln und bestimmen deren Stilrichtung:

Welche Verhaltensweisen und Eigenschaften konnten beobachtet werden?

Ernst

- erzählt nüchtern
- will sich vergewissern
- ist sorgfältig
- ist gut vorbereitet
- ist pünktlich
- ist sachlich
- mag keine Unpünktlichkeit
- drängt zum Aufbruch
- ist beleidigt
- macht sich Selbstvorwürfe
- ist deprimiert
- rechnet in Gedanken die Kosten aus
- zweifelt
- konzentriert sich auf die Preise
- hört kritisch zu
- zählt trocken auf
- erklärt
- muß überzeugt werden
- überwacht die Finanzen
- hat detailliertes Wissen

Dirk

- erregt Aufmerksamkeit
- erzählt Witze
- lacht laut
- neckt andere
- liebt Abwechslung
- ist etwas unpünktlich (hat verschlafen)
- schwärmt
- schwelgt in Erinnerungen
- ist provozierend
- ist abenteuerlustig
- jubelt
- ist ungeduldig
- ist spitzbübisch
- hüpft wie ein Gummiball
- ist gut gelaunt
- triumphiert
- ist enttäuscht
- bringt neue Impulse ein

Julian

- hilft
- ist geduldig
- kann gut mit Kindern umgehen
- ist unsicher
- entschuldigt sich
- bittet um Auskunft
- ist verlegen
- ergreift mit leiser Stimme Partei
- eilt zu Hilfe
- hört begeistert zu
- unterbricht vorsichtig das Gespräch
- ist hilfesuchend
- flüstert
- bewundert
- hat keine eigene Meinung
- ist ängstlich
- gerät ins Schwärmen

Max

- ist ehrgeizig
- läßt andere für sich tätig sein
- vergibt Aufträge
- kontrolliert
- läßt sich verwöhnen
- setzt sich so, daß er alles überblicken kann
- wartet nicht gern
- nimmt mit großem Interesse Informationen auf
- spricht mit lauter Stimme
- Sprachtalent
- geht mit festen Schritten
- flucht
- barscher Tonfall
- verlangt
- verhandelt
- organisiert
- trifft Entscheidungen

René

- ist gesellig
- spürt, wenn sich andere nicht wohl fühlen
- spricht unverblümt Probleme an
- schafft es, problematische Atmosphären zu entspannen
- wirkt vermittelnd
- läuft hastig
- ist etwas zerstreut (hat Papiere vergessen)
- lacht herzlich
- ist zuversichtlich
- ist bemüht, Einigkeit herzustellen
- will sich überraschen lassen
- ist vom Trubel fasziniert
- gierig auf die wunderbare Atmosphäre
- stellt fest
- bemerkt
- hat Feingefühl

Diese Notizen lassen sich nun einfach mit den Stärken und Schwächen der einzelnen Stilrichtungen und mit dem, was diese lieben und hassen, vergleichen[61].

Ich komme zu dem folgenden Ergebnis:

Ernst
gehört mit seiner sachlichen, trockenen Art, der ständig hinterfragt und absichern will, eindeutig zu den **Analytikern.**

Dirk
dagegen ist spontan, liebt die Herausforderung sowie die Anerkennung von anderen und zeigt seine Gefühle offen. Damit trifft für ihn nur die Stilrichtung des **Promoters** zu.

Julian
liebt es harmonisch. Er kann nicht Nein sagen, auch wenn er dadurch seine eigenen Interessen vernachlässigen muß. Dies zeichnet typisch den **Helfer** aus.

Max
ist mit seiner sicheren und überlegenen Art der eindeutige **Antreiber.**

René
paßt sich scheinbar jeder Situation und Person an. Ab und zu tritt aber auch er klar hervor und bezieht Stellung. Er ist der **Springer.**

---

[61] Ab Seite 81

Die Stilrichtung der Reisenden nach Paris

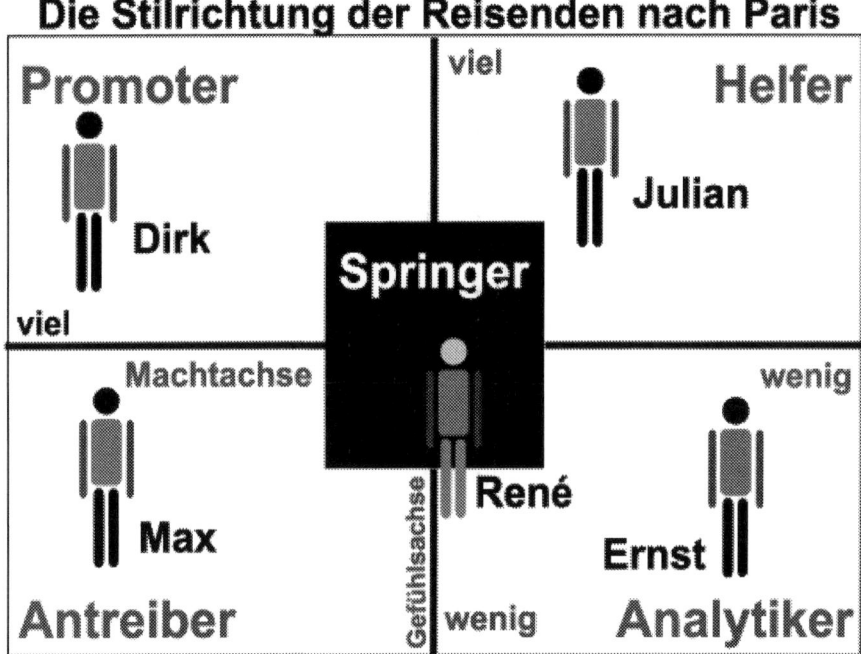

Und nun noch einige weitere Beispiele und Übungen in der Erkennung der Stilrichtungen:

Bitte versuchen Sie, die jeweilige Hauptstilrichtung zu ergründen. Ich verrate sie Ihnen nicht, denn spätestens nach dem dritten Anlauf kommen Sie von selbst zur richtigen Lösung.

Claudio

Schlank, schwarzes Haar und immer nach der neuesten Mode gekleidet, arbeitet im Tessin in der Touristikbranche. Er war ein Lebenskünstler oder noch besser gesagt, ein „Überlebenskünstler".
1964 war ein Volkswagen-Cabrio ein ganz schön aufwendiger, aber vor allem auffälliger Wagen.
Er ließ keine Gelegenheit aus, ihn offen zu fahren. Der Wagen war ein Teil von ihm. Und weil er in Lugano zur Zeit der einzige war, erregte er damit die beabsichtigte Aufmerksamkeit.

Seine Ehe war sehr gefährdet. Zu viele Freundinnen ...
Und immer seltener ließen sich die Überstunden rechtfertigen.
Sein Job war, in Europa Hotelzimmer für amerikanische Touristen zu ak-
quirieren und unter Vertrag zu nehmen.
Paris, London, Rom, Madrid und Ljubljana waren nur einige seiner Reise-
ziele. Die dauernden Veränderungen waren sein Lebenselixier. Er lebte
sein Leben. Und er liebte es.
Spesen spielten keine Rolle. Und Freundinnen kosten schließlich einiges
Geld ...
Paris, London ... Es war schon ein herrliches Leben. Immer war Highlife
angesagt, immer etwas Neues, etwas noch aufregenderes ...
Trotz hervorragender Leistungen und guten Abschlüssen, eines Tages
wurde er fristlos entlassen. Unpünktlichkeit, Abrechnungsprobleme, Lieb-
schaften in der Firma und nicht zuletzt seine oft arrogante Art mochte die
Geschäftsleitung nicht länger tolerieren.
Natürlich war er vorerst „am Boden zerstört" und in seiner Eitelkeit, seinem
Selbstwertgefühl sehr verletzt.
Doch schon zehn Tage später wurde er von einem renommierten Reisebü-
ro in Zürich eingestellt. Zu einem höheren Gehalt, aber mit mehr Kontrolle.
Sein Ruf war ihm vorausgeeilt.

Der Hauptmann

Er ist ganz auf Aktivität eingestellt. In seinem Umfeld ist immer etwas los.
Und wenn nicht, so telefoniert er dauernd. Gelassen abzuwarten fällt ihm
sehr schwer. Er setzt sich selbst und seine Umwelt dauernd unter Druck.
Er ergreift immer wieder die Initiative, um nur ja den Ablauf der Dinge
selbst zu bestimmen oder wenigstens entscheidend mitprägen zu können.
Er besitzt die Fähigkeit, die Möglichkeiten des Augenblicks zu erkennen
und ohne langes Überlegen auch zu nutzen.
Eine erkannte Chance nutzt er bedenkenlos. Auch zum eigenen Vorteil,
was anderen nicht selten Nachteile einbringt. Die Aktionen und Reaktionen
sind meistens unmittelbar, offen und oft sehr direkt.
Unter Menschen genügt es ihm nicht nur, „dazuzugehören".
Er steht im Mittelpunkt. Seine Meinung soll Gewicht haben. Seine Aktivitäten, seine Bestimmtheit lassen eine natürliche Autorität erkennen.
Das bedeutet, daß er seine Rolle in der Gesellschaft ohne große Anstrengungen ausleben kann und auch wird.

Diplomatie ist nicht seine Stärke. Politik hingegen schon, wenn er aber hier seine Meinung äußert, so geschieht das meist fest und kompromißlos. Er redet nicht gerne um den heißen Brei herum. Risiko reizt ihn mehr als die völlige Sicherheit. Sein Lebensmotto: Wer wagt, gewinnt! Und Wettbewerb reizt ihn, veranlaßt ihn, sein Bestes zu geben. Andere haben aber oft etwas Mühe, mit der ihnen zugedachten, oft untergeordneten Rolle umzugehen.

Der Hochstapler Felix Krull[62]

Indem ich die Feder ergreife, um in völliger Muße und Zurückgezogenheit, gesund übrigens, wenn auch müde, sehr müde (so daß ich wohl nur in kleinen Etappen und unter häufigem Ausruhen werde vorwärtsschreiten können), indem ich mich also anschicke, meine Geständnisse in der sauberen und gefälligen Handschrift, die mir sehr eigen ist, dem geduldigen Papier anzuvertrauen, beschleicht mich das flüchtige Bedenken, ob ich diesem geistigen Unternehmen nach Vorbildung und Schule denn auch gewachsen bin.

Allein, da alles, was ich mitzuteilen habe, sich aus meinen eigensten und unmittelbarsten Erfahrungen, Irrtümern und Leidenschaften zusammensetzt und ich also meinen Stoff vollkommen beherrsche, so könnte jeder Zweifel höchstens den mir zu Gebote stehenden Takt und Anstand des Ausdrucks betreffen, und in diesen Dingen geben regelmäßige und wohlbeendete Studien nach meiner Meinung weit weniger den Ausschlag als natürliche Begabung und eine gute Kinderstube.

An dieser hat es mir nicht gefehlt, denn ich stamme aus feinbürgerlichem, wenn auch liederlichem Hause; mehrere Monate lang standen meine Schwester Olympia und ich unter der Obhut eines Fräuleins aus Vevey, das dann freilich, da sich ein Verhältnis weiblicher Rivalität zwischen ihr und meiner Mutter und zwar in Beziehung auf meinen Vater gebildet hatte, das Feld räumen mußte; mein Pate Schimmelpreester, mit dem ich auf sehr innigem Fuße stand, war ein vielfach geschätzter Künstler, den jedermann im Städtchen „Herr Professor" nannte, obgleich ihm dieser schöne, begehrenswerte Titel von Amts wegen vielleicht nicht einmal zukam; und mein Vater, wiewohl dick und fett, besaß viel persönliche Grazie und legte stets Gewicht auf eine gewählte und durchsichtige Ausdrucksweise.

---

[62]Auszug aus „Bekenntnisse des Hochstaplers Felix Krull", Thomas Mann, Buchklub Ex Libris, Zürich 1975

Er hatte von seiner Großmutter her französisches Blut ererbt, hatte selbst seine Lehrzeit in Frankreich verbracht und kannte nach seiner Versicherung Paris wie seine Westentasche. Gerne ließ er, und zwar in vorzüglicher Aussprache, Wendungen wie „c'est ca", „épatant" oder „parfaitement" in seine Rede einfließen; auch sagte er öfters: „Ich goutiere das" und blieb bis gegen das Ende seines Lebens ein Günstling der Frauen.

Dies nur im voraus und außer der Reihe.

Was aber meine natürliche Begabung für gute Form betrifft, so konnte ich ihrer, wie mein ganzes trügerisches Leben beweist, von jeher nur allzu sicher sein und glaube, mich auch bei diesem schriftlichen Auftreten unbedingt darauf verlassen zu können.

Übrigens bin ich entschlossen, bei meinen Aufzeichnungen mit dem vollendetsten Freimut vorzugehen und weder den Vorwurf der Eitelkeit noch den der Schamlosigkeit dabei zu scheuen.

Welcher moralische Wert und Sinn wäre auch wohl Bekenntnissen zuzusprechen, die unter einem anderen Gesichtspunkt als demjenigen der Wahrhaftigkeit abgefaßt wären!

Der Schauspieler[63]

Dafür, daß der Bürger Gretler zum Bühnenkünstler, der Untheatralische zum Theatermann, der Anti-Held zum Heldenspieler wurde, gibt es zwei merkwürdige und paradoxe Gründe, nämlich seine Scheu vor dem Wort und seine Scheu vor den Menschen.

Er war ein wortkarger Mensch, der sich stets nur mit Mühe mitteilte und artikulierte. Wer mit ihm ins Gespräch kommen wollte, mußte ihn schon gut und lange kennen, aber auch dann war es nicht leicht, das Gespräch zu führen, im Fluß zu halten und ergiebig zu gestalten. Das lag nicht daran, daß er nichts mitzuteilen hatte oder daß er nichts hätte mitteilen wollen. Es fiel ihm ganz einfach schwer, sich zu formulieren. Weil sein Mitteilungsvermögen geringer war als sein Mitteilungsbedürfnis, nahm er eine Anleihe an Formulierungen, an Sätzen, an Worten bei anderen auf, bei Wortmächtigen und Wortgewaltigeren, bei Dichtern, bei Dramatikern, bei Stückeschreibern. Wortkarg aus Empfindlichkeit, suchte er bei anderen nach Wendungen, die seine Gefühle, seine Empfindungen und seine Überlegungen genauer, besser und schöner auszudrücken verstanden, als er es selber vermocht hätte. Sich fremde Texte aneignend, kam er mit der Welt ins Gespräch.

---

[63]Auszug aus: „Heinrich Gretler, der große Schweizer Schauspieler", Werner Wollenberger, Pendo Verlag, Zürich 1978

Das andere war seine Menschenscheu. Sie entsprang ungewöhnlicher Schüchternheit; keinesfalls wies sie menschenverächterische Züge auf. Im Gegenteil: Gretler mochte Menschen, er schätzte ihre Gesellschaft, er liebte den Umgang mit ihnen. Es ist ganz gewiß kein Zufall, daß er zunächst Lehrer wurde. Die Wahl des ersten Berufes belegt, daß er mit Menschen zu tun haben und daß er Menschen etwas mitteilen wollte.

Die Schauspielerei war auch so ein Weg zu den Menschen, sogar der bessere, weil sie ihn zwang, seine Schüchternheit zu bekämpfen, weil Schauspielerei und Schüchternheit sich ganz einfach gegenseitig ausschlossen.

Ganz hat er seine Scheu nie abgelegt, und er wußte wohl auch, daß er sie nie ganz ablegen würde. So kamen ihm die Masken, deren Schauspieler bedürfen, aus zusätzlichem Grunde gelegen. Sie waren Schutz, Tarnung und mühsames Mittel frommen Selbstbetruges. Sie dienten ihm als kleines Versteck, sie verhinderten eine Preisgabe, zu der er sich kaum durchgerungen hätte. Sie waren seine spezifische List, die Wahrheit einer Menschenliebe zu verbreiten, die kundzutun er sich sonst gescheut hätte.

Gretler suchte den Weg zum Theater nicht, weil er ein Publikum, sondern weil er einen Weg zum anderen Menschen suchte.

Untersuchungsergebnisse

In den letzten Jahren habe ich viele Firmen in der Schweiz, in Deutschland und in Frankreich untersucht und beraten. Die Erstanalyse beschränkte sich auf die Bereiche

Mensch
Produkt
Markt
Finanzen
Leistung

Der Bereich „Mensch" wurde nach dem hier erläuterten Verhaltensmodell und Humansystem untersucht.

Die weiteren Untersuchungen orientierten sich an den heute voraussehbaren zukünftigen Prioritäten:

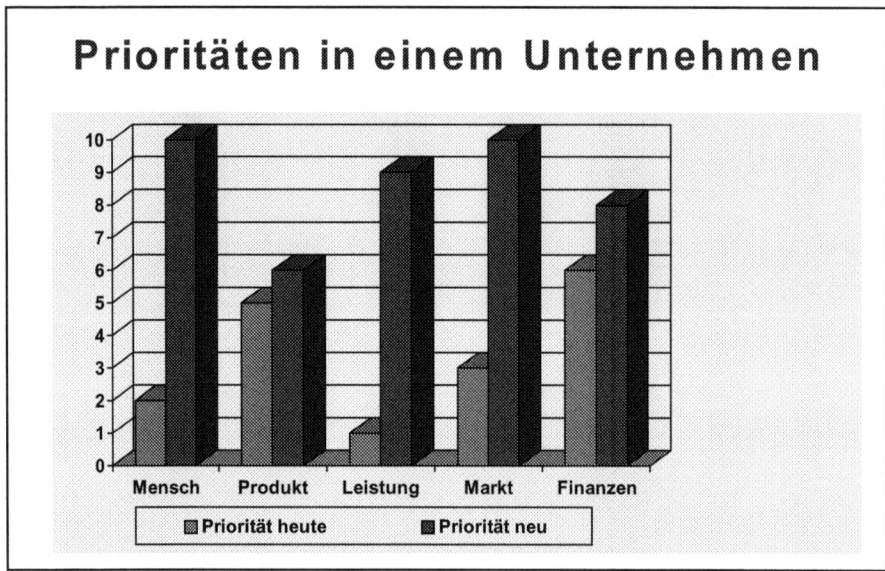

Die nach dem ersten Eindruck wichtigsten Mitarbeiter und die Geschäftsleitung wurden mit der Methodik vertrautgemacht und ließen sich meistens bereitwillig beurteilen. Daraus ergab sich ein Profil der Stärken des einzelnen, das grafisch und in Analyseform jedem Beteiligten vermittelt wurde.

Erst mit seinem Einverständnis wurde er in die Firmenpräsentation aufgenommen, und seine Stärken, aber auch seine Schwächen wurden dem Gesamtbild zugeordnet. Diese Darstellung wurde mit den Grundlagen des Humansystems verglichen und anschließend im Plenum präsentiert und diskutiert. Unter der Mitwirkung aller Beteiligten wurden Lösungen ausgearbeitet.

Kurz einige Beispiele:

Ein Produktionsleiter wurde ein qualifizierter Arbeitsvorbereiter und war zufrieden, daß er sich nicht mehr mit Mitarbeitern „herumschlagen" mußte.

Ein Direktor wurde in den Aufsichtsrat befördert und hatte nun endlich Zeit, sich fern vom Tagesgeschäft der Beziehungspflege zu widmen.

Sein seit Jahren designierter Nachfolger erhielt endlich die Gelegenheit, die Firma nach seinen Ideen erfolgreich umzustrukturieren.

Ein frustrierter Außendienstmitarbeiter wurde in den Innendienst versetzt und ist seither die „graue Eminenz" der Firma.

Ein junger Vorarbeiter durfte sich endlich weiterbilden und ist heute in derselben Firma ein anerkannter Fachmann und Meister.

Ein Entwicklungsteam wurde umgestaltet, und die Firma ist heute mit einem neuen Produkt erfolgreich auf dem Markt.

Aber auch Mißerfolge waren nicht zu vermeiden:

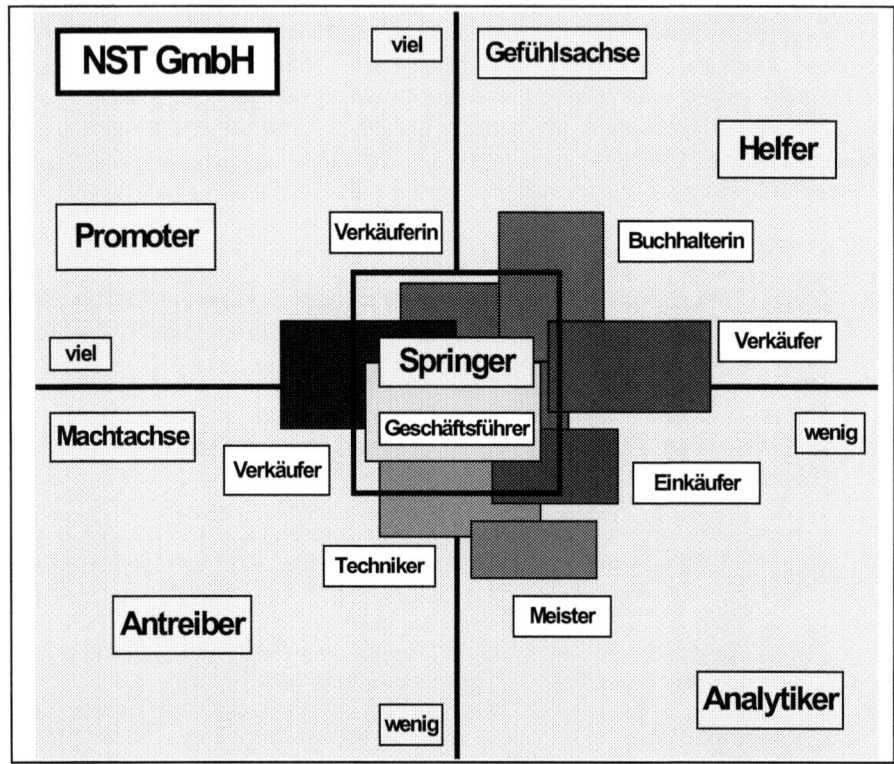

Es war eine menschlich überaus konsolidierte Firma. Alle mochten sich gut, bewegt wurde aber wenig bis nichts. Zu Kunden waren sie alle friedfertig und meistens sehr (bis zu sehr) entgegenkommend, dies auch in finanzieller Hinsicht. Grundsätzlich war man hilfsbereit und verkaufte auch schon mal unter dem Einkaufspreis. „Der Kunde ist König." Das hatte man in Schulungen so gelernt. Und die Inhaber hatten das ja schon immer so gemacht.

Einfühlsamkeit, Menschlichkeit und Kooperation zeichneten das Team aus. Eine klare und straffe Führung fehlte. Die implementierte neue Führung wurde systematisch gemobbt. Sachorientierung war nicht gegeben, und daher wirkte man oft etwas hilflos, ja sogar entscheidungsschwach und inkompetent. 1997 ging die Firma in Konkurs.

Und nun Beispiele von erfolgreichen Firmen, die ich mit dieser Methode untersucht habe:

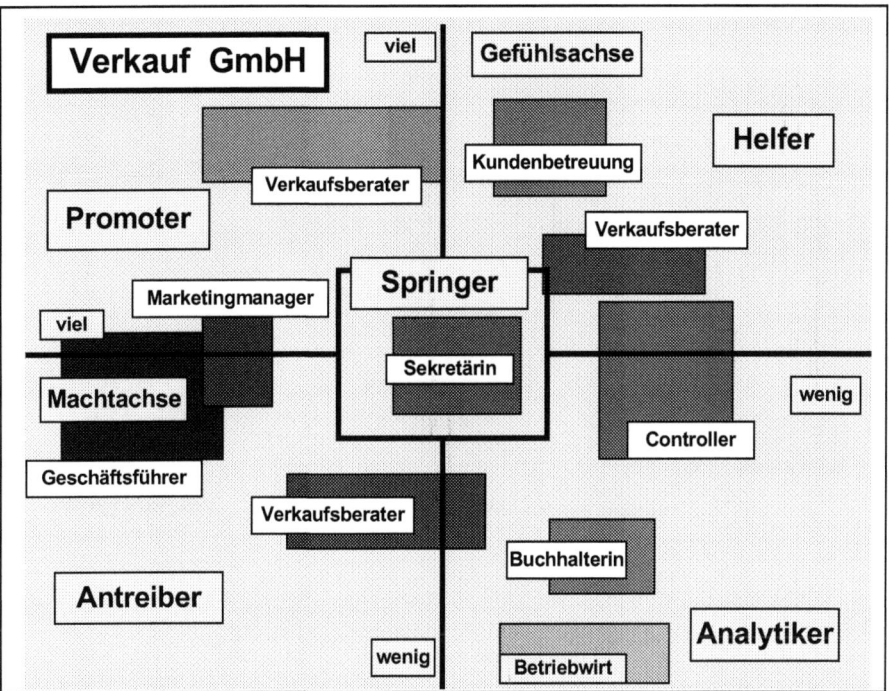

Die Resultate waren durchwegs positiv. Die Problematik liegt in der Analyse:

Die betroffenen Personen müssen einerseits ihre innere Bereitschaft aufbauen, was zwangsläufig zu Angstzuständen führen kann, andererseits eine Bereitschaft zur Öffnung der eigenen Person gegenüber anderen Menschen beiträgt.

Ein sehr wichtiger Schritt auf dem Weg zum erstrebten gemeinsamen Ziel.

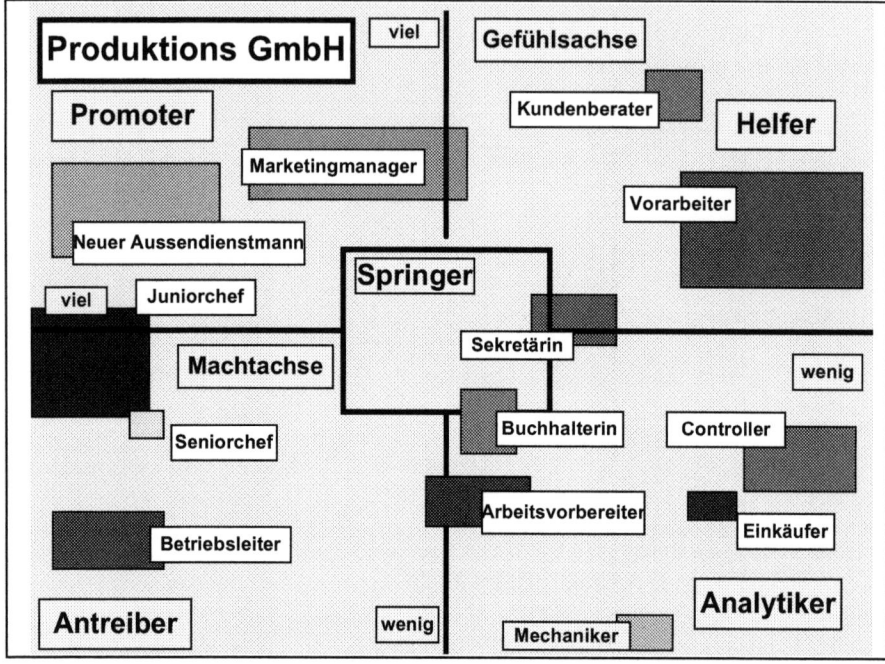

Der Vater hat seine Firma an seinen Sohn übergeben. Das Unternehmen produziert Verpackungen aus verschiedenen Kunststoffen.

Doch der Vater blieb der „Seniorchef" und viele der Mitarbeiter sind wesentlich als der Junior, der eben der Junior blieb. Jeden Tag tauchte der Vater in der Werkhalle auf und sprach, wie er es viele Jahre lang getan hatte, mit seinen gleichaltrigen Arbeitern. Nach all den Jahren waren sie Freunde geworden.
Der Sohn hatte keine Chance, seine Ideen umzusetzen. Sein Frust wuchs.
Um dem jungen Chef eine reelle Chance zu geben, sprach ich mit der Mutter und mit seiner Schwester:
Wir organisierten eine Reise in die USA um eine Firma der selben Branche zu besuchen. Der Senior war noch nie in Amerika, saß noch nie in einem Flugzeug. Zwei Wochen, aus denen wurden vier, anschließend „nur" ein kleiner Ausflug in die Karibik.

Als der Senior braungebrannt zurück kam, hatte der Junior die Firma im Griff. Nach seinem ersten Rundgang lächelte der Senior still vor sich hin. Und buchte eine Reise nach Indonesien ...

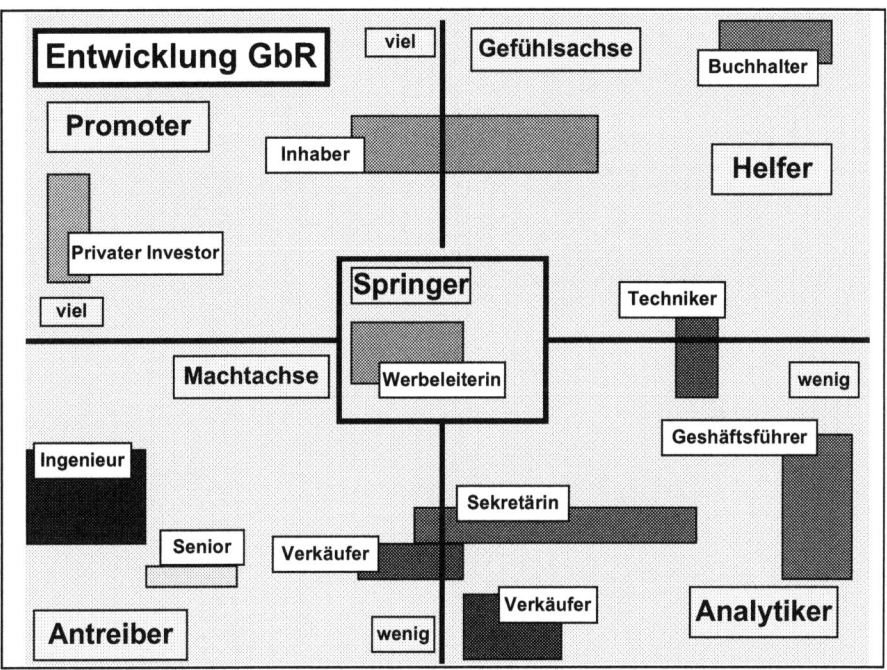

Der Geschäftsführer hatte Ideen von seinem Vater übernommen und weiter entwickelt. Zur Erreichung der Marktreife waren hohe finanzielle Mittel notwendig. Es fand sich ein Investor, dem die Erfindungen, denn eigentlich handelte es sich darum, sehr gefielen. Doch immer wieder kam es zu Spannungen zwischen dem Investor und dem Geschäftsführer.

Der Investor wollte verkaufen, der Geschäftsführer aber entwickelte stur weiter.

Nun, es gelang, jedem der Beteiligten die Standpunkte einerseits klar zu machen, andererseits aber auch zu entschärfen. Die neu eingestellte Werbeleiterin fand geschickt den Weg, immer wieder zu vermitteln.

Das Unternehmen arbeitet noch heute sehr erfolgreich, will aber nicht genannt werden.

Diese Firmencharakteristika wurden, wie zuvor erläutert, in umfangreichen Untersuchungen erarbeitet. Dabei wurden innerhalb der Firma je Mitarbeiter fünf Bewertungsbögen zur Fremdeinschätzung, eine Selbsteinschätzung und eine Beratereinschätzung erstellt.

Aus der Summe der Stärken der Mitarbeiter wurden die Stärken der Firma dargestellt.

Ideale Teams konnten gebildet werden.

Neue Marketingziele wurden definiert und erfolgreich umgesetzt. Dadurch konnten neue und wichtige Märkte erschlossen werden.

21. Zum Schluß

Und nun?
Wie gehen Sie mit dem, was Sie eben über sich selbst und über andere Menschen erfahren haben, um?

**Beginnen Sie,
indem Sie Ihre erkannten
Schwächen
erst einmal akzeptieren lernen.**

Glauben Sie mir, Sie haben diese Schwächen tatsächlich. Aber Sie erinnern sich: Es gibt viele Schwächen, die Sie nur menschlicher erscheinen lassen.
Und jede andere Stilrichtung hat ebenfalls ihre Schwächen.

Befassen Sie sich aber mit Ihren Schwächen erst dann, wenn sie zum Problem werden.

**Wenden Sie sich Ihren Stärken zu,
denn darin liegt Ihr Erfolgspotential.**

Antworten zu den häufigsten Fragen

Anläßlich von zahlreichen Präsentationen, Seminaren, innerbetrieblichen Anwendungen und vielen Gesprächen in meinem geschäftlichen und privaten Umfeld wurden mir immer wieder verschiedenste Fragen zum Verhaltensmodell und zum Humansystem gestellt:

Zielsetzung des Modells?

Die Stärken und Schwächen der eigenen Person kennenzulernen, zu erfassen und zu akzeptieren.

Die Bedürfnisse, Wertvorstellungen, Urteile, Gedanken und Gefühle des anderen zu erkennen und zu verstehen.

Das eigene Verhalten nach den Stärken und Schwächen des Partners und nach den eigenen Stärken auszurichten.

Warum sind diese Zielsetzungen wichtig?

Je realistischer ich meine Stärken beurteilen kann, um so leichter fällt es mir, diese zu nutzen. Ein Mensch, der gelernt hat, seine Begabungen auszuschöpfen, wird nicht nur Erfolg haben, sondern eine Befriedigung und einen Triumph erleben.

Gleichzeitig lerne ich, die Stärken meiner Partner[64] zu erkennen, diese mit den meinen zu verbinden und kreativ für die Erreichung eines gemeinsamen Zieles einzusetzen.

Die Beschreibung der eigenen Person

Ist mein Verhaltensbild nicht in starkem Maße von der Auswahl der Personen abhängig, die den Beurteilungsbogen für mich ausgefüllt haben?

Können die befragten Personen die Ergebnisse der Auswertung steuern, z.B. ein positives Resultat erzielen, wenn sie mich mögen, mir eins auswischen, wenn ich mit ihnen auf Kriegsfuß stehe?

Nein!

Die Eigenschaften auf dem Beurteilungsformular können nicht in „positive" und „negative" Eigenschaften aufgeteilt werden.

Um dies herauszufinden, habe ich in den letzten 15 Jahren über 500 zufällig ausgewählte Personen von Arbeitskollegen, Familienmitgliedern und Freunden speziell auswerten lassen. Die Resultate der verschiedenen Auswertungen waren immer weitgehendst identisch.

Über mich selbst wurden über 150 Beurteilungen ausgefüllt. Meine eigene Position in diesem Modell, im Humansystem, hat sich in über 15 Jahren nicht wesentlich verändert, einzig meine Flexibilität.

Die Stilrichtung des Menschen verändert sich nicht. Denn sie verkörpert das Potential der Eigenschaften, das er mit auf diese Welt bekommen hat.

---

[64] Partner kann hier bedeuten: Gefährte, Kamerad, Genosse, Mitglied, Geschäftspartner, Beteiligter, Aktionär, Teilnehmer, Geschäftsteilhaber, Berufsgenosse, Amtsbruder, Tanzpartner, Ehepartner, Lebensgefährte, Kollege, Komplize.

Im Gegensatz zum weiten Feld des „Wissens", das nach und nach erworben wurde, sind die menschlichen Qualifikationen angeboren und zudem oft auch milieu- und erziehungsbedingt. (War es ein Wunschkind?, ein „Zwangskind" oder ist es einfach so auf unsere Welt gekommen?)

Diese Aspekte weiter zu erläutern, würde den Rahmen und den Zweck dieser Schrift erheblich sprengen.

Veränderbar ist nur das Element Flexibilität, das es dem einzelnen ermöglicht, die Stärken seiner Stilrichtung auszuschöpfen und die Schwächen kleinzuhalten.

Und zudem sind in den 239 zu bewertenden Eigenschaften genügend Sicherungen eingebaut, um böswillige Beurteilungen oder aber „Gefälligkeitsgutachten" zu erkennen.

So kann z. B. ein Promoter kaum in extremem Maße spontan wirken und gleichzeitig oft als pedantisch, sachlich und zurückhaltend wahrgenommen werden.

Treffen wir bei der Auswertung auf solche Bewertungsbögen, so werden sie nicht berücksichtigt.

Ist ein Computer in der Lage, einen Charakter zu erfassen und ihn zuverlässig zu beschreiben?

Aufgabe des Computers bei der Erstellung eines Verhaltensbildes ist es, nach einem vorgeschriebenen Programm die 239 Antworten der fünf Beurteilungsbögen auf Widersprüche zu untersuchen, miteinander zu verbinden und schließlich einer Stilrichtung zuzuordnen. Selbstverständlich können sich auch nicht evidente, durch das Programm nicht erkennbare Widersprüche einschleichen. Die Vielzahl der bisherigen Auswertungen hat aber gezeigt, daß diese keine Verschiebung in der Zuordnung der Stilrichtung zu bewirken vermögen.

Seine Aufgabe ist einzig die schnelle Auswertung einer Vielzahl von Daten.

Die Programme aber, auf die es letztendlich ankommt, basieren auf jahrelangen Forschungen von Verhaltenswissenschaftlern der Universitäten Minneapolis und Harvard.

Besteht die Gefahr, daß meine Auswertungen gegen mich verwendet werden können?

Keine Position innerhalb des Modells ist besser oder schlechter als eine andere.

Die darin enthaltenen Aussagen können also niemandem zum Schaden ausgelegt werden.

Genausowenig können Ihnen Freunde und Bekannte eine auf einen möglichen Job zugeschnittene Bewertung ausstellen. Anhand der fünf Beurteilungsbögen und der Selbstbeurteilung erkennt das Programm eine gewisse Streuung der Beurteilungen. Ist diese nicht ersichtlich, so wird die Auswertung manuell überprüft.

Dennoch werden die Auswertungen streng vertraulich behandelt und nur mit schriftlicher Einwilligung des Betroffenen an Dritte weitergegeben.

Stellt eine Auswertung nicht einen tiefgreifenden Eingriff in die Persönlichkeitsrechte dar?

Die Auswertung will nicht, wie so viele andere Tests, Ihre verborgenen Eigenschaften ans Licht zerren und beurteilen.

Sie erhalten lediglich eine Beschreibung Ihrer Person, die aussagt, wie Sie von den von Ihnen ausgewählten Bekannten gesehen werden.

Nutzen Sie die darin enthaltenen Chancen, Ihre eigenen Vorstellungen über sich selbst mit denjenigen Ihrer Bekannten zu vergleichen, Ihr Wissen über Ihre Person zu bestätigen, zu ergänzen und auch zu korrigieren.

Ist es möglich, das Geheimnis der Persönlichkeit eines Menschen mit nur drei Komponenten Macht, Gefühl und Flexibilität zu erfassen?

Diese drei Komponenten vermögen niemals der komplizierten Persönlichkeitsstruktur eines Menschen gerecht zu werden. Dieses Verhaltensmodell ist aber wesentlich aussagekräftiger als z.B. Astrologie, Graphologie, Physiognomik und andere Methoden.

Der Faktor der Intelligenz[65] ist zwar zur Lebensbewältigung oft unentbehrlich und verkörpert in seiner Definition die komplexe Fähigkeit zu Leistungen, die durch spontanes Erfassen von Zusammenhängen in neuen Situationen erzielt werden.

Dieser Aspekt wurde deshalb im Aufbau der zu beurteilenden Eigenschaften berücksichtigt.

Indem wir uns auf die drei Elemente konzentrieren und lernen, damit umzugehen, können aber sehr gute und vor allem umsetzbare Resultate erzielt werden.

Sind die Stilrichtungen nicht geeignet, jemanden voreilig „abzustempeln"?

Im Gegenteil:

Durch das Ausfüllen des Beurteilungsbogens setzen Sie sich bewußt mit Ihren Mitmenschen auseinander. „Abstempeln" hat viel mit dem sogenannten „ersten Eindruck" zu tun, der angeblich sehr oft richtig sein soll. Über die Aspekte der Bedürfnisse, der Wertvorstellungen und über die „Tagesform", das Denken und Fühlen eines Menschen wird dabei nicht nachgedacht.
Die 239 zu bewertenden Eigenschaften zwingen Sie dazu, sich mit der Persönlichkeit des Mitmenschen ernsthaft auseinanderzusetzen.

Damit Sie sich intensiv mit unterschiedlichen Persönlichkeiten und deren Verhaltensweisen auseinandersetzen können, empfehle ich Ihnen den Filmklassiker „Die 12 Geschworenen" von und mit Henry Fonda[66] (1957).

Der Film vermag in idealer Art und Weise die einzelnen Stilrichtungen zu verdeutlichen.

---

[65] Wichtige Einzelfähigkeiten der Intelligenz nach Fischer Taschenbuch Verlag, Frankfurt / Main, 1981 Lexikographisches Institut, München: Abstraktionsfähigkeit, Kombinationsfähigkeit, intellektuelle Beweglichkeit, schlußfolgerndes Denken, Auffassungsgenauigkeit und -geschwindigkeit, Gedächtnis, Sprachbeherrschung, rechnerisches Denken, Phantasie.
[66] Die Videokassette kann beim Fachhandel zum Preis von ca. DM 49.50 zzgl. MwSt. und Versandkosten bezogen werden.

Die 12 Geschworenen

Ein 18jähriger Junge soll seinen Vater mit einem Messer ermordet haben. Der Film zeigt den Schluß der Gerichtsverhandlung. Die Geschworenen werden durch den Richter über ihre Pflichten belehrt und ziehen sich dann zur Beratung zurück. Die weitere Handlung befaßt sich mit der Entscheidungsfrage zur Schuld des Jungen und beginnt mit der Erklärung eines der Geschworenen: „Ich habe erhebliche Zweifel."

Ein Mitglied der Jury (Henry Fonda) verhindert den sofortigen Schuldspruch, er steht allein und beginnt, die vermeintlichen Fakten Punkt um Punkt zu analysieren. Die Verhaltensweise der anderen Geschworenen wird scheinbar manipuliert oder aber gesteuert, bis der Prozeß der Überzeugung stattgefunden hat.
Dabei wird die Persönlichkeit der einzelnen Geschworenen sehr deutlich dargestellt. Nach amerikanischem Recht müssen die 12 Geschworenen einen einstimmigen Beschluß fassen: „Schuldig im Sinne der Anklage oder nicht schuldig."
Die Auseinandersetzung unter den einzelnen unterschiedlichen Charakteren ist sehr deutlich und beeindruckend wahrnehmbar.

Ich habe hier den Film analysiert und die einzelnen Personen kommentiert.

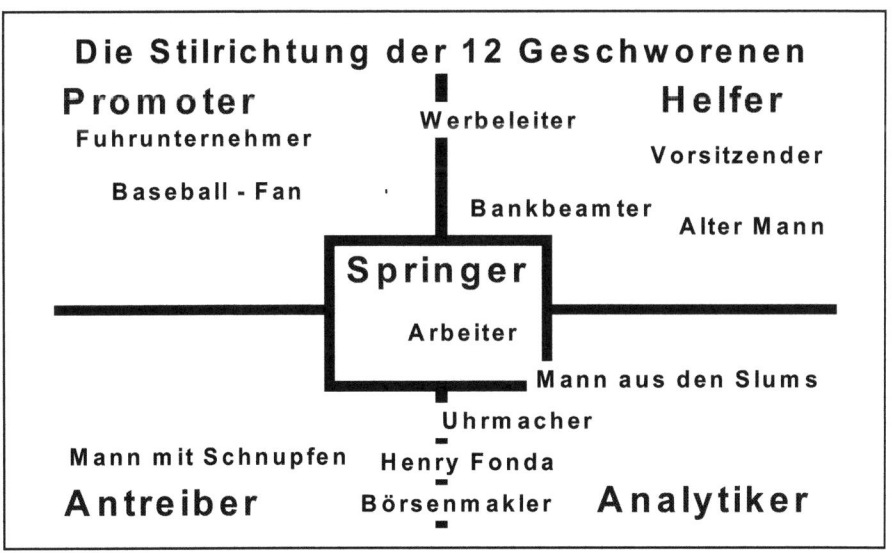

Auswertung:

Vorsitzender
Helfer mit hoher Flexibilität

Übernimmt zwar die Führung und organisiert den Ablauf, kann sich aber nicht durchsetzen und versucht, es allen recht zu machen. Er formuliert sehr vorsichtig, bittend und ist schnell beleidigt.
„Ich würde vorschlagen ...“
„Ich weiß nicht, aber es wäre das Beste ...“
„dürfte ich, dürfte ich ... Ich habe nicht die Absicht ... Ich mache Ihnen keine Vorschriften ... aber das wäre ein Weg ...“

Werbeleiter
Promoter und Helfer mit niedriger Flexibilität

Läßt sich stark beeinflussen, verunsichern und in die Enge treiben, wenn er Stellung beziehen soll: „Ich weiß nicht recht, wenn es so verschiedene Aussagen gibt, ist es schwer, sich ein Bild zu machen. Es ist mir zuviel, ich finde mich hier einfach nicht mehr durch ... ja aber ... also gut, ich möchte meine Stimme ändern, in schuldig.“ Und später ändert er seine Stimme erneut, in „nicht schuldig.“
„Ich bin fasziniert ... das hat mir imponiert ... ich glaube, ich habe eine Idee. Ich habe aber noch nicht darüber nachgedacht, aber es scheint mir ... na ja, es war ja nur ein Vorschlag.“
Er ist freundlich, plaudert mit allen, will oft die Situation auflockern und versucht Streit zu schlichten: „Kinder Kinder, regt euch doch nicht auf, so wichtig ist das doch nicht ..., Sie haben das wunderbar gemacht ...“

Bankbeamter
Helfer mit hoher Flexibilität

Wirkt sehr hilfsbereit und unterstützend, hilft den vermeintlich Schwächeren, ist stets zur Stelle.
„Ich war sehr aufgeregt ... ich war noch nie Geschworener ... ich finde nicht gleich die richtigen Worte ... ich finde es interessant, daß er das gleiche Messer noch einmal kaufen konnte ... entschuldigen Sie, ich dachte, es wäre interessant ... er darf doch keine Witze darüber machen ...“ Er ändert seine Meinung: „Weil ich eingesehen habe, daß die Zweifel berechtigt sind.“

Uhrmacher
Analytiker mit niedriger Flexibilität

Er äußert sich erst zu den Argumenten der anderen, als er genügend Fakten und Gedanken zusammengetragen hat. Er regt sich über die Oberflächlichkeit des Baseball - Fans auf: „Er hat recht, das ist keine Antwort. Ich verstehe nicht, was für ein Mensch Sie sind ... wie können Sie es wagen, so leichtfertig mit dem Leben eines Menschen zu spielen! ... So und nicht anders rede ich mit Ihnen! ... schuldig oder nicht schuldig? Warum?" „Ich habe etwas aufgeschrieben." Messerproblematik. Definition Panik, Fingerabdrücke. Persönliche Dinge ausschalten. „Muß ich mir nicht gefallen lassen."
Beginnt seine Reden mit: „Verzeihen Sie ..." und beendet sie mit: „Ich danke Ihnen ..."

Fuhrunternehmer
Promoter mit niedriger Flexibilität

Stellt seinen Vater-Sohn-Konflikt in den Vordergrund. „Ich falle wieder aus dem Rahmen. Ich bringe den Kerl um ...", Er ist sehr aggressiv, beleidigend, aufbrausend, hat sich nicht unter Kontrolle.
„Ich würde die Halbstarken zusammentreiben, das würde viel Zeit und Geld sparen ..."
„Diese Jungs von heute, die taugen alle nichts ..."
Für ihn ist Nachgeben gleich Weichheit. Für ihn ist Härte eine Tugend: „Ich lasse mich nicht weich machen ..."

Mann mit Schnupfen
Antreiber mit niedriger Flexibilität

Wird sehr schnell sehr wütend, schreit „Haben Sie das gehört?" „Ich schreie soviel und wie ich will ..." „Jetzt rede ich ..." „So glauben Sie mir doch ...", beleidigt oft den alten Mann, bricht zusammen, als er merkt, daß sich die anderen von ihm abwenden.
Ist geprägt von Vorurteilen: „Ich kenne diese Banditen, ich habe mein ganzes Leben unter ihnen gelebt. Diese Bengel sind geborene Lügner ..." Versucht immer wieder, den anderen seinen Willen aufzuzwingen.

Börsenmakler
Analytiker und Antreiber mit geringer Flexibilität

1... 2... 3... Zählt trocken einige Fakten auf. „Ich vergesse niemals Dinge, die wichtig sind." Ist sehr überzeugt von sich selbst und kann sich überaus gut an Details erinnern. Im Umgang mit anderen ist er sehr bestimmt: „Jetzt setzen Sie sich hin und machen den Mund nicht noch einmal auf ..." Er analysiert die Druckstellen an der Nase und kommt dann zur Einsicht. Wundert sich, daß ihm das nicht früher eingefallen ist: „Nein, Sie haben mich überzeugt. Ich habe jetzt einen berechtigten Zweifel."

Alter Mann
Helfer mit hoher Flexibilität

Er weicht Angriffen und Druck resignierend aus. „Er ist es doch gar nicht gewesen, sondern ich ..." „Wenn Sie wollen, sage ich auch warum ..." „Ich stelle es aber trotzdem klar ..."
Er wird laut und energisch, als der Baseball-Fan mitten in seiner Rede den Raum verlassen will: „Ich rede jetzt! Sie haben kein Recht ..." Zu dem Mann mit dem Schnupfen: „Nur ein sehr dummer Mensch kann so etwas behaupten. Im Ernst, Sie glauben doch nicht, daß Sie die Wahrheit gepachtet haben. Diesem Herrn sollten wir erst einmal Verschiedenes klar machen ..."
Beim Reden behält er stets den Blickkontakt. Und: „Wenn Sie mich noch einmal in dieser frechen Art und Weise anschreien, dann ... ach ich wünschte, ich wäre noch einige Jahre jünger."

Mann aus den Slums
Analytiker mit niedriger Flexibilität

Läßt sich nicht von Gefühlen leiten. Sammelt geduldig Fakten. Ist sehr präzise in seinen Äußerungen. Wirkt etwas sarkastisch. Er fühlt sich schlecht, ist persönlich gekränkt, als schlecht über die Menschen aus den Slums gesprochen wird, verteidigt sich aber.

Arbeiter
Springer mit hoher Flexibilität

Wirkt vermittelnd, aber auch unterstützend. Ergreift Partei für den alten Mann. Er stellt sich immer wieder auf die anderen Geschworenen ein. Wirkt nur scheinbar etwas hilflos, denn bei Gelegenheit vertritt er seine Meinung sehr deutlich.

Baseball-Fan
Promoter mit niedriger Flexibilität

Ist sehr rasch mit sich zufrieden. Stellt nur sein eigenes Bedürfnis in den Vordergrund: das Baseball-Spiel. Stimmt für schuldig ohne lange zu überlegen, sondern um die Sitzung schnell zu beenden. Wirkt sarkastisch und sehr auf sich bezogen.

Henry Fonda
Analytiker und Antreiber mit hoher Flexibilität

Zweifelt an der Schuld des Jungen, deshalb steht er als einziger zu seinen Zweifeln und stimmt „**nicht schuldig**". Er überprüft und analysiert die Indizien, zweifelt die Aussagen der Zeugen an, versucht sich in die Lage des Jungen zu versetzen und durchleuchtet diese minutiös. Für ihn ist nicht hinreichend bewiesen, daß der Junge schuldig ist, und er stellt die Fakten alle in Frage.
Er demonstriert seine Überlegenheit und genießt sie sichtlich.

Aus Umschlag MGM/UA Home Video, Die 12 Geschworenen

22. Wann packen Sie es an ?

Prägen Sie sich nochmals die Stärken der einzelnen Hauptstilrichtungen ein. Die Identifizierung mit sich selbst wird einfacher. Und die Einschätzung Ihrer Gesprächspartner wird wesentlich treffsicherer.

Identifizierung bedeutet auch Gleichsetzung und Verschmelzung und bezieht sich auf einen Lernprozeß, in dessen Verlauf sich eine Person mehr oder weniger willkürlich und oft auch nur temporär im Denken, Fühlen und Handeln nach dem Vorbild einer anderen Person modelliert.

Der Effekt dieser psychischen Identität oder psychosozialen Übereinstimmung ermöglicht es Ihnen, sich in die Lage der Bezugsperson zu versetzen, ihren Standpunkt, ihre Perspektive und Haltung zu verstehen, Werte zu übernehmen und in ihr sich selbst zu erkennen.

Letztlich bedeutet das nichts anderes, als daß Sie unter Wahrung Ihrer eigenen Identität und Integrität sich selbst verändern.

Verhaltensweisen und individuelle Eigenschaften

von meinen Partnern, meinen Kunden, Chefs, Mitarbeitern und Kollegen

verstehen, akzeptieren

und das eigene Verhalten darauf abstimmen.

Was ich nun sofort einleiten werde:

....

....

....

....

....

....

....

....

....

....

....

....

....

....

....

....

Ich wünsche Ihnen viel Erfolg!

Und ganz zum Schluß:
Hören Sie auf Ihre Tiefenperson

Mangelhafte Kenntnisse können von Vorteil sein, denn sie fördern unter Umständen die Kreativität.

Unsere Gefühle sind oft eine Botschaft der Tiefenperson, die uns zwingt, eine rationale Lösung erneut zu überdenken, zu überprüfen.

Die Tiefenperson ist also als ein Sensor zu betrachten.

Indem wir auf unsere Gefühle achten, akzeptieren wir diesen Sensor.
Wie oft haben wir eine „Ahnung", da stimmt etwas nicht, das kann sich so nicht verwirklichen, oder vielleicht doch?

Das sind Botschaften unserer Tiefenperson, die einen deutlichen „Aufforderungscharakter" beinhalten.

Und diese Botschaft zeigt uns die Richtung, in die wir unsere Handlungsauslösung lenken sollten:

Die Wertung der eigenen Person.

Die richtige Erfassung
der anderen Personen.

Weiterentwicklung der eigenen Stärken,
diese fördern und auch nutzen!

Letztlich sich selbst und andere
besser zu verstehen.